Internationale Standardlehrbücher der Wirtschafts- und Sozialwissenschaften

Herausgegeben von Universitätsprofessor Dr. Lutz Kruschwitz

Bisher erschienene Werke:

Bagozzi u. a., Marketing Management

Bergstrom · Varian, Trainingsbuch zu Varian, Grundzüge der Mikroökonomik, 5. A.

Blasius, Korrespondenzanalyse

Büning · Naeve · Trenkler · Waldmann, Mathematik für Ökonomen im Hauptstudium

Caspers, Zahlungsbilanz und Wechselkurse

Dixit · Norman, Außenhandelstheorie, 4. A.

Dornbusch · Fischer · Startz, Makroökonomik, 8. A.

Ethier, Moderne Außenwirtschaftstheorie, 4. A.

Gordon, Makroökonomik, 4. A.

Granvogl · Perridon, Sozioökonomie

Heike · Târcolea, Grundlagen der Statistik und Wahrscheinlichkeitsrechnung

Hillier · Lieberman, Einführung in Operations Research, 5. A.

Horngren · Foster · Datar, Kostenrechnung, 9. A.

Hull, Einführung in Futures- und Optionsmärkte, 3. A.

Hull, Optionen, Futures und andere Derivative, 4. A.

Johnson, Kundenorientierung und Markthandlung

Keegan · Schlegelmilch · Stöttinger, Globales Marketing-Management. Eine europäische Perspektive

Kneis, Mathematik für Wirtschaftswissenschaftler, 2. A.

Kruschwitz, Finanzierung und Investition, 4. A.

Kruschwitz, Investitionsrechnung, 10. A.

Kruschwitz · Decker · Röhrs, Übungsbuch zur Betrieblichen Finanzwirtschaft, 6. A.

Mehler-Bicher, Mathematik für Wirtschaftswissenschaftler, 2. A.

Meissner, Strategisches Internationales Marketing, 2. A

Pierenkemper, Wirtschaftsgeschichte

Pindyck · Rubinfeld, Mikroökonomie, 4. A.

Rübel, Grundlagen der Monetären Außenwirtschaft, 2. A.

Rübel, Grundlagen der Realen Außenwirtschaft, 2. A.

Sargent, Makroökonomik

Schäfer · Kruschwitz · Schwake, Studienbuch Finanzierung und Investition, 2. A.

Sloman, Mikroökonomie, 3. A.

Smith, Einführung in die Volkswirtschaftslehre, 2. A.

Stiglitz, Volkswirtschaftslehre, 2. A.

Stiglitz · Schönfelder, Finanzwissenschaft, 2. A.

Varian, Grundzüge der Mikroökonomik, 6. A.

Zäpfel, Grundzüge des Produktions- und Logistikmanagement, 2. A.

Zäpfel, Strategisches Produktions-Management, 2. A.

Zäpfel, Taktisches Produktions-Management, 2. A.

Zwer, Internationale Wirtschafts- und Sozialstatistik, 2. A.

Wirtschaftsgeschichte

Eine Einführung –
oder:
Wie wir reich wurden

Von

Prof. Dr. Toni Pierenkemper

Professor für Wirtschafts- und Sozialgeschichte
Universität zu Köln

R. Oldenbourg Verlag München Wien

Bibliografische Information Der Deutschen Bibliothek

Die Deutsche Bibliothek verzeichnet diese Publikation in der Deutschen
Nationalbibliografie; detaillierte bibliografische Daten sind im Internet
über <http://dnb.ddb.de> abrufbar.

© 2005 Oldenbourg Wissenschaftsverlag GmbH
Rosenheimer Straße 145, D-81671 München
Telefon: (089) 45051-0
www.oldenbourg.de

Gedruckt auf säure- und chlorfreiem Papier
Gesamtherstellung: Druckhaus „Thomas Müntzer" GmbH, Bad Langensalza

ISBN 3-486-57794-8

Inhalt

Vorwort

Eine Einführung in die Wirtschaftsgeschichte, wo es doch schon zahlreiche auch neuere Lehrwerke dieser Art gibt und das Fach sich angesichts der allgegenwärtigen Kürzungen im Hochschulbereich insgesamt eher in der Defensive befindet, macht das Sinn? Ich glaube ja! Denn mit diesem Buch ist insbesondere die Absicht verbunden, die Anschlussfähigkeit der Wirtschaftsgeschichte an die Wirtschaftswissenschaften insgesamt ein wenig voranzutreiben.[1] Ich habe dabei das „Wachstumsparadigma" zum Ausgangspunkt meiner Darstellung genommen und bin damit der Frage nachgegangen, wie es eigentlich sein konnte, dass es den westlich geprägten Gesellschaften in den letzten gut zweihundert Jahren gelang, die Fessel der Armut, die die Menschheit seit ihrem Anbeginn gefangen hielt, abzuschütteln.

Andere neuere Lehrtexte zur Wirtschaftsgeschichte verfolgen andere Sichtweisen als die hier bevorzugte, sofern sie sich überhaupt bemühen, der Geschichte der Wirtschaft eine theoretische Perspektive zu entlocken. Einige bieten stattdessen eine Sammlung von Sachverhalten, die der eine oder andere mit Wirtschaft in Zusammenhang bringen mag,[2] oder schmücken diese, noch schlimmer, mit einigen unzusammenhängenden Theoriefragmenten.[3] Manche versuchen dem gesamten Feld der wirtschaftswissenschaftlichen Forschungen eine historische Perspektive abzugewinnen,[4] andere den internationalen Aspekt des industriellen Wachs-

---

[1] Vgl. dazu Toni Pierenkemper, Wirtschaftsgeschichte und Wirtschaftswissenschaften. Vom Nutzen ihrer Wechselwirkungen, in: Günther Schulz (Hg.), Sozial- und Wirtschaftsgeschichte. Arbeitsgebiete, Probleme, Perspektiven. 100 Jahre Vierteljahrschrift für Sozial- und Wirtschaftsgeschichte, Stuttgart 204, S. 577-597. Ein ähnlicher Versuch aus der institutionenökonomischen Perspektive bei Clemens Wischermann und Anne Nieberding, Die institutionelle Revolution. Eine Einführung in die deutsche Wirtschaftsgeschichte des 19. und 20. Jahrhunderts, Stuttgart 2004.

[2] Rolf Walter, Wirtschaftsgeschichte. Vom Merkantilismus bis zur Gegenwart, Köln 1995.

[3] Rolf Walter, Einführung in die Wirtschafts- und Sozialgeschichte, Paderborn 1994.

[4] Gerold Ambrosius, Werner Plumpe und Dietmar Petzina (Hg.), Moderne Wirtschaftsgeschichte. Eine Einführung für Historiker und Ökonomen, München 1996. Ähnlich auch mit Hinweisen auf die politisch- institutionellen Rahmenbedingungen bei Richard H. Tilly, Vom Zollverein zum Industriestaat. Die wirtschaftlich-soziale Entwicklung Deutschlands 1834-1914, München 1990.

tums stärker zu akzentuieren,[5] wieder andere Sektoren[6] oder Perioden[7] der deutschen Wirtschaftsgeschichte stärker hervorzuheben. Alle diese Ansätze haben ihre Eigentümlichkeiten und Verdienste. Hingegen eher selten findet sich eine Begrenzung auf eine eigene, an den Kategorien und Theoremen der Ökonomie orientierte, Analyse des Wachstumsprozesses der letzten zwei Jahrhunderte.[8]

Schon häufig wurde das Bild bemüht, dass alle Forscher nur Zwerge auf den Schultern von Riesen seien, um so die Dankesschuld abzutragen, die jeder Schüler und Lehrer seinen Altvorderen schuldet. Ich will es damit nicht bewenden lassen und insbesondere Richard Tilly erwähnen, mit dem ich, wie viele meiner Kollegen und Freunde, die sich ja auch im vorliegenden Band reichlich erwähnt sehen, nunmehr bereits seit einigen Jahren einen erfreulichen und hoffentlich auch ergiebigen wissenschaftlichen Austausch pflege. Inzwischen sind einige Schüler und Studenten hinzugetreten, von denen ich die technische Assistenz bei der Endfassung dieses Buches durch Diane Dammers, Melanie Monßen, Berthold Bendinger, Frank Bremser und Hendrik Fischer besonders hervorheben möchte. Ebenso gilt mein Dank meiner Kölner Kollegin Susanne Wied-Nebbeling für die kritische Durchsicht des Manuskriptes. Auch dem Verlag und dort vor allem M. Weigert schulde ich Dank für die Geduld.

Köln   Frühjahr 2005
                                                        Toni Pierenkemper

---

[5]   Christoph Buchheim, Industrielle Revolutionen. Langfristige Wirtschaftsentwicklung in Großbritannien, Europa und Übersee, München 1994, sowie Toni Pierenkemper, Umstrittene Revolutionen. Die Industrialisierung im 19. Jahrhundert, Frankfurt a. M. 1996.

[6]   So Hubert Kiesewetter, Industrielle Revolution in Deutschland 1815-1914, Frankfurt a. M. 1989, neben einer historiographischen Darstellung des politischen Entwicklungsprozesses eine nach Sektoren und Branchen gegliederte Darstellung. Ähnlich auch die Neuauflage: Ders., Industrielle Revolution in Deutschland. Regionen als Wachstumsmotoren, Stuttgart 2004, auch wenn der Untertitel, irreführend etwas anderes, nämlich eine regionale Strukturierung suggeriert. Die Entwicklung von Standorten im Rahmen einer sektoralen Darstellung, rechtfertigt diesen Untertitel meines Erachtens nicht. Als Beispiel für die Entwicklung allein im Gewerbe vgl. Toni Pierenkemper, Gewerbe und Industrie im 19. und 20. Jahrhundert (Enzyklopädie deutscher Geschichte, Bd. 29), München 1994.

[7]   So etwa Michael North (Hg.), Deutsche Wirtschaftsgeschichte. Ein Jahrtausend im Überblick, München 2000, mit ausgedehntem Kapitel über die Industriegeschichte des 19. und 20. Jahrhunderts, für die Industrielle Revolution Deutschlands vgl. auch Hans-Werner Hahn, Die industrielle Revolution in Deutschland, München 1998 sowie neuerdings in englischer Sprache Toni Pierenkemper und Richard H. Tilly, The German Economy During the Nineteenth Century, New York 2004.

[8]   Am ehesten noch zu finden und mit dem vorliegenden Ansatz vergleichbar bei Christoph Buchheim, Einführung in die Wirtschaftsgeschichte, München 1997.

I. Einleitung

Unsere Disziplin beackert ein weites Feld, so dass die hier beabsichtigte Einführung in das Fach keinen allumfassenden Überblick über die Wirtschaftsgeschichte aller Völker und Zeiten geben kann, wie es zum Beispiel Jacob van Klaveren versucht hat.[9] Es gilt vielmehr, sich auf die aus unserer Sicht wesentlichen Aspekte zu beschränken und andere, als weniger zentral erachtete, Sachverhalte einstweilen beiseite zu lassen, keinesfalls also Wirtschaftsgeschichte als „Ganzes" vorzustellen.[10]

Dies ist durchaus eine bewusst eingeschränkte Sicht der Dinge und gerade Historiker neigen eher dazu, einen weiter gefassten Ansatz zu wählen, um der historischen Komplexität besser gerecht zu werden. Ludwig Beutin z. B. möchte *„in einem möglichst weiten Sinne"* in die Wirtschaftsgeschichte einführen und dabei vorwiegend den Stand der wissenschaftlichen Forschung schildern.[11] Eine ähnliche Vorgehensweise wählt Hermann Kellenbenz, der stärker inhaltlich orientiert *„Maßnahmen, die zur Deckung des menschlichen Bedarfs dienen"* zum Gegenstand des Faches erhebt und dann die Disziplin in der historischen Perspektive analysiert.[12] Noch weiter geht Carlo M. Cipolla bei der Definition des Gegenstandsbereiches der Disziplin, der sogar den Bienen eine eigene Wirtschaftsgeschichte zuschreibt, die er allerdings von seiner Betrachtung ausschließt, indem er sich auf das wirtschaftliche Handeln der Menschen beschränkt, die er dann aber in ihrer Totalität zum Gegenstand seiner Ausführungen macht.[13]

---

[9] Vgl. dazu Jacob van Klaveren, General Economic History 100 – 1760. From Roman Times to the Industrial Revolution, München 1968, der jedoch bis zu seinem Tode nur den ersten Band seines voluminösen Werkes publizieren konnte. Ein mehr als eintausend Druckseiten umfassendes Manuskript seines zweiten Bandes liegt nachgelassen in deutscher Sprache vor.

[10] Rolf Walter, Die Wirtschaftsgeschichte als Ganzes (Jenaer Vorträge Bd. 3), Baden-Baden 1995, und neuerdings: Ders., Wirtschafts- und Sozialgeschichte aus ganzheitlicher Sicht, in: Eckart Schremmer (Hg.), Wirtschafts- und Sozialgeschichte. Gegenstand und Methoden, Stuttgart 1998, S. 9-20.

[11] Ludwig Beutin, Einführung in die Wirtschaftsgeschichte, Köln 1958, S. 1.

[12] Hermann Kellenbenz und Ludwig Beutin, Grundlagen des Studiums der Wirtschaftsgeschichte, Köln 1973, S. 1.

[13] Carlo M. Cipolla, Between two Cultures. An Introduction to Economic History, New York 1992, S. 3.

Für die folgende Darstellung sollen also drei Einschränkungen gelten: *Erstens* werden nicht Krisen und konjunkturelle Schwankungen betrachtet, sondern es wird die langfristige Entwicklung der Wirtschaft untersucht. Dabei wird der Frage nachgegangen, warum es der westlichen Gesellschaft im 19. Jahrhundert gelang, einen Weg einzuschlagen, der ihr aus der natürlichen Armut der vorausgegangenen Jahrhunderte heraus zu einem bislang unbekannten Wohlstand verhalf.[14] *Zweitens* bleiben die Ausführungen weitestgehend auf Westeuropa und hier wiederum häufig lediglich auf die Verhältnisse in Deutschland und England beschränkt. *Drittens* konzentriert sich die Betrachtung auf die europäische Industrialisierung des 19. Jahrhunderts und zieht die vorausgehenden Zeiträume wie auch neuere Entwicklungen nur gelegentlich zu Vergleichszwecken heran. Die Konzentration auf die Wirtschaftsentwicklung der letzten zweihundert Jahre ist neben der Verwendung der Ansätze und Kategorien der ökonomischen Theorie ein Kennzeichen der modernen Wirtschaftsgeschichtsschreibung, wie sie in dieser Einführung betrieben werden soll.[15]

---

[14] Eine ähnliche Betrachtungsweise findet sich bei Christoph Buchheim, Einführung in die Wirtschaftsgeschichte, und neuerdings bei Toni Pierenkemper und Richard H. Tilly, The German Economy During the Nineteenth Century. Die Frage, warum ausgerechnet in Europa diese folgenreiche Entwicklung ihren Anfang genommen hat, ist in jüngerer Zeit mehrfach ausführlich diskutiert worden, so zum Beispiel von Eric L. Jones, Das Wunder Europa: Umwelt, Wirtschaft und Geopolitik in der Geschichte Europas und Asiens, Tübingen 1991, und von Hubert Kiesewetter, Das einzigartige Europa. Zufällige und notwendige Faktoren der Industrialisierung, Göttingen 1996. Die Frage, warum andere Weltregionen in Armut verharrten, untersucht David S. Landes, Wohlstand und Armut der Nationen. Warum die einen reich und die anderen arm sind, Berlin 1999. Die ganz anders verlaufende Entwicklung der außereuropäischen Wirtschaften beschreibt Rondo Cameron, Geschichte der Weltwirtschaft, 2 Bde., Stuttgart 1991 und 1992. Der eigentümliche Entwicklungsgang der europäischen Staaten wird analysiert von Christoph Buchheim, Industrielle Revolutionen, und von Toni Pierenkemper, Umstrittene Revolutionen.

[15] Vgl. Gerold Ambrosius, Werner Plumpe und Dietmar Petzina (Hg.), Moderne Wirtschaftsgeschichte. Ganz anders wiederum wird Wirtschaftsgeschichte verstanden bei Michael North, Deutsche Wirtschaftsgeschichte: mit einer dezidierten Berücksichtigung der kulturellen, sozialen und institutionellen Rahmenbedingungen im Zeitraum eines Jahrtausends. Was unter „moderner" Wirtschaftsgeschichte zu verstehen ist, unterliegt allerdings ebenfalls dem historischen Wandel. Dies veranschaulicht schon ein kurzer Blick auf die Auswahl von Beiträgen, die Karl Erich Born 1966 unter dem Titel „Moderne Deutsche Wirtschaftsgeschichte" [Karl Erich Born (Hg.), Moderne Deutsche Wirtschaftsgeschichte (Neue Wissenschaftliche Bibliothek Geschichte, Bd.12), Köln, Berlin 1966] zusammengestellt hat und die im hier vertretenen Sinne als außerordentlich traditionell zu klassifizieren wären.

Das „Wachstumsparadigma"[16] steht also im Zentrum der Ausführungen und dies eingedenk aller Kritik an diesem Konzept seitens der Neuen Institutionenökonomie.[17] Natürlich ist es zutreffend, dass Märkte und ihre Akteure auf bestimmten institutionellen Voraussetzungen aufbauen und dass die Schaffung dieser Voraussetzungen das „Wunder Europa" erst möglich gemacht hat. Insofern stellt die institutionengeschichtliche Perspektive eine wertvolle Ergänzung und Erweiterung des Wachstumsparadigmas dar. Gleichwohl bleibt diese ökonomische und beileibe nicht immer „neoklassisch" zu benennende Sicht der Wirtschaftsgeschichte richtig, wichtig und meines Erachtens auch zentral. Dem Akkumulationsprozess, der weitaus stärker dem klassischen als neoklassischen Ansatz verpflichtet ist, der Erweiterung und effizienten Nutzung der Ressourcen sowie dem Strukturwandel der Wirtschaft kommt weiterhin große Bedeutung zu und diesem gilt im Folgenden unsere Aufmerksamkeit.[18]

Der inhaltlichen Darstellung der Wirtschaftsgeschichte sollen jedoch einige allgemeine Bemerkungen vorausgehen, die der Bestimmung des wissenschaftlichen Standorts des Faches dienen. Das Fach Wirtschaftsgeschichte steht in interdependenter Beziehung zu zwei wissenschaftlichen Disziplinen mit sehr unterschiedlicher methodischer Orientierung: den Wirtschaftswissenschaften und der Geschichtswissenschaft.[19] Die Wirtschaftswissenschaften zeichnen sich durch eine Methodologie aus, die mit dem Schlagwort „Denken in Modellen" (Ernst

---

[16]   Vgl. Richard H. Tilly, Das Wachstumsparadigma und die europäische Industrialisierungsgeschichte, in: Geschichte und Gesellschaft 3 (1977), S. 93-108.

[17]   Vgl. dazu insbesondere Clemens Wischermann und Anne Nieberding, Die Institutionelle Revolution.

[18]   Clemens Wischermann setzt die moderne Wirtschaftsgeschichte in seinem Werk „Die Institutionelle Revolution" undifferenziert mit der Neoklassik gleich, was meines Erachtens eine grobe Verkennung ihrer vielfältigen Wurzeln und auch ihrer gegenwärtigen Ansätze darstellt. Vgl. umfassend zu einer differenzierten Sichtweise Heinz D. Kurz, Ökonomisches Denken in klassischer Tradition. Aufsätze zur Wirtschaftstheorie und Theoriegeschichte, Marburg 1998.

[19]   Richard H. Tilly, Einige Bemerkungen zur theoretischen Basis der modernen Wirtschaftsgeschichte, in: Jahrbuch für Wirtschaftsgeschichte 1994/1, S. 131–149; Ders., Wirtschaftsgeschichte als Disziplin, in: Gerold Ambrosius, Werner Plumpe und Dietmar Petzina (Hg.), Moderne Wirtschaftsgeschichte. Eine Einführung für Historiker und Ökonomen, München 1996, S. 11–26; Toni Pierenkemper, Gebunden an zwei Kulturen. Zum Standort der modernen Wirtschaftsgeschichte im Spektrum der Wissenschaften, in: Jahrbuch für Wirtschaftsgeschichte 1995/2, S. 163–176; Ders., Wirtschaftsgeschichte, in: Hans-Jürgen Goertz (Hg.), Geschichte. Ein Grundkurs, Reinbek bei Hamburg 1998, S. 362-378; Ders., Wirtschaftsgeschichte, in: Christoph Cornelißen (Hg.), Geschichtswissenschaften. Eine Einführung, Frankfurt a. M. 2000, S. 194–205.

Helmstädter[20]) am knappsten umschrieben werden kann. Dieser Sichtweise folgt auch Paul R. Krugman:

> *„Ökonomische Analyse ist kein Spiel mit immer den gleichen Regeln, sondern eine Denkmethode – das theoretische Rüstzeug also, das dazu befähigen sollte, auf die Probleme einer sich verändernden Welt stets neue Antworten zu finden.* "[21]

Währenddessen berichtet die Geschichtswissenschaft darüber, *„wie es eigentlich gewesen ist"* (Leopold von Ranke)[22] und zielt dabei anstatt auf theoretische Reduktion eher auf ihr Gegenteil, auf eine Rekonstruktion von Komplexität. Diese beiden Extrempositionen, die auch in den jeweiligen Fächern nicht ganz unumstritten sind, lassen sich nur sehr schwer miteinander verbinden. Dennoch widmet sich die Wirtschaftsgeschichte dieser Aufgabe: sie versucht, eine Brückenfunktion zwischen den ungleichen Disziplinen wahrzunehmen. Sowohl die Geschichtswissenschaft als auch die Wirtschaftswissenschaften erwarten von der Wirtschaftsgeschichte eine Erweiterung ihres Wissensstandes, und an diesem Erwartungshorizont muss sich die Wirtschaftsgeschichtsschreibung orientieren. Was aber kann die Wirtschaftsgeschichte beiden Disziplinen bieten?[23]

Die Wirtschaftsgeschichte kann die Wirtschaftswissenschaften auf die Zeit- und Raumgebundenheit ihrer abstrakt und allgemein formulierten Aussagen aufmerksam machen. Diese Form der historischen Relativierung ökonomischer Sachverhalte trägt durchaus zur Erweiterung des Erkenntnis- und Erfahrungshorizontes der modernen Ökonomie bei. Die traditionelle ökonomische Theorie definiert ihre Erkenntnisobjekte sehr restriktiv: Sie untersucht das Verhalten der Akteure Unternehmen, private Haushalte und Staat und verwendet dabei die Nutzenmaximierung als Handlungsanweisung und den Markt als Handlungskontext. Erst neuere Entwicklungen innerhalb der ökonomischen Theorie, die nicht zuletzt

---

[20]   Ernst Helmstädter, Wirtschaftstheorie, Bd. 1: Einführung – Dispositionsgleichgewicht – Marktgleichgewicht, München 1974, Vorwort, S. V.

[21]   Paul R. Krugman, Die große Rezession. Was zu tun ist, damit die Weltwirtschaft nicht kippt, Frankfurt a. M., New York 1999, S. 215–216.

[22]   Leopold von Ranke, Zur Kritik neuerer Geschichtsschreiber. Eine Beylage zu desselben romanischen und germanischen Geschichten, Leipzig 1824.

[23]   Vgl. dazu Toni Pierenkemper, Wirtschaftsgeschichte und Wirtschaftswissenschaften.

auch durch empirisch-historische Erfahrungen angeregt wurden, stellen das über-kommene Paradigma ökonomischer Theoriebildung in Frage und geben zur For-mulierung von alternativen Theorieansätzen Anlass.[24] Unter anderem wird kri-tisch hinterfragt, ob Nutzenmaximierung tatsächlich eine hinreichende Hypothese zur Erklärung ökonomischen Verhaltens darstellt oder auch andere Formen öko-nomischen Handelns und ökonomischer Rationalität auffindbar sind. Darüber hinaus wird untersucht, ob es nicht andere Austauschsysteme als Märkte gibt, die ähnlich effizient oder gar effizienter funktionieren. Schließlich geht Gary Becker mit seinem Haushaltsproduktionsansatz der Frage nach, ob tatsächlich eine strikte Trennung der Funktionen von Unternehmen/Produktion und Haushalten/Konsum durchzuhalten ist oder ob auch private Haushalte produzierend tätig sind.[25]

Diese und ähnliche Fragestellungen lassen sich nicht lediglich theoretisch ab-handeln, sondern sie sind insbesondere auch Gegenstände historischer Untersu-chungen und bieten auf diese Weise wichtiges Anschauungsmaterial für die histo-rische Relativierung ökonomischer Sachverhalte und Konzeptionen. Walther G. Hoffmann hat eindringlich auf diese Funktion der Wirtschaftsgeschichte hinge-wiesen. Für ihn ist es unter anderem Aufgabe der Wirtschaftsgeschichte, im Rah-men einer empirisch-historischen Beurteilung eine Richterfunktion über den Wert oder Unwert von Theorien auszuüben.[26] Eine ähnlich hohe Meinung von der Be-deutung der Wirtschaftsgeschichte für die Wirtschaftswissenschaften vertritt auch Joseph A. Schumpeter:

> *„Es steht meines Erachtens fest, dass die meisten grundlegenden Feh-ler, die immer wieder in der Wirtschaftsanalyse gemacht werden, häu-figer auf einen Mangel an geschichtlicher Erfahrung zurückzuführen*

---

[24] Eine außerordentlich anregende Diskussion dieser Möglichkeiten bei Hansjörg Siegenthaler, Geschichte und Ökonomie nach der kulturalistischen Wende, in: Geschichte und Gesellschaft 25 (1999), H. 2, S. 276-301.

[25] Gary S. Becker, Zur neuen Theorie des Konsumentenverhaltens, in: Ders., Der ökonomische Ansatz zur Erklärung des menschlichen Verhaltens, 2. Aufl., Tübingen 1993, S. 145-166.

[26] Für die Wachstumstheorie, einen wichtigen Bereich der ökonomischen Theoriebildung, hat Walther G. Hoffmann diesen Gedanken weiter ausgeführt: Walther G. Hoffmann, Wachs-tumstheorie und Wirtschaftsgeschichte, in: Hans-Ulrich Wehler (Hg.), Geschichte und Öko-nomie, 2. Aufl., Königstein/Ts. 1985, S. 94-103.

sind als auf andere Lücken im Rüstzeug des Wirtschaftswissenschaf-
lers".[27]

Jedoch vermag nicht nur die Wirtschaftsgeschichte die Arbeit des Wirt-
schaftstheoretikers zu befruchten, sondern umgekehrt kann natürlich auch die
Wirtschaftsgeschichte von der Zusammenarbeit mit der Ökonomie profitieren.
Die Wirtschaftsgeschichte entnimmt den Wirtschaftswissenschaften das begriff-
lich-theoretische Instrumentarium und verwendet es, um die historische Vielfalt in
den Erscheinungen der wirtschaftlichen Welt systematisch zu erschließen. Historische Quellen sprechen nicht für sich, man muss sie erst in systematische Erklärungszusammenhänge einfügen, um sie sachgerecht zu analysieren. Diese Erklärungszusammenhänge werden in der Wirtschaftsgeschichtsschreibung aus der
Ökonomie entlehnt, allerdings nicht unmittelbar, sondern vermittelt und auf den
historischen Kontext bezogen.[28] So wenig wie Wirtschaftsgeschichtsschreibung
eine bloße Anwendung ökonomischer Modellkonstruktionen auf vergangene Zeiträume sein darf (wohin manche Auswüchse der „New Economic History" zu neigen scheinen)[29], so sehr verhindert eine sachgerechte Theorierezeption die Kon-
struktion „anachronistischer" oder inadäquater historischer Erklärungen.

Die Wirtschaftsgeschichte steht naturgemäß auch in einer engen Beziehung
zur Geschichtswissenschaft. Es ist ihre Aufgabe, dafür Sorge zu tragen, dass in
der Geschichtsschreibung auch die ökonomischen Faktoren eine angemessene
Berücksichtigung finden. Dies darf nicht auf einen ökonomischen Determinismus
hinauslaufen, wie das im historischen Materialismus unterstellt wird, sondern es
gilt, den ökonomischen Einflussfaktoren neben sozialen, politischen, kulturellen
und mentalen Faktoren ausreichend Aufmerksamkeit zukommen zu lassen. Die
Wirtschaftsgeschichte braucht die enge Zusammenarbeit mit der Geschichtswis-

---

[27] Joseph Alois Schumpeter, Geschichte der ökonomischen Analyse, Bd. 1, Göttingen 1965, S.
      43.

[28] Herman van der Wee, Perspektiven und Grenzen wirtschaftshistorischer Betrachtungsweisen
      – Methodologische Betrachtungen, in: Vierteljahrschrift für Sozial- und Wirtschaftsgeschich-
      te 62 (1975), H. 1, S. 1–18.

[29] Rolf H. Dumke, Clio's Climacteric? Betrachtungen über Stand und Entwicklungstendenzen
      der Cliometrischen Wirtschaftsgeschichte, in: Vierteljahrschrift für Sozial- und Wirtschafts-
      geschichte 73 (1986), H. 4, S. 457–487; Ders., The Future of Cliometric History - A Europe-
      an View, in: Scandinavian Economic History Review 15 (1992), H. 3, S. 3-28; Richard H.
      Tilly, Cliometrics in Germany. An Introductory Essay, in: John Komlos und Scott Eddie
      (Hg.), Selected cliometric studies on German economic history, Stuttgart 1997, S. 17-33.

senschaft, da nur diese die empirische Basis bietet, auf die sich die wirtschaftshistorischen Quellen sachgerecht beziehen lassen. Natürlich kann sich die Geschichtswissenschaft nicht in einer derartigen Zulieferfunktion erschöpfen, sondern sie bewahrt sich darüber hinaus einen eigenständigen Gegenstandsbereich
und eine eigentümliche methodische Orientierung. Doch hier ist nicht der Ort,
diese komplexen Zusammenhänge zu diskutieren.[30]

---

[30] Einige Hinweise bei Wolfram Fischer, Vom Nutzen der Wirtschaftsgeschichte, in: Scripta
      Mercaturae 34 (2000), H. 1, S. 26-50.

II. Industrialisierung, wirtschaftliches Wachstum und Entwicklung des Wohlstands in der Neuzeit

Die zentrale Fragestellung für die folgenden Ausführungen lässt sich auf die simple Frage verkürzen: Wie wurden die europäischen Gesellschaften reich? Dies impliziert jedoch zugleich, dass in der vorindustriellen Gesellschaft Armut ein weit verbreitetes Phänomen war. Sie war eine Begleiterscheinung des alltäglichen Lebens, da der Umfang der gesellschaftlichen Produktion von den Naturkräften begrenzt wurde und daher periodische Hungerkrisen auftraten. Auf diese Weise konnte nur ein geringes Wohlfahrtsniveau erreicht werden, was sich unter anderem in einer äußerst geringen Lebenserwartung niederschlug.[31] Die Vorstellung von einer heilen vorindustriellen Welt ist jedenfalls völlig unzutreffend. Alle historischen Belege sprechen eine gänzlich andere Sprache, und Schilderungen wie die folgende Beschreibung der englischen Verhältnisse im 17. Jahrhundert erinnern eher an die Beschreibung der Situation in den heutigen Entwicklungsländern als an eine ländliche Idylle:

„Es ist eine Wirtschaft mit einfachen Produktionstechniken in kleinen Betriebsstätten; kleine Kaufleute und Wucherer werden ebenso gehasst wie sie notwendig sind. Der Fortschritt in der Landwirtschaft wird durch eine veraltete Agrarverfassung ernstlich behindert. Die chronische Unterbeschäftigung ist eines der Hauptprobleme, und trotz moralischer Einwirkung wird in den Massen kaum gespart... Die Wirtschaft hängt in erheblichem Umfang vom Ausland ab, von wo bessere gewerbliche und landwirtschaftliche Techniken und auch etwas Kapital eingeführt werden. Ausländischen Arbeitskräften und Unternehmern wird aber mit Feindschaft begegnet. Ehrgeizige junge Männer ziehen oft Karrieren in den freien Intelligenzberufen und in der Verwaltung der privaten Wirtschaft vor, und einmal erworbenes Unternehmervermögen wird allzu gern in Landbesitz angelegt. Die monetä-

---

[31] Wolfram Fischer, Armut in der Geschichte. Erscheinungsformen und Lösungsversuche der „Sozialen Frage" in Europa seit dem Mittelalter, Göttingen 1982.

re Stabilität ist periodisch bedroht, und manchmal ist die Währung

schon durch törichte Regierungsmaßnahmen gänzlich ruiniert wor-

den... Fortschrittliche Menschen setzen ihre Hoffnung zunehmend auf

die Industrialisierung und Maßnahmen wirtschaftlichen Nationalis-

mus, um die Probleme der wachsenden Bevölkerung aufzufangen; a-

ber die Industrialisierung geht zu langsam voran und die Segnungen

des wirtschaftlichen Nationalismus (der Abschließung vom Weltmarkt

und der Wirtschaftslenkung) erweisen sich als umstritten. "[32]

Im 20. Jahrhundert dagegen, am Ende eines gut einhundert Jahre währenden Industrialisierungsprozesses, erfreuten sich die europäischen Staaten eines bis dahin unbekannten Reichtums. Es wird bei einer genaueren Betrachtung der europäischen Industrialisierung jedoch deutlich, dass dieses Ergebnis keineswegs mühelos, sondern unter großen Schwierigkeiten erreicht worden ist.[33] Der Entwicklungsprozess dauerte über mehr als ein Jahrhundert an und führte für einen großen Teil der Bevölkerung zunächst zu einer erheblichen Verschlechterung der materiellen Situation, ehe sich eine Wende zum Besseren abzeichnete. Darüber hinaus brachte der Übergang von der agrarisch geprägten Gesellschaft zur Industriegesellschaft schwerwiegende Probleme mit sich. Die Unterdrückung der Arbeiterschaft führte zu gravierenden sozialen Konflikten, und es ergaben sich Verwerfungen im politischen System, autoritäre Tendenzen und Demokratiedefizite, die möglicherweise entscheidend zu den politischen Katastrophen des 20. Jahrhunderts beigetragen haben. Trotz ihres relativen Reichtums sehen sich die modernen Industriegesellschaften darüber hinaus mit neuen gesellschaftlichen Problemen konfrontiert, wie zum Beispiel mit der „neuen sozialen Frage" nach der Verteilungsgerechtigkeit oder mit der Umweltproblematik, so dass es völlig verfehlt wäre, den gegenwärtigen Zustand der westlichen Industriegesellschaften zu verklären. Aber als Faktum bleibt festzuhalten, dass die europäischen Gesellschaften heute, gemessen an den Verhältnissen der vorausgehenden Jahrhunderte, unend-

---

[32]   F. J. Fisher, The Sixteenth and Seventeenth Centuries: The Dark Ages in English Economic History?, in: Economica 24 (1957), H. 93, S. 2-18, hier insbes. S. 17/18; deutsch nach: Knut Borchardt, Europas Wirtschaftsgeschichte – ein Modell für Entwicklungsländer?, Stuttgart 1967, S. 9-10.

[33]   Toni Pierenkemper, Umstrittene Revolutionen.

lich reich sind. Um diese Entwicklung angemessen würdigen zu können, muss zunächst die vorindustrielle Armut betrachtet werden, ehe dann der Mechanismus der Reichtumsvermehrung entschlüsselt werden soll.

1. Die Armut in der vorindustriellen Gesellschaft

„Es zeigt sich, daß auch die Geschichte des Abendlandes auf weite Strecken hin eine Geschichte der Not, des Hungers und des Elends war. Das ist in unser Geschichtsbewußtsein noch kaum eingedrungen. Vorstellungen eines schiedlich-friedlichen Ausgleichs, einer Harmonie zwischen Stadt und Land, einer befriedeten, nur von der Willkür einiger Menschen und Menschengruppen gestörten Gesellschaft beherrschen noch das Bild, das von dem vorindustriellen Zeitalter in unsere Geschichtsbücher einging. Aber das Bild ist falsch. Zwar darf feudale Willkür nicht übersehen werden, doch mehr noch, wenn auch vielleicht verflochten mit ihr, zogen die natürlichen Ressourcen der Versorgung mit Nahrungsmitteln Schranken. Freilich gilt dies nur für die "Armen". Doch sehr viele waren arm in einem Zeitalter, da schon in guten Jahren nicht selten mehr als die Hälfte der Einkommen für Lebensmittel gebraucht wurde und in Notjahren die Preise der wichtigsten Brotfrucht auf das Doppelte, Dreifache und noch höher stiegen."[34]

Die europäische Gesellschaft der vorindustriellen Zeit war „arm", dafür gibt es mehr als ausreichend Belege.[35] Die Einkommen der Masse der Bevölkerung

---

[34] Wilhelm Abel, Massenarmut und Hungerkrisen im vorindustriellen Europa. Versuch einer Synopsis, Hamburg 1974, Vorwort.

[35] Dazu im Überblick Michel Mollat, Die Armen im Mittelalter, 2. Aufl., München 1987; Wolfram Fischer, Armut in der Geschichte; Wilhelm Abel, Massenarmut und Hungerkrisen im vorindustriellen Deutschland, Göttingen 1972. Neuere Arbeiten zur „Armut": Wolfgang von Hippel, Armut, Unterschichten, Randgruppen in der frühen Neuzeit (Enzyklopädie deutscher Geschichte, Bd. 34), München 1995; Volker Hunecke, Überlegungen zur Geschichte der Armut im vorindustriellen Europa, in: Geschichte und Gesellschaft 9 (1983), S. 491-512; Bronislaw Geremek, Geschichte der Armut. Elend und Barmherzigkeit in Europa, München 1988; Robert Jütte, Arme, Bettler, Beutelschneider. Eine Sozialgeschichte der Armut in der Frühen Neuzeit, Weimar 2000 (engl. Poverty and Deviance in Early Modern Europe, Cambridge 1994); Martin Rheinheimer, Arme, Bettler und Vaganten. Überleben in der Not 1450-

der vorindustriellen Welt entsprangen genau wie auch heute noch entweder den Entgelten für produktive Leistungen, oder es handelte sich um Transfers, denen keine produktiven Äquivalente gegenüber standen.[36] Die Löhne waren im Verhältnis zu den Preisen Jahrhunderte lang außerordentlich niedrig. Ihre Höhe hing unmittelbar mit der Möglichkeit zu produktiver Arbeit zusammen. In einer stagnierenden Wirtschaft waren die Chancen zur Arbeit eher gering. Es herrschte ein permanenter Mangel an Arbeitsmöglichkeiten, da die Armut der Bevölkerung wiederum die Expansionschancen begrenzte. Ein „circulus vitiosus", der in den Entwicklungsländern heute auch als „Armutsfalle" bezeichnet wird, hielt die vorindustrielle Wirtschaft auf einem geringen Aktivitätsniveau fest. In den historischen Quellen lassen sich Belege für die offensichtlichen Manifestationen der gesellschaftlichen Armut finden, von denen das Bettlerwesen besonders augenfällig war. Zeitgenössische Berichte überliefern zum Beispiel, dass man 1601 in Rom kaum die Straße überqueren konnte, weil zahlreiche Bettler einen daran hinderten, oder dass in Florenz im Jahre 1630 eine Zählung der Bettler zu einer weit größeren Zahl kam, als bis dahin angenommen. Aus Frankreich wurde berichtet, dass sich dort die Armen in den Städten und an anderen Orten sammelten.[37] Dass dieses Bettelwesen nicht nur ein Problem süd- und westeuropäischer Großstädte war, sondern auch in deutschen Städten und Gemeinden die sozialen Verhältnisse zunehmend belastete, lässt sich anhand zahlreicher Lokalstudien belegen.[38] Hier, auf der lokalen Ebene rücken dann auch die Maßnahmen der Prävention und Bekämpfung des Bettlerwesens in den Gesichtskreis, in dem durch vielfältige Bettel- und Almosenordnungen der Versuch unternommen wird, diesem Problem Herr zu werden.[39]

1850, Frankfurt a. M. 2000; Ernst Schubert, Fahrendes Volk im Mittelalter, Bielefeld 1995; Bernd Roeck, Außenseiter, Randgruppen, Minderheiten. Fremde im Deutschland der frühen Neuzeit, Göttingen 1993. Zu Bettlern: Karl Czok, Leipzig – ein Zentrum besonderer Bettelbedrängnis. Arme, Bettler und Vaganten im Sachsen des 18. Jahrhunderts, in: Leipzig. Aus Vergangenheit und Gegenwart. Beiträge zur Stadtgeschichte 7 (1990), S. 7ff.; Sabine Veits-Falk, „Zeit der Noth". Armut in Salzburg 1803-1870, Salzburg 2000, S. 111-114; Martin Dinges, Stadtarmut in Bordeaux 1525-1675. Alltag, Politik, Mentalitäten (Pariser Historische Studien, Bd. 26), Bonn 1988.

[36] Carlo M. Cipolla, Before the Industrial Revolution. European Society and Economy, 1000–1700, 2. Aufl., London 1980.

[37] Ebd., S. 13-15.

[38] Vgl. Czok, Leipzig, Veits-Falk, „Zeit der Noth", sowie Dinges, Stadtarmut.

[39] Lokale Studien rechtshistorischer Art: Friedrich Battenberg, Obrigkeitliche Sozialpolitik und Gesetzgebung. Einige Gedanken zu mittelrheinischen Bettel- und Almosenordnungen des 16. Jahrhunderts, in: Zeitschrift für historische Forschung 18 (1991), S. 33-70; Jürgen Menzler,

Daneben liegen auch quantitative Angaben über den Anteil der Armen an der Bevölkerung einzelner Städte vor, die erschreckend hohe Quoten ausweisen.

Tabelle 1: Der Anteil der Armen an der Stadtbevölkerung verschiedener europäischer Städte in der Frühen Neuzeit (15.-18. Jh.)

Stadt	Anteil der Armen (v.H.)	Beobachtungszeitraum
Löwen	18	Ende des 15. Jh.
Antwerpen	12	Ende des 15. Jh.
Hamburg	20	Ende des 15. Jh.
Cremona	6	ca. 1550
	15	ca. 1610
Modena	11	1621
Siena	11	1766
Venedig	14	1780

Quelle: Carlo M. Cipolla, Before the Industrial Revolution. European Society and Economy 1000-1700, 2. Aufl., London 1980, S. 15.

Zwischen 15 und 20 Prozent der Bewohner der Städte wurden also als arm klassifiziert, und dieser Anteil hat sich vom 15. bis zum 18. Jahrhundert nicht signifikant verändert. In England hatten diese Verhältnisse dazu geführt, dass gesetzliche Maßnahmen ergriffen wurden, um der immer weiter um sich greifenden

---

Die Bettelgesetzgebung des 17. und 18. Jahrhunderts im Gebiet des heutigen Landes Hessen. Dargestellt unter Berücksichtigung des Einflusses der Aufklärung für die Landgrafschaften Hessen-Kassel und Hessen-Darmstadt, die Freie Reichsstadt Frankfurt a. M. und die Fürstentümer Nassau-Oranien, Nassau-Weilburg und Nassau-Usingen, Diss. Marburg 1967, Claudia Schott, Armenfürsorge, Bettelwesen und Vagantenbekämpfung in der Reichsabtei Salem, Bühl/Baden 1978, zugl. Diss. Freiburg i. Brsg. 1976; Sabine Begon, De jure hospitalium. Das Recht des deutschen Spitals im 17. Jahrhundert unter Berücksichtigung der Abhandlungen von Ahasver Fritsch und Wolfgang Adam Lauterbach, Marburg 2002. Lokale Studien sozialhistorischer Art: Elisabeth Schepers, Als der Bettel in Bayern abgeschafft werden sollte. Staatliche Armenfürsorge in Bayern im 16. und 17. Jahrhundert, Regensburg 2000; Sebastian Kreiker, Armut, Schule, Obrigkeit. Armenversorgung und Schulwesen in den evangelischen Kirchenordnungen des 16. Jahrhunderts, Bielefeld 1997; Kai Detlev Sievers und Harm-Peter Zimmermann, Das disziplinierte Elend. Zur Geschichte der sozialen Fürsorge in schleswigholsteinischen Städten 1542-1914, Neumünster 1994; Michael Doege, Armut in Preußen und Bayern (1770-1840) (Miscellanea Bavarica Monacensia, Bd. 157), München 1991; Alexander Klein, Armenfürsorge und Bettelbekämpfung in Vorderösterreich 1753-1806. Unter besonderer Berücksichtigung der Städte Freiburg und Konstanz, Freiburg i. Brsg. 1989; Sabine Bethge, Struktur der öffentlichen Armenpflege in Bayern und Württemberg zwischen 1770 und 1870 im Spiegel der Armengesetze und -verordnungen, Konstanz 1992.

Armut entgegen zu wirken.[40] So groß der Anteil der Armen an der Bevölkerung permanent schon war, konnte er in Krisenzeiten sehr schnell noch weiter ansteigen, weil auch der Großteil der nicht als arm klassifizierten Bevölkerung keineswegs reich war, sondern zumeist nur knapp über dem Subsistenzminimum lebte. Kam es zu Missernten oder Versorgungskrisen, so gerieten auch diese Leute sehr schnell in bittere Not, so dass kurzfristig die Quote der Armen auf weit über 20 v.H. anschwellen konnte.

Es stellt sich aus der heutigen Sicht die Frage, wie solch eine große Zahl von Menschen ohne ausreichende Subsistenzmöglichkeiten überhaupt überleben konnte. Bei der Beantwortung dieser Frage ist darauf hinzuweisen, dass neben den Erwerbseinkommen aus produktiver Tätigkeit die Transfereinkommen ohne produktive Äquivalente als zweite Einkommensquelle bestanden. Transfers waren in der vorindustriellen Zeit von außerordentlich großer Bedeutung, da ein beachtlicher Teil der Bevölkerung nicht über ein unabhängiges Einkommen aus produktiver Tätigkeit verfügte. Freiwillig wurden vom wohlhabenderen Teil der Bevölkerung beachtliche Transfereinkommen gewährt. Große, bedeutende Schenkungen für die Armen, etwa beim Tode reicher Leute, oder regelmäßige Spenden an bestimmten Feier- und Festtagen waren weit verbreitet, und in aktuellen Krisenzeiten, beispielsweise bei Seuchen und Hungersnöten, kamen spontan größere Spenden zusammen. An diesen Spenden und Schenkungen beteiligten sich nicht nur die ausgesprochen Reichen, sondern auch einfache Leute leisteten mit kleineren Summen einen Beitrag. Einige italienische Handelshäuser führten sogar in ihrer fortschrittlichen Buchhaltung ein eigenes Spendenkonto, häufig betitelt mit „a conto domini".

Die Mildtätigkeit der Wohlhabenden trug auf diese Weise wesentlich zur Existenzsicherung der Unterschichten bei. Aus der Sicht der modernen Marktrationalität erscheint eine derartige Mildtätigkeit außerhalb der ökonomischen Logik des Systems zu stehen, aus der Sicht der vorindustriellen Ökonomie bildeten freiwillige Transfers jedoch durchaus einen integralen Bestandteil der Logik dieses

---

[40] 1597 und 1601 wurden hier unter Elisabeth I zwei Gesetze erlassen, die den Kern des „ *Old Poor Law* " bildeten und die übergroße Armut auf lokaler Ebene eindämmen sollten. Vgl. dazu Thomas Sokoll, ‚Alte Armut'. Unterstützungspraxis und Formen lebenszyklischer Armut unter dem Alten Armenrecht, 1780–1834, in: Bernd Weisbrod (Hg.), „Victorian Values". Arm und Reich im Viktorianischen England, Bochum 1988, S. 13–64.

ökonomischen Systems.[41] Denn diese Transfers schufen erst die Voraussetzungen für die Aufrechterhaltung des Systems, für die relative Sicherheit der Wohlhabenden und für den ordentlichen Gang ihrer Geschäfte. Die makroökonomische Bedeutung dieser freiwilligen Transfers ist nur schwer zu ermitteln. Quantitative Anhaltspunkte, wie zum Beispiel der Umfang der Ausgaben für Armenunterstützung englischer Klöster, lassen vermuten, dass sich der Umfang dieser Transfers auf deutlich über 1 v.H. des Sozialproduktes bemaß. Dies ist eine ganz beachtliche Größe angesichts der Armut der Gesellschaft und der geringen Anzahl wirklich wohlhabender Menschen.

Ergänzend zur privaten Mildtätigkeit gab es in der vormodernen Gesellschaft noch eine Reihe weiterer freiwilliger Transfers, die zwar nicht den gleichen Umfang wie die caritas hatten, doch ebenfalls Erwähnung verdienen: Auch Stiftungen dienten dem Transfer von Reichtum, hatten jedoch spezifische Zwecke, die häufig der Armutsbekämpfung dienten. Die Aussteuer für Töchter spielte eine Rolle als Finanzierungsquelle für Geschäftsgründungen, und Spielgewinne wurden gelegentlich in gleicher Weise genutzt.

Neben den genannten freiwilligen Transfers gab es in der vorindustriellen Gesellschaft auch eine ganze Reihe von Formen unfreiwilliger Transfers. So spielten Raub und Plünderungen in dieser Zeit eine bemerkenswerte Rolle. In Krisenzeiten widmeten sich ganze Räuberbanden diesem einträglichen Geschäft. Vor dem Ausbau eines entsprechenden rationalen Steuersystems unterschieden sich Steuern manchmal nur graduell von dem vorab erwähnten Raub. Diebstahl war für die einfachen Leute lebenswichtig, und der Umfang war kaum zu kontrollieren. Zum Teil wurde Diebstahl sogar organisiert betrieben. Darüber hinaus waren Lösegelder für berühmte Geiseln, für Kriegsgefangene usw. weitaus häufiger, als man das heute annehmen würde.

Diese Transfers, ob freiwillig oder unfreiwillig, trugen zu einer Umverteilung von „Reichtum" und Einkommen in der vorindustriellen Gesellschaft bei und waren damit von außerordentlich großer Bedeutung für die Lebensfähigkeit dieses Systems. Ihr Umfang war eingedenk des hohen Grades der Subsistenzökonomie

---

[41] Zur ökonomischen Logik dieser Armutsgesellschaft vgl. Birger P. Priddat, Theoriegeschichte der Wirtschaft. oeconomica / economics, München 2002, S. 22-32.

in der Gesamtwirtschaft möglicherweise größer als die Gesamtheit der Markttransaktionen.[42]

Die gesellschaftliche Wahrnehmung und Bewertung der allgegenwärtigen und seit dem späten Mittelalter in Europa sogar wachsenden Armut unterlag im Laufe der Zeit deutlichen Veränderungen. Als Wendepunkte der Armutsgeschichte lassen sich daher die große Pest zur Mitte des 14. Jahrhunderts, der Aufbruch in die Neuzeit im frühen 16. Jahrhundert und der Beginn des Industriezeitalters um 1800 ausmachen.[43] Die große Pest markiert die Scheidelinie zwischen traditioneller, durch die christliche Caritas geprägte Armenfürsorge, die die pauperes christi undifferenziert durch Mildtätigkeit zu unterstützen suchte und dabei Almosen sowohl als Palliativ zur Sicherung der bestehenden Ordnung wie auch als Möglichkeit der Vorsorge für das eigene Seelenheil im Jenseits betrachtete.

In der ersten Hälfte des 16. Jahrhunderts begannen sich demgegenüber neue Ansätze in der städtischen und obrigkeitlichen Armenpolitik durchzusetzen. Man schied nunmehr verstärkt zwischen „würdigen" und „unwürdigen" Armen. Ersteren unterstellte man unverschuldete Hilfsbedürftigkeit und suchte ihnen im Rahmen der gegebenen Möglichkeiten zu helfen, letzteren gab man Schuld am eigenen Schicksal und suchte sie auszugrenzen und abzuschieben. Zugewanderte und Ortsansässige wurden unterschiedlich behandelt, Arbeitswilligkeit und Arbeitsfähigkeit wurde zu einem Kriterium der Unterstützung gemacht, wie überhaupt der Zusammenhang zwischen Armut und Arbeit zum Thema gemacht wurde. Armut wurde somit auch zu einem ökonomischen Problem, welches einerseits auf der objektiven Seite durch den Versuch zur Schaffung neuer Produktions- und Arbeitsmöglichkeiten angegangen wurde und von der subjektiven Seite her durch Erziehung zur Arbeit unterstützt wurde. Schließlich zeigt sich während der Industrialisierungsperiode im 19. Jahrhundert beginnend ein allmählicher Übergang von der traditionellen Armenpolitik zu einer gesamtstaatlich angelegten Sozialpolitik.[44]

---

[42] Zum Vorausgehenden ausführlich, auch mit Hinweisen auf eine umfangreiche Literatur, vgl. Carlo M. Cipolla, Before the Industrial Revolution.

[43] Vgl. hierzu Wolfgang von Hippel, Armut, S. 44-48.

[44] Vgl. dazu Florian Tennstedt, Sozialgeschichte der Sozialpolitik. Vom 18. Jahrhundert bis zum Ersten Weltkrieg, Göttingen 1981 und Christoph Sachße und Florian Tennstedt, Geschichte der Armenfürsorge in Deutschland, Bd. I: Vom Spätmittelalter bis zum 1. Weltkrieg, Stuttgart 1980.

2. Industrialisierung versus Industrielle Revolution

Genau diese beiden Begriffe – „‚Industrielle Revolution' oder ‚Industrialisierung'?“ – verwendet Hans-Werner Hahn in seinem Band der Enzyklopädie Deutscher Geschichte als Kapitelüberschrift und schließt daran eine Erörterung der Grundprobleme und Tendenzen der Forschung über die industrielle Revolution in Deutschland an.[45] Damit ist auf eine lang anhaltende Unsicherheit um die Verwendung eines adäquaten Begriffs zur Beschreibung und Analyse jenes epochalen Ereignisses verwiesen, das Carlo M. Cipolla in seiner Bedeutung nicht zu unrecht mit der neolithischen Revolution, mit der Sesshaftwerdung des Menschen, vergleicht.[46]

Hinter diesen beiden Bezeichnungen verbergen sich jedoch grundlegende Auffassungsunterschiede über Charakter und Verlauf des beschriebenen Entwicklungsprozesses,[47] die selbst für den britischen Fall nicht ohne weiteres eine Festlegung auf den einen oder anderen der beiden Begriffe zulassen.[48] Eine verwirrende Vielfalt der Bedeutungen von „Industrialisierung“ und „Industrieller Revolution“ ist daher die Folge. Noch am leichtesten erscheint es dabei, die Begriffsgeschichte nachzuzeichnen. Es besteht weitgehende Übereinstimmung darüber, dass Adolphe Blanqui, Professor für „économie industrielle“, in seiner damals viel gelesenen Geschichte der politischen Ökonomie von 1837 den Begriff „Industrialisierung“ wenn nicht erstmals verwendete, so doch popularisierte.[49] Demgegenüber lässt sich eine erste Verwendung des Begriffes „Industrielle Revolution“

---

[45] Hans-Werner Hahn, Die industrielle Revolution in Deutschland, S. 51-59; ebenso auch Hubert Kiesewetter, Industrielle Revolution in Deutschland 1815-1914, S. 13-15, und Thomas Kuczynski, Industrielle Revolution oder Industrialisierung?, in: Jahrbuch für Wirtschaftsgeschichte 1975/1, S. 161-174 mit einer Auseinandersetzung der Literatur der frühen 1970er Jahre aus marxistischer Perspektive.

[46] Carlo M. Cipolla, Die Industrielle Revolution in der Weltgeschichte, in: Ders. und Knut Borchardt (Hg.), Europäische Wirtschaftsgeschichte, Bd. 3: Die Industrielle Revolution, Stuttgart, New York 1976, S. 1-10.

[47] Vgl. dazu Wolfram Fischer, Ökonomische und soziologische Aspekte der frühen Industrialisierung. Stand und Aufgaben der Forschung, in: Ders., Wirtschaft und Gesellschaft im Zeitalter der Industrialisierung, Göttingen 1972, S. 15-27.

[48] Peter Temin, Two views of the British Industrial Revolution, in: Journal of Economic History 57 (1997), H. 1, S. 63-82.

[49] Ernst Nolte, Marxismus und Industrielle Revolution, Stuttgart 1983, S. 23.

bislang für das Jahr 1799 nachweisen.[50] Was genau damals darunter zu verstehen
war, bleibt jedoch unklar, denn die ursprüngliche Bedeutung von „Industrie" in
der deutschen Sprache des 17. Jahrhunderts lässt sich am ehesten mit „Gewerbe-
fleiß" umschreiben, eine Bedeutung, die dem englischen Begriff „industrious" bis
heute anhängt.[51] Bei den Autoren des späten 18. Jahrhunderts finden sich unterschiedliche Bedeutungen von „Industry": Während Adam Smith unter „Industry"
schlichtweg Gewerbe versteht, verknüpft St. Simon mit diesem Begriff bestimmte
anspruchsvolle Tätigkeiten. In Deutschland schließlich entwickelte sich der
Sprachgebrauch dahin, unter „Industrie" schlicht das Großgewerbe zu subsumie-
ren.

Auch wenn der Industriebegriff in der einen oder anderen Form bereits früher
verwendet wurde, dauerte es noch bis 1884, ehe er nicht zuletzt durch Arnold
Toynbees „Lectures on the Industrial Revolution" zum Schlüsselbegriff der Epoche werden sollte. Zunächst war die Verwendung der Bezeichnung „Industrie"
noch beschränkt auf die Verhältnisse in Großbritannien, bald wurde der Begriff
aber auch zur Charakterisierung der wirtschaftlichen Entwicklung auf dem europäischen Kontinent herangezogen.

Was nun den Inhalt der jeweils gebräuchlichen Begriffe betrifft, so lässt sich
nicht nur eine bemerkenswerte Bedeutungsvielfalt feststellen, sondern auch ein
Wandel in den wissenschaftlichen Konzepten, die mit den Begriffen verknüpft
waren. Zu Beginn dominierte eine Sichtweise, die den radikalen Bruch der industriellen Produktions- und Lebensweise mit der vorausgehenden Zeit betonte und
die Industrialisierung tatsächlich als Revolution akzentuierte. Dabei wurde vor
allem die Bedeutung der technologischen Innovationen und der Veränderungen
der Produktionsorganisation (Fabrikarbeit) hervorgehoben. Eine Schilderung von
Adolphe Blanqui aus dem Jahre 1837 verdeutlicht diese Sichtweise:[52]

„Kaum dem Gehirn der genialen Männer Watt [Erfinder der atmosphä-
rischen Dampfmaschine; Anm. d. Verf.] und Arkwright [Erfinder der

---

[50] David S. Landes, The Fable of the Dead Horse; or, The Industrial Revolution Revisited, in:
Joel Mokyr (Hg.), The British Industrial Revolution. An Economic Perspective, Boulder u.a.
1993, S. 132-170.

[51] Friedrich-Wilhelm Henning, Die Industrialisierung in Deutschland 1800 bis 1914, 5. Aufl.,
Paderborn 1979, S. 111.

[52] Zitiert bei: Toni Pierenkemper, Umstrittene Revolutionen, S. 11.

ersten Spinnmaschine; Anm. d. Verf.] entsprossen, nahm die industrielle
Revolution von England Besitz. "

Damit werden zwei frühe Fehleinschätzungen hinsichtlich der Kennzeichen
der Industrialisierung offenbar, ihre starke personalistische Zentrierung und die
Überschätzung der Bedeutung technologischer Innovationen als alleinige Auslö-
ser der Entwicklung. Der revolutionäre Charakter dieses Prozesses wurde jedoch
noch lange Zeit als gegeben akzeptiert, so schreibt etwa Friedrich Engels im Jahre
1878 in Analogie zur Französischen Revolution von 1789:

„Während in Frankreich der Orkan der Revolution das Land ausfegte,
ging in England eine stillere, aber darum nicht minder gewaltige Um-
wälzung vor sich. Der Dampf und die neue Werkzeugmaschinerie ver-
wandelten die Manufaktur in die moderne große Industrie und revoluti-
onierten damit die ganze Grundlage der bürgerlichen Gesellschaft. "[53]

Ganze Generationen von Forschern haben dann seit Toynbee das heutige Bild
der Industriellen Revolution mitgestaltet, und insbesondere in den 1960er Jahren
sind wichtige Werke über die Industrielle Revolution in England erschienen, die
ganz erheblich zur Mehrung unserer Kenntnisse beigetragen haben.[54] Eine eindeutige begriffliche Klärung ist dabei jedoch nicht gelungen.

Zur Erleichterung der Übersicht über die unterschiedliche Verwendung der
Begriffe *„Industrialisierung"* und *„Industrielle Revolution"* in der Literatur empfiehlt es sich, in zweierlei Hinsicht zu differenzieren: Zum einen ist es sinnvoll zu
unterscheiden, ob die verschiedenen Autoren ein eher enges oder weites Konzept
zugrunde legen, und zum anderen muss danach differenziert werden, in wie weit
sie den revolutionären Charakter des Industrialisierungsprozesses akzentuieren

---

[53] Friedrich Engels, Herrn Eugen Dührings Umwälzung der Wissenschaft (Anti-Dühring), in:
Karl Marx und Friedrich Engels, Werke, Bd. 20, Berlin 1975, S. 5-303, hier S. 35.

[54] Phyllis Deane, The First Industrial Revolution, Cambridge 1965; Eric J. Hobsbawm, Industrie
und Empire. Britische Wirtschaftsgeschichte seit 1750, 2 Bde., Frankfurt a. M. 1969 (engl.
1968); Phyllis Deane und W.A. Cole, British Economic Growth 1688-1959. Trends and
Structure, 2. Aufl., Cambridge 1967; Peter Mathias, The First Industrial Nation: An Economic History of Britain, 1700-1914, London 1969.

oder eher eine kontinuierliche Entwicklung unterstellen.[55] Mit einem engen Konzept ist gemeint, dass die industrielle Entwicklung sich in wenigen, ökonomisch eindeutig identifizierbaren Variablen abbilden lässt, so etwa im Übergang zur Maschinenarbeit im gewerblichen Bereich, im sektoralen Strukturwandel oder im ökonomischen Wachstum der Gesamtwirtschaft. Bei der Verwendung eines weiter gefassten Konzeptes wird hingegen der umfassende Wandel in Gesellschaft, Politik und Kultur in die Betrachtungen einbezogen. Hinsichtlich der zweiten genannten Differenzierung, dem Zeitaspekt, unterscheiden sich die Autoren dahingehend, ob sie den Übergang von der vorindustriellen zur industriellen Produktionsweise innerhalb eines relativ kurzen, nur wenige Jahrzehnte andauernden Zeitraumes vermuten und daher den revolutionären Charakter des Überganges besonders betonen, oder ob sie mehr auf die langfristigen Voraussetzungen und Wirkungen dieses Prozesses verweisen.[56] Dass die Wirkungen des Übergangs zur industriellen Produktionsweise revolutionär gewesen sind, darüber besteht wohl Einigkeit, nicht aber über den revolutionären Charakter des Übergangs selbst.

Die klassische Sicht eines auf wenigen Ursachen fußenden, abrupten Überganges von der vorindustriellen zur industriellen Produktionsweise wurde von Walt W. Rostow mit der Vorstellung eines „Take-off" auf den Punkt gebracht. Dieser Ausdruck ist der Luftfahrt entlehnt und beschreibt den Augenblick, in dem ein Flugzeug die Bodenhaftung verliert und sich in das Element der Lüfte erhebt.[57] Diesem Bild entsprechend vollzieht sich die industrielle Revolution in einem Lande dann, wenn aufgrund eines plötzlichen Anstiegs der gesamtwirtschaftlichen Investitionsquote auf über 10 v.H. ein stetiger Wachstumspfad erreicht wird. Diese Sicht der Dinge ist schon sehr bald relativiert worden. Alexander Gerschenkron hat im Rahmen seines Entwicklungsmodells die Vorbedingungen, die für einen industriellen Durchbruch erforderlich sind, stärker betont und zugleich

---

[55] Wolfram Fischer, Ökonomische und soziologische Aspekte, S. 17, vermengt leider beide Tatbestände, indem er unter Industrieller Revolution den *„engen Vorgang"* und unter Industrialisierung den *„weiteren Komplex"* versteht, also nicht in der Sache und in der Zeit differenziert, wie hier vorgeschlagen.

[56] Diese Differenzierung allein der unterschiedlichen Argumentation marxistisch und nichtmarxistisch orientierter Wissenschaftler zuzuschreiben, wie bei Hubert Kiesewetter, Industrielle Revolution in Deutschland 1815-1914, S.14, scheint mir zu kurz zu greifen.

[57] Walt W. Rostow, Stadien wirtschaftlichen Wachstums. Eine Alternative zur marxistischen Entwicklungstheorie, 2. Aufl., Göttingen 1967, insbes. S. 54-77.

die Kontinuität des zugrunde liegenden Entwicklungsprozesses hervorgehoben.[58] Diese beiden Denkfiguren haben die Diskussion um den Charakter der europäischen Industrialisierung seit den 1960er Jahren entscheidend geprägt und haben demgemäß auch Eingang in die deutsche Lehrbuchliteratur gefunden.

Gemäß der oben erwähnten zweifachen Differenzierung – Enge und Weite des Konzeptes, kurzer oder langer Zeitraum – lassen sich vier Gruppen von Autoren unterscheiden, wobei anzumerken bleibt, dass mit der Vorstellung einer kurzen Durchbruchphase zumeist die Verwendung des Begriffs der industriellen Revolution einhergeht, während zur Bezeichnung eines längeren Entwicklungsprozesses der Begriff der Industrialisierung bevorzugt verwendet wird.[59]

Eine erste Gruppe von Autoren benutzt zunächst ein enges theoretisches Konzept, ohne jedoch damit weitergehende Wirkungen leugnen zu wollen, und sieht den industriellen Entwicklungsprozess in einer revolutionären Durchbruchphase als relevant an. Hierher gehören Autoren, die stark mit den Begriffen und Kategorien der ökonomischen Theorie arbeiten. Wachstum und sektoraler Strukturwandel erscheinen dann als Hauptdeterminanten. Neben dem bereits erwähnten Walt W. Rostow wären hier am ehesten Sidney Pollard, Knut Borchardt und Toni Pierenkemper zu nennen.[60]

Eine weitere Gruppe von Autoren schreibt dem industriellen Entwicklungsprozess zwar ebenfalls einen revolutionären Charakter zu, möchte seine Ursachen und Wirkungen aber nicht auf wenige ökonomische Variable begrenzt sehen. Dazu zählen naturgemäß die eher marxistisch orientierten Autoren.[61] Jedoch weisen

---

[58] Alexander Gerschenkron, Economic Backwardness in Historical Perspective. A book of essays, Cambridge/Mass. 1962; ders., Wirtschaftliche Rückständigkeit in historischer Perspektive, in: Hans-Ulrich Wehler (Hg.), Geschichte und Ökonomie, 2. Aufl., Königstein/Ts. 1985, S. 121-139.

[59] Allerdings findet sich auch die Auffassung, dass die Begriffsunterschiede allenfalls politisch-ideologisch bedingt und daher in der Sache unbegründet sind. Die Begriffe werden dann wechselweise zur Beschreibung eines „...umwälzenden ökonomischen, politischen und sozialen Modernisierungsprozesses..." benutzt, eine Vorgehensweise, die m.E. wenig zur konzeptionellen Klärung beiträgt. Vgl. dazu Hubert Kiesewetter, Industrielle Revolution in Deutschland 1815-1914, S. 15.

[60] Sidney Pollard, Peaceful Conquest. The Industrialization of Europe 1760-1970, Oxford 1981, insbes. Chapter I: The Industrial Revolution in Britain, S. 3-41; Knut Borchardt, Die Industrielle Revolution in Deutschland, München 1972; Toni Pierenkemper, Umstrittene Revolutionen, S. 26-31.

[61] Jürgen Kuczynski, Vier Revolutionen der Produktivkräfte. Theorie und Vergleiche, Berlin 1975; Ders., Allgemeine Wirtschaftsgeschichte. Von der Urzeit bis zur sozialistischen Gesellschaft, 2. Aufl., Berlin 1951, insbes. 14. Vorlesung: Die industrielle Revolution, S. 213-226; Lothar Baar, Die Berliner Industrie in der industriellen Revolution, Berlin (Ost) 1966; Hans

darüber hinaus auch nicht-marxistische Autoren darauf hin, dass die Industrielle Revolution ein weltgeschichtlicher Vorgang von langer Dauer war, der nicht nur den Aufbau der Industrie umfasste, sondern „umwälzende wirtschaftliche und gesellschaftliche Veränderungen" bedeutete.[62] Dabei wird zumeist auf die „revolutionären Veränderungen der Gesellschaft und der Wirtschaftsweise" verwiesen und weniger der ökonomische Kernprozess einer komplexen Analyse unterzogen.

Eine andere Gruppe von Autoren beschränkt sich wiederum auf die Analyse der ökonomischen Kernbestandteile des industriellen Entwicklungsprozesses, verweist aber zugleich auf den langfristigen, eher evolutorischen Charakter des Übergangs zur industriellen Produktionsweise. Hierzu zählen neben dem schon genannten Alexander Gerschenkron vor allem die britischen Revisionisten der Industriellen Revolution – allen voran Nick Crafts – aber auch eine Reihe deutscher Autoren.[63]

Schließlich und viertens finden sich Autoren, die den langfristigen, evolutionären Entwicklungsprozess eines Industriesystems in seinen vielfältigen Aspekten thematisieren und daher einen komplexen Erklärungsansatz vorstellen.[64]

Die Zuordnung der verschiedenen Autoren zu den genannten Gruppen ist natürlich ein wenig schematisch und wird den Intentionen der verschiedenen Arbeiten gewiss nicht vollständig gerecht. Dennoch sollte auf diese Weise deutlich geworden sein, auf welch unterschiedliche Art man sich der Industrialisierung *nähern kann*. Darüber hinaus werden in den jeweiligen Ansätzen teils synonym (Kiesewetter), teils widersprüchlich und in beliebiger Weise die Begriffe Industrialisierung oder Industrielle Revolution benutzt (Buchheim verwendet den Begriff Industrielle Revolution umfassend und evolutionär, Pollard hingegen eng und revolutionär), so dass über den Weg der eindeutigen Definition der Begriffe hier m. E. keine Klarheit zu schaffen ist.

Mottek, Wirtschaftsgeschichte Deutschlands. Ein Grundriss, Bd. 2: Von der Zeit der Französischen Revolution bis zur Zeit der Bismarckschen Reichsgründung, 2. Aufl., Berlin (Ost) 1971, S. 65-77.

[62] Christoph Buchheim, Einführung in die Wirtschaftsgeschichte, S. 19. Ähnlich auch Rolf Walter, Wirtschaftsgeschichte. Vom Merkantilismus bis zur Gegenwart, S. 40, und Knut Borchardt, Grundriss der deutschen Wirtschaftsgeschichte, Göttingen 1978, S. 39.

[63] Nick F. R. Crafts, British Economic Growth during the Industrial Revolution, Oxford 1985; Christoph Buchheim, Industrielle Revolutionen; Walther G. Hoffmann, Art. Industrialisierung I und II, in: Handwörterbuch der Sozialwissenschaften, Bd. 5, Stuttgart u.a. 1956, S. 224-238.

[64] Herbert Matis, Das Industriesystem. Wirtschaftswachstum und sozialer Wandel im 19. Jahrhundert, Wien 1988; Richard H. Tilly, Vom Zollverein zum Industriestaat.

Dass es sich bei den vorausgehenden Erwägungen nicht nur um einen Streit um Worte handelt, kann aus der Kontroverse um die Bedeutung der Industriellen Revolution in Großbritannien entnommen werden. Ursprünglich schien deren Ursprung und Verlauf mit den Arbeiten von Phyllis Deane, Deane und Cole, Peter Mathias und anderen gut dokumentiert und interpretiert zu sein. Demnach war die Industrielle Revolution, deren Durchbruch um etwa 1780 anzusetzen ist und die sich bis spätestens 1850 erfolgreich durchgesetzt hatte, nicht viel mehr als eine abrupte Beschleunigung des Wachstums und des sektoralen Strukturwandels – eben ein „Take-off" im Sinne Rostows oder ein „Great Spurt", wie andere Autoren diese Zeitspanne charakterisiert haben. Diese Sichtweise betont insbesondere die ökonomischen Sachverhalte Wirtschaftswachstum und Strukturwandel und lässt andere Bedingungsfaktoren dahinter zurücktreten.[65] Es wurde insbesondere angeführt, dass neben dem sektoralen, eher langfristig angelegten Strukturwandel der Wirtschaft, der vor allem im Wandel der Beschäftigungsstruktur seinen Ausdruck fand, insbesondere auch eine plötzliche und bemerkenswerte Beschleunigung der gesamtwirtschaftlichen Wachstumsrate zu verzeichnen gewesen sei.[66] An dieser ursprünglichen Vorstellung orientierten sich eine Reihe von Fallstudien europäischer Industrienationen, die sich eng an das Rostowsche Konzept des Take-off anlehnten[67] und auf die weiter unten (Kap. IV 3.2) zurückzukommen sein wird.

Rostow hat sein Konzept des „Take Off" für eine ganze Reihe weiterer Länder angewandt und ihnen einen abgeschlossenen bzw. beginnenden Industrialisierungsprozess attestiert (vgl. Tabelle 2).

---

[65] Auch wenn z.B. Phyllis Deane, The First Industrial Revolution, S. 1, eine ganze Reihe weiterer Faktoren als konstitutiv für den Wandel der ökonomischen Strukturen im Rahmen der Industriellen Revolution benennt.

[66] Phyllis Deane und W.A. Cole, British Economic Growth, S. 142, zu den Veränderungen der sektoralen Beschäftigtenanteile in Großbritannien; vgl. dazu auch Toni Pierenkemper, Umstrittene Revolutionen, S. 12-31; Nick F. R. Crafts, British Economic Growth, S. 73, mit einer Gegenüberstellung der Schätzung unterschiedlicher Wachstumsraten.

[67] Walther G. Hoffmann, The Take-off in Germany, in: Hermann Kellenbenz u.a. (Hg.), Wirtschaftliches Wachstum im Spiegel der Wirtschaftsgeschichte, Darmstadt 1978, S. 143-170; Walt W. Rostow (Hg.), The Economics of Take-Off into Sustained Growth. Proceedings of a Conference held by the International Economic Association, London u.a. 1963.

Tabelle 2: Daten für Aufstiegsperioden verschiedener Länder nach Rostow (18.-20. Jh.)

Land	Aufstiegsperiode
England	1783 - 1802
Frankreich	1830 - 1860
Belgien	1833 - 1860
Vereinigte Staaten	1843 - 1860
Deutschland	1850 - 1873
Schweden	1868 - 1890
Japan	1878 - 1900
Russland	1890 - 1914
Kanada	1896 - 1914
Argentinien	1935 -
Türkei	1937 -
Indien	1952 -
China	1952 -

Quelle: Walt W. Rostow, Stadien wirtschaftlichen Wachstums. Eine Alternative zur marxistischen
Entwicklungstheorie, 2. Aufl., Göttingen 1967, S. 56.

Demnach begann diese Aufschwungperiode in England bereits am Ende des 18.
Jahrhunderts und währte nur kurz, ganze zwanzig Jahre. Auf dem europäischen
Kontinent folgten als erste Belgien und Frankreich dem englischen Beispiel und
durchliefen eine etwa dreißig Jahre dauernde Aufstiegsperiode. Schon bald griff
dieser Prozess über Europa hinaus (USA: 1843-1860), verbreitete sich aber auch
weiterhin in Europa und erreichte zur Mitte des 20. Jahrhunderts, nach Rostow,
China und Indien, wo der Prozess seinerzeit (1960) noch nicht abgeschlossen war.
Später hat Rostow die Reihe derjenigen Länder, die sich in einem industriellen
Wachstumsprozess befinden, nochmals erweitert und zeitlich weitergeführt (vgl.
Schaubild 1).

Schaubild 1: Datierung der „Take-Off"-Phase verschiedener Länder nach Rostow (18.-20. Jh.)

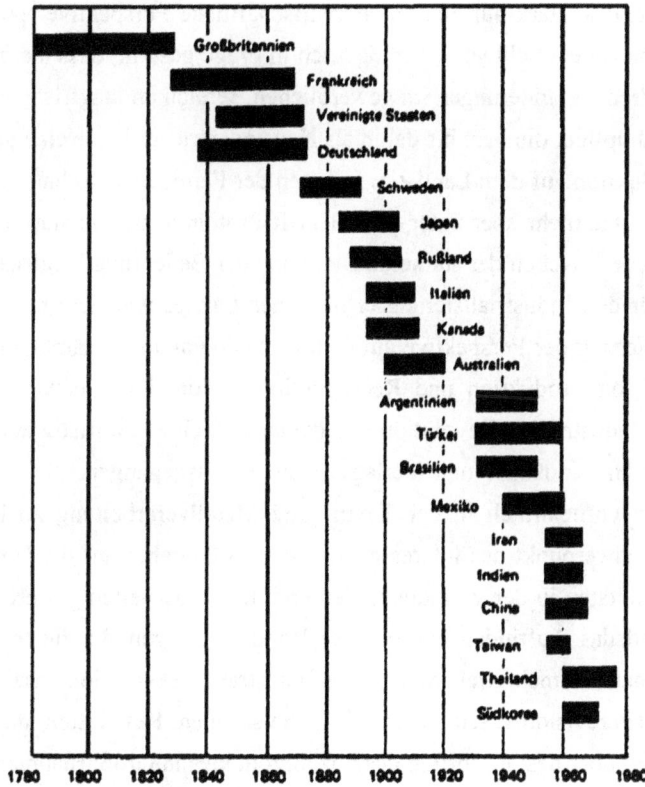

Quelle: Walt W. Rostow, The World Economy. History and Prospect, London 1978, S.51.

Ein Blick auf die bezeichneten Staaten nährt allerdings starke Zweifel an der Tragfähigkeit eines solcherart schematischen Entwicklungskonzeptes. Man muss aus heutiger Sicht zweifeln, ob alle angeführten Länder tatsächlich bereits den Start zu einem anhaltenden Wirtschaftswachstum vollzogen haben und ob es bei einigen, so z. B. bei der Türkei, Argentinien oder Brasilien tatsächlich bereits erfolgreich abgeschlossen wurde, zumal seit dem Beginn der „Take-Off"-Phase inzwischen siebzig Jahre (Argentinien, Türkei) bzw. fünfzig Jahre (Indien, China) vergangen sind, ohne dass dort bislang eine „reife" Industriegesellschaft entstanden wäre. So hilfreich das „Take-Off"-Konzept also für die westeuropäische Industrialisierungsgeschichte als heuristisches Konzept sein mag, so fragwürdig erscheint es als allgemeines Modell der Industrialisierung außereuropäischer Staaten.

Eine derartig stark auf eine gesamtwirtschaftliche Perspektive fixierte Sichtweise wurde zudem bald vor allem dadurch in Frage gestellt, dass die postulierten revolutionären Veränderungen im gewerblichen Bereich an langfristigen Entwicklungen anknüpften, die man bis dahin als Hausindustrie, d. h. als eine gewerbliche Warenproduktion auf dem Lande im Rahmen der Familienwirtschaft, beschrieben hatte, denen nunmehr aber unter dem Begriff Protoindustrie verstärktes Interesse zu Teil wurde.[68] Neben der stärkeren Betonung der Bedeutung langfristiger Wirkfaktoren für den Industrialisierungserfolg eines Landes war dem neuen Konzept eine Erweiterung der Perspektive auf demo-soziale Faktoren, nämlich auf die Organisation von Produktion und Reproduktion in sog. Familienwirtschaften, zu eigen. Der Industriellen Revolution war demgemäß eine langfristig angelegte Expansion in Hausindustrie und Verlagssystem vorausgegangen, die seit dem 17. Jahrhundert vornehmlich in der Textil- und Metallverarbeitung zu beobachten war. Der Schwerpunkt des Interesses verlagerte sich daher auf die Untersuchung von Kontinuitäten in der vorindustriellen und der industriellen gewerblichen Produktion und das Auffinden langfristiger Voraussetzungen für die Industrialisierung, die man nunmehr weit weniger als Industrielle Revolution ansah.[69] Ergänzt wurde diese revisionistische Sicht der Industriellen Revolution durch neuere Schätzungen über das Wachstum des Sozialproduktes in Großbritannien im späten 18. und frühen 19. Jahrhundert, die deutlich machten, dass die ursprünglichen Zahlen von Deane und Cole die dramatische Wachstumsbeschleunigung in diesem Zeitraum deutlich überzeichneten.[70] Das Wirtschaftswachstum in Großbri-

---

[68]   Franklin F. Mendels, Proto-industrialization: The First Phase of the Industrialization Process, in: Journal of Economic History 32 (1972), H. 1, S. 241-261. In Deutschland wurde das Konzept vertreten bei Peter Kriedte, Hans Medick und Jürgen Schlumbohm (Hg.), Industrialisierung vor der Industrialisierung. Gewerbliche Warenproduktion auf dem Land in der Formationsperiode des Kapitalismus, Göttingen 1977. Eine knappe Darstellung und Würdigung des Konzeptes findet sich bei Toni Pierenkemper, Gewerbe und Industrie im 19. und 20. Jahrhundert, S. 51-58. Eine Fallstudie hierzu bietet Hans Medick, Weben und Überleben in Laichingen 1650-1900. Lokalgeschichte als allgemeine Geschichte, Göttingen 1996.

[69]   Pat Hudson, The Industrial Revolution, London 1992, S. 27 ff; Patrick K. O'Brien, Introduction: Modern conceptions of the Industrial Revolution, in: Ders. und Roland Quinault (Hg.), The Industrial Revolution and British society, Cambridge 1993, S. 1-30.

[70]   Ursprünglich v.a. Nick F. R. Crafts, British Economic Growth; C. Knick Harley, Reassessing the Industrial Revolution: A Macro View, in: Joel Mokyr (Hg.), The British Industrial Revolution. An Economic Perspective, 2. Aufl., Boulder 1999, S. 171-226; zusammenfassend Nick F. R. Crafts und C. Knick Harley, Output Growth and the British Industrial Revolution: a re-

tannien begann nach diesen korrigierten Daten bereits auf einem höheren Niveau als bisher angenommen, erfolgte langsamer und erfasste weit weniger Branchen als das dem herkömmlichen Bild der Industriellen Revolution entsprochen hätte. Was wundert es da, dass dieses Konzept in der Literatur danach sehr bald als „misnomer" oder als „dead horse" apostrophiert wurde.[71]

Doch auch diese Sicht der Industriellen Revolution sollte nicht die letzte bleiben. Maxine Berg und Pat Hudson unterzogen die revisionistische Interpretation der Industriellen Revolution einer umfassenden Kritik.[72] Sie verweisen auf Unzulänglichkeiten der diversen Schätzungen von Wachstumsraten der Industrieproduktion und der Entwicklung der Produktivität und kritisieren vor allem die damit einhergehende Fixierung der Diskussion auf wenige gesamtwirtschaftliche Aspekte, die die Breite und Qualität der mit der Industriellen Revolution einhergehenden Veränderungen eher verdecken als erhellen. Sie plädieren daher für eine stärkere Berücksichtigung technischer und organisatorischer Innovationen im Gewerbe, auch außerhalb des Fabrikensektors, für die Erfassung sozioökonomischer Komponenten und für eine regionale Disaggregation der Betrachtungsweise. Es handelt sich also um Forschungsansätze, wie sie zum Beispiel von Sidney Pollard in seinen zahlreichen Studien immer praktiziert wurden.[73] Auch zeigt sich in detaillierten Untersuchungen, dass häufig traditionelle und moderne Produktions- und Organisationsformen erstaunlich lange nebeneinander existieren und das Alte durch das Neue keinesfalls schlagartig ersetzt wurde.[74]

---

statement of the Crafts-Harley view, in: Economic History Review, 2. Serie, 45 (1992), S. 703-730.

[71]   Rondo Cameron, The Industrial Revolution, a Misnomer, in: Jürgen Schneider (Hg.), Wirtschaftskräfte und Wirtschaftswege. Festschrift für Hermann Kellenbenz, Bd. 5 (Beiträge zur Wirtschaftsgeschichte Bd. 8), Stuttgart 1981, S. 367-376; David S. Landes, The Fable of the Dead Horse.

[72]   Maxine Berg und Pat Hudson, Rehabilitating the Industrial Revolution, in: Economic History Review, 2. Serie, 45 (1992), S. 24-50.

[73]   Sidney Pollard, The Genesis of Modern Management. A Study of the Industrial Revolution in Great Britain, London 1965; Ders., Die Fabrikdisziplin in der industriellen Revolution, in: Wolfram Fischer und Georg Bajor (Hg.), Die soziale Frage. Neuere Studien zur Lage der Fabrikarbeiter in den Frühphasen der Industrialisierung, Stuttgart 1967, S. 159-185; Sidney Pollard, Peaceful Conquest; Ders., Betrachtungen zur Dynamik britischer Industrieregionen, in: Vierteljahrschrift für Sozial- und Wirtschaftsgeschichte 74 (1987), H. 3, S. 305-322.

[74]   Ein eindrucksvolles Beispiel für die europäische Schwerindustrie findet sich bei Rainer Fremdling, Technologischer Wandel und internationaler Handel im 18. und 19. Jahrhundert. Die Eisenindustrien in Großbritannien, Belgien, Frankreich und Deutschland, Berlin 1986.

Es konnte also bis heute keine eindeutige Klärung der Begriffe der Industrialisierungsforschung erreicht werden. Dies ist nicht verwunderlich, weil wissenschaftliche Begriffe sich nicht zwangsläufig aus der Sache ergeben, sondern immer auch konzeptionelle Überlegungen darin eingehen. Dies sollte deutlich geworden sein, und jeder Autor ist gut beraten, die von ihm gewählten Begriffe in diesem Sinne zu erläutern. Für die folgenden Ausführungen gilt, dass mit Industrialisierung im weitesten Sinne der historische Prozess beschrieben werden soll, der von der vorindustriellen zur industriellen Produktionsweise geführt hat. Dieser Prozess hat gewiss mehrere Jahrhunderte beansprucht und alle Bereiche der menschlichen Existenz in Wirtschaft, Kultur, Politik und Gesellschaft verändert. Möchte man auf die Radikalität der beschleunigten Entwicklung im Bereich der Wirtschaft verweisen, so kann man m. E. durchaus auf den Begriff der industriellen Revolution zurückgreifen, wobei die Verwendung von „Industrieller Revolution" als Eigenname auf die Epoche in Großbritannien zwischen 1780 und 1850 begrenzt bleiben sollte. Doch andere Autoren verfolgen, wie dargelegt, andere Terminologien, und dies kann niemandem verwehrt werden.

3. Das moderne Wirtschaftswachstum

Zwar hat es bereits vor dem Beginn der Industrialisierung Perioden einer wachsenden Wirtschaft gegeben, doch unterschied sich die ökonomische Expansion in signifikanter Weise vom modernen Wirtschaftswachstum. Die Ausweitung der ökonomischen Aktivitäten vollzog sich damals eher in extensiver Form, als quantitatives Wachstum: Eine Vergrößerung des Outputs ging mit einer Vermehrung der Inputfaktoren einher. So trugen in bestimmten historischen Phasen eine anwachsende Bevölkerung, eine verstärkte Kapitalbildung und der Landesausbau zu einem Wachstum der gesellschaftlichen Produktion bei. Kam die Expansion der Inputfaktoren zum Stillstand, so endete auch die Expansionsphase der Gesamtwirtschaft. Die Dynamik der ökonomischen Entwicklung stieß an die natürlichen Grenzen des Produktionssystems und verebbte. Dass damit insgesamt und langfristig auch eine deutliche Verbesserung der Lebensverhältnisse der Bevölkerung und eine Steigerung ihres Einkommens- und Konsumniveaus verbunden sein konnte, steht außer Frage.[75]

Demgegenüber gingen mit der Erscheinungsform des „modernen", eines gleichsam qualitativen Wirtschaftswachstums einige epochale Neuerungen einher: Im Rahmen des industriellen Kapitalismus kam es zu entscheidenden Veränderungen in den Motivationsstrukturen und Organisationsformen des Wirtschaftens,[76] und die Produktion wurde zunehmend unter Berücksichtigung wissenschaftlich-technischer Methoden organisiert. Diese Neuerungen sind verantwortlich für das moderne Wirtschaftswachstum und werden so zu konstituierenden Elementen der wirtschaftlichen Entwicklung. Der Wachstumsprozess wurde verstetigt, und permanentes Wirtschaftswachstum reproduziert sich damit gleichsam selbst.[77]

Tabelle 3: Wachstumsraten des realen Sozialprodukts, der Bevölkerung und des realen Sozialprodukts pro Kopf für vier Industrieländer seit Beginn des modernen Wirtschaftswachstums

		Durchschnittliche jährliche Wachstumsrate in v.H.		
	Periodenlänge (Jahre)	Reales Sozialprodukt	Bevölkerung	Reales Sozialprodukt pro Kopf
Großbritannien 1765/85 bis 1963/67	180,5	2,2	1,0	1,2
Frankreich 1831/40 bis 1963/66	128,5	2,0	0,3	1,7
USA 1834/43 bis 1963/67	125,5	3,6	1,9	1,6
Deutschland 1850/59 bis 1963/67	110,5	2,7	1,0	1,7

Quelle: Carl-Ludwig Holtfrerich, Art. Wachstum I. Das Wachstum der Volkswirtschaften, in: HDWW, Bd. 8, S. 413-432, hier S. 416.

---

[75] Donald Graeme Snooks, Great Waves of Economic Change: The Industrial Revolution in Historical Perspective, 1000 to 2000, in: Ders. (Hg.), Was the Industrial Revolution necessary?, London u.a. 1994, S. 43–78.

[76] Vgl. dazu ausführlich Clemens Wischermann und Anne Nieberding, Die Institutionelle Revolution.

[77] Christoph Buchheim, Einführung in die Wirtschaftsgeschichte.

Die Entwicklung des Sozialproduktes dokumentiert die Wohlfahrtseffekte, die durch das „moderne" Wirtschaftswachstum ausgelöst werden.[78] Ein Blick auf die Wachstumsraten verschiedener Länder zeigt, dass die erfolgreichsten von ihnen in den letzten beiden Jahrhunderten jährliche Wachstumsraten des realen Pro-Kopf-Sozialproduktes zwischen 1,2 und 1,7 v.H. realisiert haben.

Dies hat zu einer ungeheuren Verbesserung des Wohlstandes innerhalb weniger Generationen geführt, der in einem eigentümlichen Kontrast zu den geschilderten Verhältnissen in den vorausgehenden Jahrhunderten steht. Auch quantitative Versuche zur Bestimmung der gesamtwirtschaftlichen Wachstumsraten in vorindustrieller Zeit, die bei allen Vorbehalten hinsichtlich ihrer Berechnung dennoch einige Plausibilität für sich beanspruchen können, weisen darauf hin, dass die Wachstumserfolge vor Beginn der Industrialisierung signifikant geringer waren. Vergleiche mit außereuropäischen Ländern in neuerer Zeit deuten in die gleiche Richtung. Dass die hohen Wachstumsraten des 19. und 20. Jahrhunderts etwas epochal Neues sein müssen, beweist darüber hinaus eine hypothetische Zurückrechnung des Sozialproduktes mit den gleichen Raten. Unterstellt man etwa, dass das jährliche reale Sozialprodukt pro Kopf in Großbritannien etwa 1,2 v.H. betrug, wie in der vorausgehenden Tabelle 3 für den Zeitraum zwischen 1765/85 und 1963/67 angenommen, und dass dieses auch in den vorausgehenden Jahrzehnten bzw. Jahrhunderten gültig gewesen wäre, dann hätte bei einer jährlichen Rückrechnung vom Ende des 18. Jahrhunderts von mehr als einem Prozent das Pro-Kopf-Einkommen bereits im frühen 18. Jahrhundert, spätestens aber im 17. Jahrhundert, einen hypothetischen Wert erreicht, der unterhalb des physischen Existenzminimum gelegen hätte. Dieses Ergebnis ist aber unmöglich, so dass im Umkehrschluss gefolgert werden kann, dass die jährlichen Wachstumsraten in den vorausgehenden Jahrhunderten, falls überhaupt vorhanden, deutlich unter dem Wert von 1,2 v.H. gelegen haben müssen. Für die übrigen Länder gelten diese Überlegungen analog. Für Großbritannien lässt sich festhalten, dass ein derartiger Wachstumsprozess, wie er nach 1780 zu beobachten war gleichgültig ob man den Schätzungen von Deane und Cole oder Crafts folgen will,[79] bei einer Rückrech-

---

[78] Carl-Ludwig Holtfrerich, Art. Wachstum I: Wachstum der Volkswirtschaften, in: Handwörterbuch der Wirtschaftswissenschaft, Bd. 8, Stuttgart u.a. 1980, S. 413–432.

[79] Phyllis Deane und W. A. Cole, British Economic Growth 1688-1959, S. 282 und Nick F. R. Crafts, British Economic Growth, S.45

nung in vergangene Zeiten, im 17. und 18. Jahrhundert kaum stattgefunden haben
kann. Eine Schätzung des britischen Wirtschaftswachstums seit 1086 legt eine
Entwicklung der Wachstumsraten zugrunde, wie sie in Schaubild 2 deutlich wird.

Schaubild 2: Das britische Wirtschaftswachstum 1086-1831

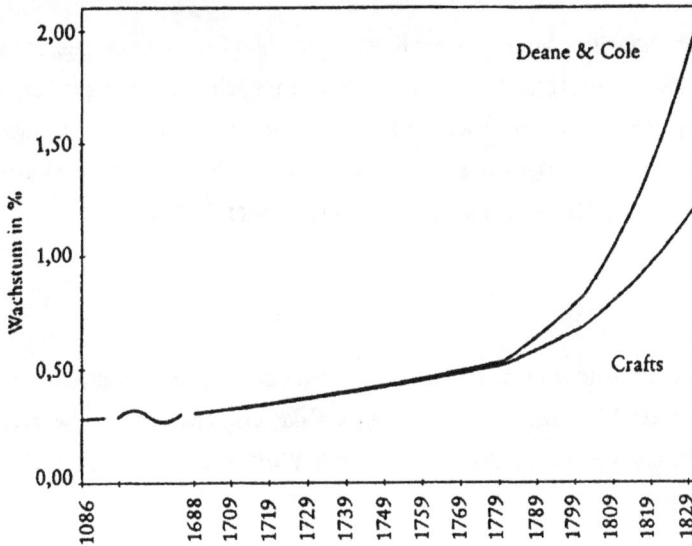

Quelle: Toni Pierenkemper, Umstrittene Revolutionen. Die Industrialisierung im 19. Jahrhundert.
Frankfurt a. M. 1996, S. 31.

Demnach hat die Wachstumsrate in Großbritannien bis zur Neuzeit deutlich unter
0,5 v.H. pro Jahr gelegen. Ein weiteres Kennzeichen des „modernen" Wirtschaftswachstums ist die kontinuierliche Verbesserung der Input-Output-Relation,
die mit ihm einhergeht.

Auf der Basis der neoklassischen Wachstumstheorie, genauer: mittels einer
Cobb-Douglas-Produktionsfunktion, lässt sich unter bestimmten Annahmen der
gesamtwirtschaftliche Wachstumsprozess einigermaßen „sinnvoll" beschreiben
und in seine Komponenten aufspalten.[80] In dieser Funktion wird ein produktionstheoretischer Zusammenhang unterstellt, in dem das Wachstum des Outputs Y als

---

[80]   Vgl. Dazu Bernhard Gahlen, Einige Bemerkungen zum Fortschritt der Wachstumstheorie, in:
       Walther G. (Hg.), Untersuchungen zum Wachstum der deutschen Wirtschaft, Tübingen 1971,
       S. 1-50, und Ders., Der Informationsgehalt der neoklassischen Wachstumstheorie für die
       Wirtschaftspolitik, Tübingen 1971. Eine Anwendung auf die Verhältnisse im Ruhrkohleberg-
       bau bei Carl-Ludwig Holtfrerich, Quantitative Wirtschaftsgeschichte des Ruhrkohlenberg-
       baus im 19. Jahrhundert. Eine Führungssektoranalyse (Untersuchungen zur Wirtschafts-, So-
       zial- und Technikgeschichte, Bd. 1), Dortmund 1973, S.102-109.

eine Funktion des Einsatzes von Arbeit A und Kapital K und eines Restfaktors t, der oft als technischer Fortschritt bezeichnet wird, unterstellt wird.

$$Y = f(A, K, t)$$

Bei der Annahme vollständiger Konkurrenz und Gewinnmaximierungsstreben lässt sich der Grenzproduktivitätssatz anwenden, nach dem die Faktoren A und K mit ihren jeweiligen Grenzproduktivitäten entlohnt werden. Gelten zusätzlich ein ertragsgesetzlicher Verlauf der Produktionsfunktion und konstante Skalenerträge (lineare Homogenität), so kann man gemäß folgender Funktion

$$Y = A^{\alpha} \cdot K^{1-\alpha}$$

mittels der nachstehend beschriebenen Methode der Wachstumsrechnung die Wirkungen des Wachstums der Faktoren auf das Outputwachstum berechnen und den „unerklärten Rest" des Wachstums dem Wirken des technischen Fortschritts zuschreiben.

Schaubild 3: Die Methode der Wachstumsrechnung

Lit.:   Paul A. Samuelson u. William D. Nordhaus, Volkswirtschaftslehre. Grundlagen der
Makro- und Mikroökonomie, Bd. 2, S. 563-602, Kap. 36: Wirtschaftliches Wachstum:
Theorie und Praxis Köln 1987 (8. Aufl.), S. 582-587
J. E. Meade, A Neo-Classical Theory of Econmic Growth, London 1961, S. 10-11
R. G. D. Allen, Macro-Economic Theory. A Mathematical Treatment, New York 1967,
S. 43

Eine Veränderung des Sozialprodukts Y im Umfang von ΔY resultiert aus Veränderungen im
Einsatz von Arbeit und Kapital im Umfang von ΔA und ΔK. Jedoch tragen beide Produktionsfaktoren nicht proportional und im gleichen Umfang zum Wachstum des Sozialprodukts bei.
Gemäß den Annahmen der Grenzproduktivitätstheorie werden die Faktoren mit ihren Grenzproduktivitäten entlohnt (Allen, S. 43)

$$\frac{dY}{dA} = \text{Grenzproduktivität der Arbeit} = \text{Lohnsatz } l$$

$$\frac{dY}{dK} = \text{Grenzproduktivität des Kapitals} = \text{Zinssatz } r$$

Es gilt daher für die Wirkungen der Faktorveränderungen auf das Sozialprodukt:

$$\Delta Y = \frac{dY}{dA} \cdot \Delta A + \frac{dY}{dK} \cdot \Delta K$$

Diese Ausgangsgleichung lässt sich durch einige mathematische Operationen umformen:

$$\frac{\Delta Y}{Y} = \frac{\frac{dY}{dA} \cdot \Delta A}{Y} + \frac{\frac{dY}{dK} \cdot \Delta K}{Y} \qquad |\cdot 1$$

$$\frac{\Delta Y}{Y} = \frac{\frac{dY}{dA} \cdot \Delta A}{Y} \cdot \frac{A}{A} + \frac{\frac{dY}{dK} \cdot \Delta K}{Y} \cdot \frac{K}{K} \qquad |\text{ erweitert um } \frac{A}{A} \text{ und } \frac{K}{K}$$

$$\underset{w_Y}{\frac{\Delta Y}{Y}} = \underset{w_A}{\frac{\frac{dY}{dA} \cdot A}{Y} \cdot \frac{\Delta A}{A}} + \underset{w_X}{\frac{\frac{dY}{dA} \cdot K}{Y} \cdot \frac{\Delta K}{K}}$$

$$\frac{dY}{dA} = 1 \qquad \frac{dY}{dK} = r \qquad \frac{l \cdot A}{Y} = \text{Lohnquote } \alpha \; ; \; \frac{r \cdot K}{Y} = \text{Gewinnquote } \beta$$

$$w_r = \alpha \cdot w_A + \beta \cdot w_K \qquad \alpha + \beta = 1$$

Wir erhalten also einen Ausdruck, der in Form von Wachstumsraten den Effekt von Inputverän-
derungen gewichtet mit ihren Produktivitätseffekten, auf das Wachstum des Sozialprodukts darstellt.

Die vorausgehende Berechnung der Wachstumskomponenten des Sozialproduktes veranschaulicht die Tatsache, dass das Wirtschaftswachstum zu einer intensiveren Nutzung der Produktionsfaktoren führt und dass deren Produktivität auf diese Weise gesteigert wird. Mit Hilfe dieser „Wachstumsrechnungen" kann versucht werden, die Beiträge der verschiedenen Produktionsfaktoren zum wirtschaftlichen Wachstum auch quantitativ zu bestimmen.

Eine historische Betrachtung der Entwicklung der Einsatzmengen der Produktionsfaktoren sowie der Sozialproduktentwicklung auf der Basis einer neoklassischen Cobb-Douglas-Produktionsfunktion kommt für eine Auswahl von Industriestaaten zu dem Ergebnis, dass der Arbeitseinsatz aufgrund der sinkenden Arbeitszeiten bei leicht steigender Erwerbsquote und wachsender Bevölkerung nur mit einer moderaten Rate wächst, während das Wachstum des Kapitalstocks wesentlich größer ist, aber dennoch hinter dem Outputwachstum zurückbleibt.

Tabelle 4: Langfristige Trends im Wachstum der Produktion und der Produktionsfaktoren von drei Industrieländern (durchschnittliche jährliche Wachstumsraten in Prozent, gerundet)

	Output	Arbeitseinsatz	Kapitaleinsatz	Gewichteter Gesamteinsatz der Faktoren	Residium
	(Reales Bruttoinlandsprodukt)	(Arbeitsstunden)	(Kapitalstock in konstanten Preisen)		(= Steigerung der Gesamtproduktivität der Faktoren)
	(1)	(2)	(3)	(4)	(5)
Großbritannien					
1855-1913	1,8	0,7	1,4	1,0	0,8
1925/29-1963	1,9	0,8	1,8	1,1	0,8
Frankreich					
1913-1966	2,3	-0,5	2,0	0,2	2,2
USA					
1889-1929	3,7	1,7	3,8	2,4	1,2
1929-1957	3,0	0,5	1,0	0,6	2,3

a) Differenzen zwischen (1) und (4) + (5) durch Rundung

Quelle: Carl-Ludwig Holtfrerich, Art. Wachstum I. Das Wachstum der Volkswirtschaften, in: HDWW, Bd. 8, S. 413-432, hier S. 417.

Somit bleibt also der mit den jeweiligen Produktionselastizitäten gewichtete erhöhte Faktoreneinsatz deutlich hinter dem Wachstum des Outputs zurück, und es
ergibt sich ein ungeklärter Rest, der einer Steigerung der Gesamtfaktorproduktivität der Faktoren zugerechnet werden muss. Dieses Residuum versteht man in der
makroökonomischen Produktionstheorie als Wirkung eines exogenen technischen
Fortschritts, der nicht aus der quantitativen Ausweitung des Einsatzes von Arbeit
und Kapital herrührt, sondern aus einer Steigerung ihrer qualitativen Nutzung.

Konkret bedeuten diese Überlegungen, dass zum Beispiel das jährlich in
Großbritannien zwischen 1855 und 1913 erzielte Wachstum des realen Bruttoin-
landproduktes von durchschnittlich 1,82 v.H. nur gut zur Hälfte (0,98 v.H.) durch
eine Erhöhung der Einsatzmengen von Arbeit (0,74 v.H.) und Kapital (1,43 v.H.)
erzielt worden ist, während die andere Hälfte (0,83 v.H.) der Effizienzsteigerung
des Faktoreneinsatzes zuzurechnen ist. Walther G. Hoffmann weist nach, dass
diese Beobachtungen auch für Deutschland gelten.[81] Bei einer genaueren Untersuchung der deutschen Verhältnisse seit der Mitte des 19. Jahrhunderts zeigt sich,
dass die Entwicklungstendenzen des letzten Jahrhunderts sehr gut in das skizzierte
Bild einer durch Erhöhung des Faktoreinsatzes und technischen Fortschritt voran-
getriebenen Expansion der Wirtschaft passen. Trotz zweier Weltkriege im 20.
Jahrhundert ist seit 1870 eine bislang einmalige Steigerung des Wohlfahrtsniveaus
der Bevölkerung zu verzeichnen:[82] Das Sozialprodukt wuchs im Zeitraum zwischen 1872 und 1913 um 2,8 v.H. (real 1,6 v.H.), von 1913 bis 1950 um 0,5 v.H.
und zwischen 1950 und 1975 um 5,7 v.H. (real 4,6 v.H.) pro Jahr. Parallel dazu
nahm der Arbeitsinput mit weitaus geringeren Raten zu: Von 1873 bis 1913 stieg
der Einsatz des Faktors Arbeit um 0,8 bis 0,9 v.H., zwischen 1913 und 1950 um
ca. 0,3 v.H. und von 1950 bis 1960 um 1,6 bis 1,8 v.H. jährlich bei gleichzeitig
wachsender Bevölkerung, langfristiger Zuwanderung, konstanter Erwerbsquote
und sinkender Arbeitszeit. Obwohl der Kapitalstock der deutschen Volkswirtschaft durch zwei Weltkriege erheblich in Mitleidenschaft gezogen wurde, wuchs
die Kapitalausstattung langfristig weiter an, weil die Investitionsquote permanent
zwischen 15 und 20 v.H. lag. Darüber hinaus leistete der technische Fortschritt,

---

[81]   Walther G. Hoffmann, Das Wachstum der deutschen Wirtschaft seit der Mitte des 19. Jahr-
        hunderts, Berlin u.a. 1965.

[82]   Knut Borchardt, Grundriss, S. 78–98.

als Steigerung der Gesamtfaktorproduktivität gemessen, auch in Deutschland einen entscheidenden Beitrag zum Wachstum des Sozialproduktes.

Ein weiteres wichtiges Charakteristikum des modernen Wirtschaftswachstums ist die bemerkenswerte Stetigkeit, mit der sich der Wachstumsprozess vollzieht. Auch wenn kurzfristige Ausschläge vom langfristigen Wachstumstrend durchaus möglich sind, weil sie die Wirkung exogener Schocks durch schwerwiegende Wirtschaftskrisen oder durch Kriege widerspiegeln, ist ein anhaltender Aufwärtstrend zu verzeichnen, wie er z.B. in Schaubild 4 deutlich wird.

Schaubild 4: Nettosozialprodukt in konstanten Preisen je Einwohner und logarithmisch-linearer Trend, Deutsches Reich und Bundesrepublik Deutschland (1850-1980)

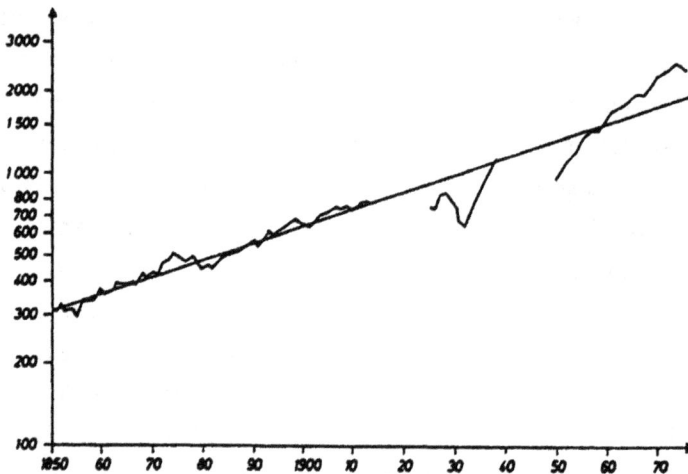

Quelle: Knut Borchardt, Trend, Zyklus, Strukturbrüche, Zufälle: Was bestimmte die deutsche Wirtschaftsgeschichte des 20. Jahrhunderts?, in: Ders., Wachstum, Krisen, Handlungsspielräume der Wirtschaftspolitik. Studien zur Wirtschaftsgeschichte des 19. und 20. Jahrhunderts, Göttingen 1982, S. 100-124, hier S. 107.

Jedoch sollte nicht vergessen werden, dass das Wachstum des Sozialproduktes nur ein Indikator des modernen Wachstums darstellt und keinesfalls mit gesellschaftlicher Entwicklung gleichgesetzt werden kann. Beispielsweise weist die gegenwärtige Umweltproblematik auf mögliche negative Effekte des Wirtschaftswachstums hin. Gesellschaftliche Entwicklung ist daher als ein weitaus umfassenderes Konzept zu verstehen, in dem nicht nur Verteilungsgesichtspunkte, sondern auch weitere Bedingungen des Wachstums, wie zum Beispiel die Schonung von Personen und natürlichen Ressourcen, eine Rolle spielen.

4. Probleme der Konzeption und Messung der gesellschaftlichen Wohlfahrt

Üblicherweise wird das Sozialprodukt bzw. das Pro-Kopf-Einkommen als Maßstab des Wohlstandes einer Volkswirtschaft verwandt. In den gängigen Lehrbüchern der Volkswirtschaftslehre wird das Sozialprodukt meist mehr oder weniger problembezogen als ein Maß für die wirtschaftliche Leistung einer Volkswirtschaft eingeführt, verstanden als Summe aller Güter und Dienste, die innerhalb eines Jahres im Rahmen der Gesamtwirtschaft erstellt worden sind.[83] Die Probleme, die mit der Bestimmung und der Messung eines derartigen Globalindikators für die wirtschaftlichen Aktivitäten einer Volkwirtschaft verbunden sind, werden dabei zumeist nur kurz angedeutet, bedürfen aber gerade in der historischen Perspektive einer genaueren Betrachtung. Bereits seit über 300 Jahren wird versucht, die beobachtete Dynamisierung der Wirtschaft begrifflich zu fassen und einen Maßstab zu entwickeln, um den Umfang des Fortschritts gegenüber den vorausgehenden Zeiten zu bestimmen.

Derartige Bemühungen lassen sich erstmals im Umfeld der englischen politischen Arithmetik finden, die den Versuch unternahm, wesentliche Elemente des sozialen Lebens durch quantitative Größen zu erfassen.[84] Vergleichbare Ansätze in Frankreich waren später etwas anders orientiert. Sie zielten weniger auf die möglichst exakte Erfassung der volkswirtschaftlichen Aktivitäten, sondern auf eine gedankliche Durchdringung ihrer Zusammenhänge, so zum Beispiel François Quesnays „tableau économique" (1758), die früheste bekannte Version eines Kreislaufschemas der volkswirtschaftlichen Aktivitäten. Die darin verwandten Zahlen sind rein fiktiv und dienen nur der Erläuterung der Methode.[85] Auch in Deutsch-

---

[83] Paul A. Samuelson und William D. Nordhaus, Volkswirtschaftslehre. Grundlagen der Makro- und Mikroökonomie, Bd. 1, 8. Aufl., Köln 1987, S. 177.

[84] William Petty machte in seinem Werk „verbum sapitenti" (1665) den Versuch, das englische Volksvermögen und seine Erträge zu schätzen. Gregory King legte 1688 eine Tabelle vor, in der er die Einkommen der verschiedenen Volksklassen in England zu berechnen suchte.

[85] Alfred Stobbe, Art. Volkswirtschaftliche Gesamtrechnung, in: Handwörterbuch der Wirtschaftswissenschaft, Bd. 8, Stuttgart u.a. 1980, S. 368–405.

land wurde wenig später versucht, den gewachsenen Volkswohlstand quantitativ
zu erfassen.[86]

Alle derartigen Bestrebungen dieser Zeit waren natürlich noch unvollkom-
men, weil weder ein schlüssiges Konzept verfügbar war noch ausreichend quanti-
tative Informationen gesammelt werden konnten. Angesichts dieser Probleme
haben sich zahlreiche Autoren darauf beschränkt, nur für einzelne Aggregate der
Volkswirtschaften (Außenhandel, Volksvermögen, private Einkommen u.ä.)
Schätzungen vorzulegen. Eine systematische Betrachtung der Entwicklung des
Volkswohlstandes war offenbar noch nicht möglich. Dies änderte sich erst im 20.
Jahrhundert, als in der Zwischenkriegszeit der Ausbau der Kreislaufanalyse eine
Basis für eine systematische Volkswirtschaftliche Gesamtrechnung (VGR) schuf.
Daran waren die bereits bestehenden Statistischen Ämter der verschiedenen Industriestaaten wie auch die dort entstehenden privaten Wirtschaftsforschungsinsti-
tute beteiligt. 1920 begann das „National Bureau of Economic Research" (NBER)
mit der Messung des Volkseinkommens der USA. An diesem Projekt war seit
1927 auch der spätere Nobelpreisträger Simon Kuznets entscheidend beteiligt und
wird daher nicht zu Unrecht als US-Vater des „National Income Accounting" bezeichnet. 1927 wurde darüber hinaus die private „Brooking Institution" in Washington, D.C. gegründet, die sich ebenfalls im Rahmen dieser Forschungen auszeichnete.

Die Arbeiten in den USA wirkten als Anregungen für andere Länder, und bis
1939 unternahmen bereits 33 verschiedene Staaten systematische Schätzungen
ihres Volkeinkommens. In Deutschland führte das Statistische Reichsamt seit
1928 Schätzungen des Volkseinkommens durch, die dann 1932 zum ersten Mal
veröffentlicht wurden. In Großbritannien wurden 1941 und in den USA 1942
erstmals systematische Volkseinkommensberechnungen offiziell vorgelegt, die
seitdem regelmäßig jährlich erstellt und publiziert werden.

Diese frühen Arbeiten dienten nach dem Zweiten Weltkrieg als Grundlage für
den Aufbau einer umfassenden Volkswirtschaftlichen Gesamtrechnung (VGR). In
der Volkswirtschaftlichen Gesamtrechnung soll das Sozialprodukt hinsichtlich
seiner Entstehung, Verwendung und Verteilung vollständig erfasst werden. Das

---

[86] Leopold Krug berechnet in seiner Untersuchung „Betrachtungen über den Nationalreichtum
des preußischen Staates und über den Wohlstand seiner Bewohner" (1805) das Volkseinkommen des preußischen Staates, indem er dessen produktive Ressourcen schätzt und eine
jährliche Rendite dafür bestimmt, deren Summe er dann als Volkseinkommen interpretiert.

Rechenwerk wird in verschiedene Teilbereiche, wie zum Beispiel Sektoren und Komponenten, unterteilt, die zu einem konsistenten Aggregat zusammengefügt werden.[87] Um eine internationale Vergleichbarkeit der nationalen Rechenwerke zu gewährleisten, haben bereits im Jahre 1945 die Vereinten Nationen Grundsätze zur Vereinheitlichung der Volkswirtschaftlichen Gesamtrechnung beschlossen, die zur Basis der später unter anderem von der OECD entwickelten Standardsysteme der Volkswirtschaftlichen Gesamtrechnung geworden sind. Über die Berechnung des Sozialproduktes hinaus sind weitere Verfahren und Messkonzepte entwickelt worden, die Auskunft über wichtige ökonomische und soziale Sachverhalte einer Volkswirtschaft geben können, wie zum Beispiel Input-Output-Analysen, demographische Gesamtrechnungen und Sozial- oder Umweltbilanzen.

So nützlich Berechnungen über den Umfang und die Verteilung der wirtschaftlichen Aktivitäten einer Volkwirtschaft auch sein mögen, bleiben derartige Kalkulationen doch mit Unzulänglichkeiten und Problemen behaftet, die den Wert der Volkswirtschaftlichen Gesamtrechnung mindern. Die alltägliche Verwendung des Sozialprodukts bzw. des Sozialprodukts pro Kopf täuscht leicht darüber hinweg, dass mit der Anwendung dieser Konzeption zugleich eine Reihe theoretischer Implikationen und kultureller Wertungen unterstellt werden, die für sich genommen zum Teil außerordentlich fragwürdig sind. Zunächst gelten erstens bestimmte Werthaltungen als notwendige Voraussetzungen für die Benutzung des Sozialproduktes als Wertungsmaßstab: Aussteigern und Eremiten vermag dieses Konzept wenig zu sagen. Als wesentliche Wertungen, die mit der Anwendung der Konzeption des Sozialproduktes verbunden sind, gelten bestimmte gesellschaftliche Zielsetzungen – eng verbunden mit den Begriffen Egalitarismus, Säkularismus und Nationalismus –, die vor allem dem Wertesystem der modernen Industriegesellschaft entsprechen und nicht notwendigerweise als gesellschaftliche Zielsysteme in allen Ländern anerkannt sein müssen. Darüber hinaus basiert die Konzeption des Sozialprodukts auf der Annahme, dass die Konsumption von Gütern und Diensten das Ziel jeglichen ökonomischen Handelns darstellt und bewertet alle übrigen Bereiche der Ökonomie, wie etwa Produktion und Kapitalbildung, als bloße Mittel, die diesem Zwecke dienen. Die ökonomische Entwicklung wird vor diesem Hintergrund mit der Verbesserung der materiellen Lebensverhältnisse gleichgesetzt – sicherlich eine zulässige und nützliche Sichtweise –, allerdings

---

[87]   Alfred Stobbe, Art. Volkswirtschaftliche Gesamtrechnung.

eben nur eine plausible Sichtweise unter verschiedenen möglichen Interpretationen gesellschaftlichen Fortschritts.

Doch allein die Berechnung des Sozialproduktes im Rahmen der international vorgegebenen Standardsysteme und der Vergleich der berechneten Größen enthält eine Reihe von Fallstricken. Dabei ist zu unterscheiden zwischen den statistisch-technischen Problemen der Gewinnung der Daten für die Volkswirtschaftliche Gesamtrechnung, den Problemen der Auswahl und Bewertung der verschiedenen Elemente und schließlich den Schwierigkeiten beim Vergleich der Ergebnisse.

Die statistisch-technischen Unzulänglichkeiten lassen sich in drei Problembereichen diskutieren. *Erstens* besteht ein Qualitätsproblem, das dadurch hervorgerufen wird, dass die Güter, die in die Berechnung des Sozialproduktes eingehen, dauernd ihre Qualität ändern. Eine Vergleichbarkeit wird dadurch herzustellen gesucht, dass diese Qualitätsveränderungen durch die Schätzung „unechter Preiseinflüsse" berücksichtigt werden. Damit ist ein subjektives Element in die Berechnung des Sozialproduktes eingedrungen, das dessen Wert als objektives Wohlfahrtsmaß beeinträchtigt. *Zweitens* kommt ein Wägungsproblem hinzu. Die gegebenen Preise müssen zu einem Preisindex zusammengefasst werden, um ein Realprodukt berechnen zu können. Das zugrundegelegte Mengenschema, auch Warenkorb genannt, ändert sich jedoch fortwährend, so dass damit Ungenauigkeiten in die Rechnung gelangen. *Drittens* ergibt sich ein Komponentenproblem dadurch, dass die Volkswirtschaftliche Gesamtrechnung Posten enthält, deren Aufspaltung in eine Mengen- und eine Preiskomponente Schwierigkeiten macht. Ein Beispiel stellen die unternehmerischen Gewinne als Saldo der betrieblichen Gewinn- und Verlustrechnungen dar, die reine Wertgrößen ohne entsprechende Mengen abbilden. Eine solche Aufspaltung ist aber zur Berechnung des realen Sozialproduktes unverzichtbar.

Es zeigt sich also, dass schon die bloße Berechnung des Sozialproduktes vor großen Schwierigkeiten steht, die in der amtlichen Statistik durch ad-hoc-Regelungen und Konventionen umgangen werden, theoretisch jedoch ungelöst bleiben. Dazu treten noch all jene Probleme, die mit der Auswahl und Bewertung derjenigen Größen zusammenhängen, die überhaupt durch das Sozialprodukt erfasst bzw. nicht erfasst werden sollen. Ziel ist es zwar, alle Güter und Dienstleistungen zu berücksichtigen, die innerhalb der betrachteten Periode gegen Entgelt erworben werden; deren Erfassung sind jedoch Grenzen gesetzt. Beispielsweise besteht häufig eine derart enge Verknüpfung mit nicht-marktwirtschaftlichen, d.h.

kostenlosen Gütern und Diensten, dass eine Trennung unmöglich ist. Die Folge davon zeigt sich in einer ganzen Reihe von Unklarheiten und Ungereimtheiten bei der Erfassung des Sozialproduktes:

Zunächst einmal werden mit der engen Bindung des Konzeptes des Sozialproduktes an Marktaktivitäten all jene produktiven Leistungen einer Gesellschaft ausgeklammert, die außerhalb von Märkten erbracht werden. Dazu zählen die zahlreichen Leistungen karitativer Organisationen ebenso wie der Eigenverbrauch von Produzenten oder familiäre Dienstleistungen im Rahmen der gesamten Haushaltsproduktion. Es mutet schon etwas kurios an, dass beispielsweise das Sozialprodukt deshalb sinken muss, weil ein Mann seine natürlich legal beschäftigte Haushälterin oder Köchin heiratet. Wurden deren Leistungen zuvor nämlich gegen Entgelt erbracht und somit bei der Berechnung des Sozialproduktes berücksichtigt, so entfällt nach der Eheschließung dieser Marktbezug, und das Sozialprodukt fällt entsprechend. Auch ist nicht unmittelbar einsichtig, dass ein Bauer, der auf dem Wochenmarkt seine Produkte veräußert, das Sozialprodukt erhöht, während er beim Verzehr der Erzeugnisse durch seine Familie nichts dazu beiträgt. Die Vernachlässigung von Nicht-Marktaktivitäten bei der Bestimmung des Sozialproduktes würde beim Vergleich der Sozialprodukte verschiedener Länder nicht schwer wiegen, wenn für alle betrachteten Länder ein ähnlicher Anteil von nicht-marktbezogenen Aktivitäten angenommen werden könnte. Dies ist jedoch nicht der Fall. Vielmehr scheint der Anteil der Marktaktivitäten mit zunehmendem Entwicklungsstand zu steigen, so dass allenfalls für Länder mit gleichem Entwicklungsniveau Wohlfahrtsvergleiche anhand des Sozialproduktes sinnvoll erscheinen, also nicht zwischen Industrie- und Entwicklungsländern. Darüber hinaus erfordert eine adäquate Erfassung des Wertes aller Marktaktivitäten durch das Sozialprodukt eine strikte Vermeidung von Doppelzählungen. Dies setzt eine genaue Trennung zwischen Endprodukten und Vorleistungen voraus. Eine solche Trennung ist aber für eine ganze Anzahl von Gütern a priori gar nicht möglich, weil sie sowohl eine Vorleistung wie auch ein Endprodukt darstellen können. So ist es beispielsweise nicht von vornherein zu entscheiden, ob ein D-Zug-Reisender eine Verkehrsleistung als Vorleistung oder als Endprodukt in Anspruch nimmt. Dient die Reise dem Besuch der Großmutter, dann stellt die Verkehrsleistung ein Endprodukt dar, handelt es sich jedoch um eine Geschäftsreise, so ist die mit der Reise verbundene Verkehrsleistung als Vorleistung für ein Endprodukt zu bewerten. Da eine solche Unterscheidung in der Praxis der Sozialproduktsberechnung jedoch nicht vorgenommen werden kann, werden entsprechende Leistungen zumeist generell als Endprodukte erfasst, was zu einer tendenziellen Überschätzung des Sozialproduktes führt. Dieses Problem stellt sich für eine große Anzahl weiterer Güter und Dienstleistungen, so zum Beispiel im Gesundheitsdienst, bei der Polizei, bei der Bereitstellung von Infrastruktur etc. Auch ist die Berücksichtigung der Kapitalbildung bei der Sozialproduktberechnung problematisch. Die Nettokapitalbildung wird üblicherweise als Teil der Endproduktion behandelt, obwohl dadurch die für den Konsum verfügbare Gütermenge der betreffenden Periode nicht erhöht wird. Damit wird der Unternehmenssektor als autonomer Endverbraucher akzeptiert, was im Gegensatz zu der aus der Nutzentheorie hergeleiteten theoretischen Begründung der Verwendung des Sozialproduktes als Wohlfahrtsindikator steht. Ebenso erweist sich die Ermittlung der Höhe der Nettoinvestitionen als schwierig, weil einerseits eine Trennung von Kapitalgütern und Zwischenprodukten nicht immer möglich ist, andererseits die Bestimmung der Abschreibungen, die von der Bruttoinvestition abgezogen werden müssen, um zu den Nettoinvestitionen zu gelangen, ein Problem ersten Ranges darstellt. Darüber hinaus müsste auch bei der Berechnung des Sozialproduktes die Ausschöpfung des vorhandenen Produktionspotentials, insbesondere des Arbeitspotentials, berücksichtigt werden. Es ist für die Bestimmung der Wohlfahrt eines Landes natürlich auch von Bedeutung, mit welchem Aufwand an Arbeitszeit das Sozialprodukt erstellt wird. Damit wird zugleich die Frage nach dem Wert und der Bewertung der Freizeit gestellt. Entsprechende Versuche der Einbeziehung der Freizeit in die Berechnung des Sozialproduktes liegen vor, werden einer umfassenden Kritik unterzogen und zeigen sich auf bestimmte historische Phasen anwendbar. Eine zufriedenstellende Lösung dieses Problems ist aber noch nicht gefunden.

Wichtig ist auch zu bedenken, dass bei der Verwendung des Sozialproduktes als Wohlfahrtsindikator die Beeinträchtigung der physischen und sozialen Umwelt vernachlässigt wird, die mit der Gütererstellung verbunden ist. Die sozialen Kosten der Produktion gehen nicht in die Kalkulationen der Individuen ein, die als Grundlage der Sozialproduktermittlung dienen. Eine Berücksichtigung dieser Kosten, etwa nach dem „Verursacherprinzip" bei den Produzenten, würde zu einer deutlich anderen Bewertung des Sozialproduktes führen. Die Folgen eines Verkehrsunfalls mit den notwendigen Reparaturen am Auto, den Krankenhauskosten der Opfer, den Wiederherstellungskosten des möglicherweise durch den Unfall beeinträchtigten Baumbestandes, die Kosten für Polizei und Rettungseinsatz erhöhen wohl kaum die gesellschaftliche Wohlfahrt, eher im Gegenteil, gehen aber in die Berechnung des Sozialproduktes voll ein.

Um einige der beschriebenen Widersprüche bei der Ermittlung des Sozialproduktes zu vermeiden, werden in der heutigen Volkswirtschaftlichen Gesamtrechnung eine Reihe von Umrechnungen und Korrekturen vorgenommen. Es wird zum Beispiel der Eigenverbrauch von Unternehmen und das Wohnen in der eigenen Wohnung als Einkommen gerechnet, Umweltbelastungen werden jedoch immer noch nicht in das Sozialprodukt einbezogen. Mit dem Problem der Auswahl der Güter, die in die Sozialproduktberechnung eingehen, ist auch das Problem ihrer Bewertung verknüpft, für die es keine allgemein anwendbare Methode gibt. Soweit wie möglich, beispielsweise im Unternehmenssektor, wird mit Marktpreisen bewertet. Existieren keine Marktpreise, dann erfolgt eine Bewertung mit den Herstellungskosten. Das führt beispielsweise dazu, dass ein Beamter mit den Kosten, die er verursacht, in die Bewertung eingeht. Damit wird unterstellt, dass ein Beamter Werte entsprechend der Höhe seines Gehaltes erstellt.

Schließlich ergeben sich weitere Probleme, die die Eignung des Sozialproduktes zum Vergleich der Wohlfahrtsniveaus verschiedener Länder in Frage stellen. *Erstens* werden bei einem solchen Vergleich identische Produktionsmöglichkeiten unterstellt, was natürlich in der Realität nicht gegeben ist. *Zweitens* werden gleiche, konstante Präferenzen vorausgesetzt, was aus der fragwürdigen Annahme folgt, dass von einer hohen Übereinstimmung von Wünschen und Bedürfnissen in allen Ländern und zu allen Zeiten ausgegangen werden kann. Geht man davon aus, dass das Preissystem eines Landes als Ausdruck der gesellschaftlichen Präferenzen gegenüber den angebotenen Gütern und Diensten gelten kann, so lässt sich zeigen, dass die Bewertung des Sozialproduktes anderer Länder mittels des eigenen Präferenzsystems, d.h. hier Preissystems, zu abweichenden Wohlfahrtseinschätzungen führen kann. Die Anwendung dieser Erkenntnis auf einen Wohlstandsvergleich zwischen den USA und Indien für das Jahr 1959 zeigt, dass das Pro-Kopf-Produkt in Indien mehr als doppelt so hoch erscheint, wenn es mit den US-Preisen anstelle der indischen Preise bewertet wird.[88] *Drittens* muss er-

---

[88]   Vgl. hierzu allgemein Rainer Fremdling, Productive Comparison between Great Britain and Germany, 1855-1913, in: Scandinavian Economic History Review 34/1 (1991); P. O'Brien und C. Keyder, Economic Growth in Britain and France 1780-1914. Two Paths to the Twentieth Century, London 1978; Angus Maddison, The World Economy: Historical Statistics, Paris 2003.

wähnt werden, dass auch die Verteilung der Produkte innerhalb der Bevölkerung eines Landes für die Einschätzung seiner Wohlfahrt von Bedeutung ist. Wohlfahrt ist also nicht unabhängig von der Verteilung zu definieren. Versuche, die Einkommensverteilung und damit die Verteilung der produzierten und konsumierten Güter durch die unterschiedliche Gewichtung verschiedener Einkommensklassen zu berücksichtigen, bleiben unbefriedigend. Vor allem fehlt es an einer theoretischen Begründung für die Wahl der Gewichte, mit denen die Einkommen der verschiedenen Gruppen der Bevölkerung versehen werden. Die Probleme der Verwendung des Sozialproduktes als Wohlfahrtsindikator, die auf die Vernachlässigung der Verteilung des Wohlstandes innerhalb der Bevölkerung zurückzuführen sind, glaubt man zum Teil dadurch umgehen zu können, dass das Sozialprodukt als Indikator der potenziellen Wohlfahrt eines Landes interpretiert wird. Dies erscheint uns nicht als Lösung des Problems, insbesondere auch deshalb, weil die Einkommensverteilungen in den verschiedenen Ländern nicht konstant sind, sondern im Verlauf der ökonomischen Entwicklung einige typische Veränderungen aufzuweisen scheinen.

Die geschilderten Schwächen der Konzeption des Sozialproduktes legen es nahe, Ausschau nach Alternativen zur Messung der Wohlfahrt eines Landes zu halten. Dabei wird besonders darauf hingearbeitet, die enge Begrenzung des mit dem Sozialprodukt verbundenen Entwicklungsbegriffs auf das Wachstum der materiellen Produktion zu überwinden. Die Eindimensionalität des Sozialproduktes als Wohlfahrts- und Entwicklungsmaß wird weder der Tatsache gerecht, dass „Entwicklung" einen komplexen Prozess beschreibt, der alle Bereiche der Gesellschaft umfasst, noch wird der Möglichkeit Rechnung getragen, dass in manchen Gesellschaften nicht-materielle Ziele möglicherweise gegenüber der materiellen Besserstellung Priorität haben. Aus diesen Überlegungen heraus entstand in den 1960er Jahren die sogenannte „Sozialindikatoren-Bewegung", die das Ziel verfolgt, durch eine Reihe von Indikatoren auch jene Dimensionen der menschlichen Existenz zu erfassen, die durch die Sozialproduktberechnung vernachlässigt werden.[89] Diese Versuche stehen im Kontrast zu dem Bemühen, durch eine Erweiterung der Sozialproduktdefinition zu einer umfassenderen Berechnung der nationalen Wohlfahrt zu gelangen. Bei diesem Vorgehen wird unter anderem versucht,

---

[89] Utz-Peter Reich u.a., Arbeit-Konsum Rechnung. Axiomatische Kritik und Erweiterung der Volkswirtschaftlichen Gesamtrechnung, Köln 1977

diejenigen Teile des Sozialproduktes herauszurechnen, die nicht auf Endprodukte entfallen. Daneben wird die Berücksichtigung sozialer Kosten, die Erfassung der gesamten Kapitalnutzung und die Einbeziehung unbezahlter Arbeit und des Wertes der Freizeit angestrebt. Weitere Ergänzungen sind denkbar und werden vorgeschlagen.

Die Sozialindikatoren-Bewegung hingegen geht einen anderen Weg, indem sie versucht, eine möglichst umfassende Berücksichtigung aller menschlichen Lebensbereiche mittels eines ausgedehnten Indikatorensystems zu erreichen. Für die Bundesrepublik Deutschland wurde beispielsweise ein derartiges System entwickelt, das 196 verschiedene Indikatoren umfasst, die sich auf zehn Lebensbereiche (Zieldimensionen) beziehen:[90]

---

[90]   Wolfgang Zapf, Einleitung in das SPES-Indikatorensystem, in: Ders. (Hg.), Lebensbedingungen in der Bundesrepublik. Sozialer Wandel und Wohlfahrtsentwicklung, Frankfurt a. M. 1977, S. 11–27; Ders., Das Sozialindikatorentableau, ebd. S. 30–52; Ders., Sozialberichterstattung. Möglichkeiten und Probleme. Göttingen 1976; Eike Ballerstedt u.a., SPES-Indikatorentableau, in: Soziale Welt. Zeitschrift für sozialwissenschaftliche Forschung und Praxis 4/1977, S. 424–465.

Schaubild 5: System von Zielindikatoren sozialer Entwicklung

I	Bevölkerung	Bevölkerungswachstum, Haushaltsstruktur, Familienstruktur, Wanderung u.a.
II	Sozialer Status und Mobilität	Aufstiegs- und Abstiegschancen, Chancengleichheit etc.
III	Arbeitsmarkt und Beschäftigungsbedingungen	Funktionsfähigkeit des Arbeitsmarktes, Qualität der Arbeitsbedingungen
IV	Einkommen und seine Verteilung	Einkommenswachstum, Armut u.ä.
V	Einkommensverwendung und Versorgung	Wachstum und Stetigkeit der Versorgung, Ungleichheit etc.
VI	Verkehr	Leistungsfähigkeit, Komfort und Sicherheit des Wertsystems, Belastungen durch den Verkehr, Effizienz des Verkehrssystems
VII	Wohnung	Versorgungslage mit Wohnraum, Qualität, Kosten von Wohnungen etc.
VIII	Gesundheit	Gesundheitszustand, Gesundheitssicherung, gesundheitsrelevante Lebensbedingungen
IX	Bildung	Chancengleichheit, Qualifikation, Innovationsfähigkeit u.a.
X	Partizipation	Teilnahme in Wirtschaft, Arbeitswelt und Politik, politisches Vertrauen

Quelle: Wolfgang Zapf, Das Sozialindikatorentableau, in: Ders. (Hg.), Lebensbedingungen in der Bundesrepublik. Sozialer Wandel und Wohlfahrtsentwicklung, Frankfurt a. M. 1977, S. 30-52.

Den zehn angeführten Zieldimensionen eines gesellschaftlichen Informationssystems lassen sich Unterziele (rechte Spalte) zuordnen, deren Erreichungsgrad durch geeignete Indikatoren bestimmt wird. So kann etwa der Durchschnitt der jährlich anfallenden Tage von Arbeitsunfähigkeit pro Person als ein Indikator für den Gesundheitszustand der Bevölkerung verwandt werden. Die Daten zur Bestimmung dieses und der anderen möglichen Indikatoren entstammen zumeist der amtlichen Statistik. Ein solches Indikatorensystem stellt allerdings nur einen ersten Schritt zur Bestimmung der „Lebensqualität" eines Landes dar, der durch Expertenanalysen ergänzt werden kann.[91]

Auch ein System von Entwicklungsindikatoren kann nicht alle Probleme der Wohlfahrts- und Entwicklungsmessung lösen. Vor allem lässt sich gegen die Verwendung solcher Systeme einwenden, dass es keine theoretische Begründung für die Auswahl der Indikatoren gibt. Welche und wie viele Indikatoren in das System eingehen, hängt vom vorwissenschaftlichen Verständnis des Forschers und der Verfügbarkeit geeigneter Daten ab. Deshalb sind Entwicklungsindikatorensysteme immer mit einem gewissen Maß an Willkür behaftet. Darüber hinaus haben diese Systeme gegenüber der Sozialproduktkonzeption den Nachteil, dass sich ihre heterogenen Aussagen nicht in einem einzigen Maß zusammenfassen lassen. Deshalb ist mit ihrer Verwendung in theoretischen Bezügen ein hohes Maß an Unsicherheit verbunden, weil die verschiedenen Bereiche des Entwicklungssyndroms nicht miteinander verglichen werden können. Dies mag manchen Leuten als Vorteil erscheinen, theoretisch ist es gegenüber dem Sozialprodukt jedoch sicher ein Rückschritt.

Die überzeugendste Rechtfertigung für das weitere Festhalten an der Konzeption des Sozialproduktes, sowohl für die Messung der Wohlfahrt als auch für den Vergleich der Entwicklungsniveaus verschiedener Länder, liefert der Nachweis, dass mit dem Pro-Kopf-Sozialprodukt implizit auch eine Reihe weiterer Entwicklungsdimensionen gemessen werden. Schon früh wurde erkannt, dass ein sehr enger Zusammenhang zwischen der Höhe des Pro-Kopf-Einkommens und den Ausprägungen einer großen Zahl von Sozialindikatoren besteht. In den Jahren 1956 bis 1958 lässt sich ein solche Verbindung zwischen dem Pro-Kopf-Einkommen und neun weiteren Sozialindikatoren (u.a. dem Energieverbrauch pro Kopf, der Analphabetenquote und der Lebenserwartung) in sechs Ländergruppen nachweisen. Neuere und umfassendere Untersuchungen bestätigen diese Beobachtung. So zeigt zum Beispiel ein Vergleich zwischen neun Ländergruppen mit einem Pro-Kopf-Einkommen zwischen 74 und 1.500 US-Dollar im Jahre 1960, dass

---

[91] Wolfgang Zapf, Lebensqualität in der Bundesrepublik: Methoden der Messung und erste Ergebnisse, in: Soziale Welt. Zeitschrift für sozialwissenschaftliche Forschung und Praxis (1977), H. 4, S. 413–423; Kommission für wirtschaftlichen und sozialen Wandel (Hg.), Wirtschaftlicher und sozialer Wandel in der Bundesrepublik Deutschland, Göttingen 1977.

achtzehn weitere Entwicklungsindikatoren dieser neun Ländergruppen genau die gleiche Rangfolge aufweisen wie das Pro-Kopf-Einkommen.[92]

Einen weiteren Versuch, das Sozialprodukt als Wohlstandsmaß durch ein anderes Maß zu ersetzen, stellt ein neuerer Ansatz dar, der den Wohlstand eines Landes nicht mehr durch die Produktion, sondern durch den Konsum zu messen versucht. Das Konzept beruht auf der Erstellung eines Index für den gesamtwirtschaftlichen privaten Konsum, indem vom Sozialprodukt als Basis bestimmte Größen abgezogen bzw. hinzuaddiert werden. Subtrahiert werden die Teile des Sozialprodukts, die nicht auf Konsumprodukte entfallen, sondern beispielsweise durch staatliche Vorleistungen (Ausgaben für die Sicherheit etc.) zustande kommen. Ebenfalls berücksichtigt werden die sozialen Kosten der modernen Lebensweise, sowie der Wert unbezahlter Arbeit und der Wert der Freizeit. Erfasst werden soll darüber hinaus auch das Kapital und seine Nutzung in privaten Haushalten und im staatlichen Sektor. Diese alternative Methode der Wohlstandsbestimmung kommt für die USA zu dem Ergebnis, dass der Wohlstand der USA mehr als doppelt so hoch zu veranschlagen sei, als er durch das Bruttosozialprodukt ausgedrückt wird.[93] Jedoch hat auch diese alternative Berechnungsart ihre Schwächen, da theoretisch nicht einwandfrei zu begründen ist, um welche Posten und mit welchen Wertansätzen die ursprüngliche Sozialproduktberechnung korrigiert werden muss. Insgesamt bleibt also festzuhalten, dass alle Konzepte, die das von einer Volkswirtschaft erreichte Wohlfahrtsniveau und seine Veränderung auf gesamtwirtschaftlicher Ebene messen, diesen Anspruch nur unvollkommen erfüllen.

Auch die Erfahrungen mit der Industrialisierungsgeschichte der westeuropäischen Länder haben gezeigt, dass die Entwicklung des Lebensstandards[94] vielfältige Aspekte umfasst und daher mehrere Dimensionen der Qualität der Lebensverhältnisse zu erfassen sind, um einer Wohlfahrtsmessung in verschiedenen Epochen Genüge zu tun.[95] Einen solchen Versuch, ein breiter angelegtes und eindi-

---

[92]   Dieter Nohlen und Franz Nuscheler (Hg.), Handbuch der Dritten Welt, Bd. 1, Hamburg 1974, S. 248.

[93]   Toni Pierenkemper, Wirtschaftssoziologie. Eine problemorientierte Einführung mit einem Kompendium wirtschaftssoziologischer Fachbegriffe, Köln 1980, S. 220 f.

[94]   Vgl. dazu die Beiträge zur Frage des Lebensstandards englischer Arbeiter während der Industrialisierung bei Wolfram Fischer und Georg Bajor (Hg.), Die soziale Frage. Neuere Studien zur Lage der Fabrikarbeiter in den Frühphasen der Industrialisierung, Stuttgart 1967, S. 51-156.

[95]   Nick F. R. Crafts, Some dimensions of the „quality of life" during the British industrial revolution, in: Economic History Review, 2. Serie, 50 (1997), S. 617-639.

mensionales Wohlfahrtsmaß zu schaffen, stellt der 1990 von den Vereinten Nationen eingeführte und seither viel diskutierte „Human Development Index" (HDI) dar. Dieser wurde in erster Linie zu internationalen Vergleichen des Lebensstandards eingeführt und sollte das Wachstum des Bruttosozialprodukts als Wohlfahrtsmaß ablösen.[96] Der HDI selbst stellt ein ziemlich einfach konzipiertes und reduktionistisches Wohlfahrtsmaß dar. Er enthält drei gleich gewichtete Komponenten: langes Leben (gemessen durch Lebenserwartung bei der Geburt), Bildung (gemessen als gewichteter Durchschnitt von Erwachsenenalphabetenrate und Schulbesuchsraten im primären, sekundären und tertiären Bildungssektor) und Zugang zu Ressourcen (gemessen als reales BSP pro Kopf). Zur Aggregation werden die Indikatoren standardisiert, indem für jeden Indikator ein Maximumwert (bester Wert) und ein Minimumwert (schlechtester Wert) als Endpunkte einer Skala von Null bis Eins festgelegt werden. Die standardisierten Skalenwerte der einzelnen Länder (oder Teilpopulationen) ergeben sich aus ihrem Verhältnis zu diesen Endpunkten.[97] Ungeachtet der auch diesem Indikator anhaftenden Mängel, insbesondere hinsichtlich der Wahl seiner Komponenten, ihrer Gewichtung , der impliziten Trade-Offs zwischen den Komponenten und der Aggregationsregeln[98], weist der HDI gegenüber anderen Wohlfahrtsindikatoren einige Vorteile auf, die ihn auch zur Messung des historischen Lebensstandards geeignet erschei-

---

[96] Unter Human Development Index versteht das Entwicklungsprogramm der Vereinten Nationen (UNDP): „*Human development is a process enlarging people's choices. The most critical ones are to lead a long and healthy life, to be educated and to enjoy a decent standard of living. Additional choices include political freedom, guaranteed human rights and self-respect.*" Vgl. Hierzu United Nations Development Programme (UNDP), Human Development Report (HDP) 1990, New York 1990. Ähnliches Wohlfahrtsmaß bei Morris David Morris, Measuring the Condition of the World's Poor. The Physical Quality of Life Index, New York u.a. 1979.

[97] Ausführlich hierzu mit ersten Berechnungen für Deutschland bei Andrea Wagner, Ein Human Development Index für Deutschland: Die Entwicklung des Lebensstandards von 1920 bis 1960, in: Jahrbuch für Wirtschaftsgeschichte 2003/2, S.171-199.

[98] Vgl. hierzu z. B. Allen. C. Kelley, The Human Development Index: Handle with Care, in: Population and Development Review 17 (1991), S. 315-327; P. Dasgupta und M. Weale, On Measuring the Quality of Life, in: World Development 20/1 (1992), S. 119-131; Thirukodikaval N. Srinivasan Human Development. A Paradigm or Reinvention of the Wheel?, in: American Economic Review 84 (1994), S. 238-242; Martin Ravallion, Good and Bad Growth: The Human Development Reports, in: World Development 25/5 (1997), S. 631-638. Im Human Development Report von 1993 setzte sich die UNDP mit diesen und anderen Kritikpunkten ausführlich auseinander und diskutierte vorgeschlagene Korrekturen (UNDP, HDR 1993, S. 104-114). Die Methodik und Datengrundlage des HDI wurde seit seiner Einführung kontinuierlich weiterentwickelt, verbessert und ergänzt. Für einen Überblick siehe Regina Berger-Schmitt, Human Development Report 1998. Neuer Armutsindex und Indexentwicklung seit 1990, in: Informationsdienst Soziale Indikatoren 21 (1999), S. 14-15.

nen lassen. Er umfasst neben der reinen Einkommensbetrachtung zwei weitere wesentliche Komponenten des Lebensstandards, nämlich langes Leben und Bildung. Trotz der ihm anhaftenden Gewichtungsprobleme ist die Berücksichtigung der einzelnen Komponenten zumindest nachvollziehbar. Darüber hinaus wurde der HDI in der historischen Forschung bereits in verschiedenen Länderstudien zur langfristigen Wohlfahrtsmessung erfolgreich verwendet.[99]

Wiederum ein ganz anderes Konzept der Wohlfahrtsmessung unterliegt der historischen Anthropometrie.[100] Diese unterstellt, dass die Wohlfahrt jedweder Bevölkerung eine starke biologische Komponente hat, die weder durch ökonomische noch durch soziale Indikatoren hinreichend erfasst werden kann. Im Hinblick auf Wohlstand und Lebensqualität der Menschen stellt sich daher die Frage, wie gut der menschliche Organismus in seiner sozio-ökonomischen und epidemiologischen Umwelt gedeiht, oder, in anderen Worten, wie die biologische Komponente der Lebensqualität sich über die Zeit hinweg entwickelt und welche regionalen Unterschiede auf der Welt bestehen. Die menschliche Lebenserfahrung ist bekanntlich multi-dimensional: sie umfasst viel mehr als nur die Kaufkraft für Güter und Dienstleistungen.

Die Gesundheit im Allgemeinen, einschließlich der Häufigkeit und Dauer von Krankheiten (sowohl endemisch als auch epidemisch), die Schadstoffbelastung und die Lebenserwartung sind Faktoren, die bei der Ermittlung der Wohlfahrt berücksichtigt werden müssen. Gleichzeitig gibt es Interdependenzen zwischen der menschlichen Biologie und der wirtschaftlichen Leistungsfähigkeit. Gesunde Individuen führen in der Regel längere, kreativere und produktivere Leben, so dass sie den Lauf der ökonomischen Entwicklung in der Zukunft positiv beeinflussen können. Daher ist das Interesse der Entwicklungsökonomen auf gesundheitliche sowie anthropometrische Indikatoren gerichtet, wie zum Beispiel auf das

---

[99] Vgl. Dora L. Costa und Richard H. Steckel, Long-Term Trends in Health, Welfare, and Economic Growth in the United States, in: Richard H. Steckel und Roderick Floud (Hg.), Health and Welfare during Industrialization, Chicago, London 1997, S. 47-89; Roderick Floud und Bernard. Harris, Health, Height, and Welfare: Britain 1700-1980, in: Richard H. Steckel und Roderick Floud, Health and Welfare, S. 91-126; Lars G. Sandberg und Richard H. Steckel, Was Industrialization Hazardous to Your Health? Not in Sweden!, in: Richard H. Steckel und Roderick Floud, Health and Welfare during Industrialization, Chicago, London 1997, S. 127-160; Sophia N. Twarog, Heights and Living Standards in Germany 1850-1939. The Case of Württemberg, in: Richard H. Steckel und Roderick Floud (Hg.), Health and Welfare in the Industrialization, Chicago, London 1997, S. 285-330.

[100] Vgl. Jahrbuch für Wirtschaftsgeschichte 2000/1: Historische Anthropometrie,

Körpergewicht der Menschen, das Geburtsgewicht (als Indikator für den biologischen Lebensstandard der Mutter), die Körpergröße und den Body Mass Index. Zudem können mit diesen Indikatoren ökonomische Analysen für wichtige Teilbevölkerungen durchgeführt werden, wenn andere Informationen fehlen. Interessante Studien wurden zu Kindern, Hausfrauen und den Bewohnern von Slums in weniger entwickelten Ländern (z. B. Soweto) durchgeführt.

Durch die Verwendung der anthropometrischen Methoden und gesundheitsbezogener Daten können entscheidende Einsichten gewonnen werden, wie ökonomische Veränderungen solche „stillen" Bevölkerungen beeinflussen. Zusätzlich gibt es zahlreiche Gesellschaften, in denen ökonomische Daten entweder nicht verfügbar sind oder aus politischen Gründen zweifelhaft erscheinen, z. B. für die stalinistische Sowjetunion oder das heutige Nordkorea. Der anthropometrische Ansatz stellt daher eine sinnvolle Ergänzung zu den herkömmlichen ökonomischen Indikatoren der Wohlfahrtsmessung dar und füllt eine entscheidende Lücke im Wissen um die Lebensverhältnisse moderner Gesellschaften.[101]

Eine weitere Möglichkeit, den Wohlstand auf der einzelwirtschaftlichen Ebene der privaten Haushalte zu erfassen, bieten individuelle Haushaltsrechnungen für bestimmte soziale Gruppen, die seit dem 19. Jahrhundert in beachtlichem Umfang erhoben wurden.[102] Durch den Vergleich solcher typischer Haushaltsbudgets lassen sich Veränderungen in den Einnahmen- und Ausgabenstrukturen privater Haushalte bestimmen, die Rückschlüsse auf die Lebenshaltung und das Wohlfahrtsniveau der Bevölkerung zulassen. Für Deutschland liegen seit Anfang des 20. Jahrhunderts einigermaßen verlässliche Daten in Form verschiedener Studien vor: Die „Wirtschaftsrechnungen minderbemittelter Familien im Deutschen Reiche 1907", die „Wirtschaftsrechnungen von Arbeitnehmerhaushaltungen im Deutschen Reich 1927/28" und die „Wirtschaftsrechnungen von Arbeiterhaushaltungen 1937" richteten ihr Augenmerk auf die Lebensverhältnisse der unteren Bevölkerungsschichten. Seit 1950 finden regelmäßige Erhebungen des Statistischen Bundesamtes statt, zum einen in Form laufender Wirtschaftsrechnungen bestimm-

---

[101] John Komlos (Hg.), Stature, Living Standards and Economic Development. Essays in Anthropometric History, Chicago 1994.

[102] Toni Pierenkemper, Haushaltsrechnungen in der historischen Wirtschafts- und Sozialforschung – Ein Überblick, in: Ders. (Hg.), Zur Ökonomik des privaten Haushalts. Haushaltsrechnungen als Quellen historischer Wirtschafts- und Sozialforschung, Frankfurt a. M., New York 1991, S. 13–33.

ter Haushaltstypen (z.B. 4-Personen-Arbeitnehmerhaushalt mittleren Einkommens), und zum anderen als in regelmäßigen zeitlichen Abständen erhobene Einkommens- und Verbrauchsstichproben. Derartige Vergleiche zeigen typische Verschiebungen in der Verbrauchsstruktur der Unterschichten, die auf steigenden Massenwohlstand schließen lassen. Industrialisierung und Wirtschaftswachstum, wie sie im Vorausgehenden erläutert wurden, stellen sich somit als äußerst komplexen Prozess dar, der zu seiner analytischen Durchdringung einige theoretische Vorüberlegungen dringend erforderlich macht. Wachstum und Industrialisierung erschließen sich nicht leicht in einem logisch eindeutigen Modell, sondern ihre vielfältigen Dimensionen machen einen mehrstufigen Zugang erforderlich. Angelehnt an theoretische Vorüberlegungen der Ökonomie erscheinen dabei mindestens fünf unterschiedliche Problemkomplexe bedenkens- und untersuchenswert:

1. die Triebkräfte des wirtschaftlichen Wachstums,
2. seine sektorale Struktur,
3. seine regionale Einbindung,
4. sein zeitliches Verlaufsmuster und
5. schließlich seine Verknüpfungen mit dem institutionellen Wandel der Gesellschaft.

Diesen Fragen soll im Folgenden sukzessive nachgegangen werden.

III. Die Triebkräfte des modernen Wirtschaftswachstums

Das moderne Wirtschaftswachstum stellt sich als komplexer Prozess dar, der verschiedene Ursachen haben kann. Zum einen wird Wachstum durch eine Erhöhung der Inputmengen der Produktionsfaktoren hervorgerufen und zum anderen durch eine Erhöhung der Faktorproduktivität im Rahmen des technischen Fortschritts. Diese Wirkungszusammenhänge werden innerhalb der ökonomischen Theorie in der Gestalt einer makroökonomischen Produktionsfunktion formalisiert, die die Grundlage der makroökonomischen Wachstumstheorie bildet. In allgemeinster Form lässt sich dieser gesamtwirtschaftliche Produktionsprozess als die Transformation produktiver Inputs (Produktionsfaktoren) in einen Output (Sozialprodukt) beschreiben.[103]

Schaubild 6: Der volkswirtschaftliche Produktionsprozess

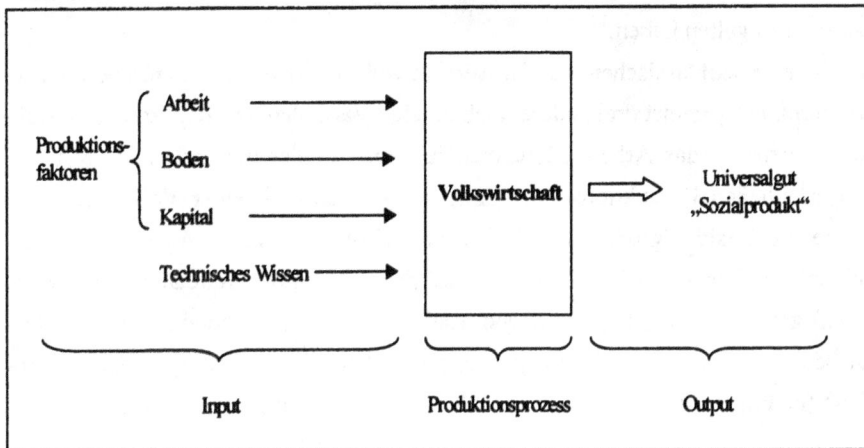

Quelle: Hartwig Bartling und Franz Luzius, Grundzüge der Volkswirtschaftslehre. Einführung in die Wirtschaftstheorie und Wirtschaftspolitik, 13. Aufl., München 2000, S. 19.

---

[103] Die Idee einer Produktionsfunktion wurde in Analogie zur Nutzenfunktion im Rahmen des neoklassischen Paradigmas von P. H Wicksteed erstmals am Ende des 19. Jahrhunderts entwickelt. Vgl. hierzu Manfred Neumann, Neoklassik, in: Otmar Issing (Hg.), Geschichte der Nationalökonomie, Minden 1994, S. 255-269, hier S. 260.

Welche und wie viele Produktionsfaktoren unterschieden werden und inwieweit das Produktionsergebnis differenziert betrachtet wird, ist nicht von vorneherein festgelegt, sondern hängt von den Intentionen der Forscher ab. In der einfachsten Version werden lediglich zwei Produktionsfaktoren unterschieden, Arbeit und Kapital. Die sogenannten AK-Modelle[104] sind zumeist dahingehend spezifiziert, dass sie als Akkumulationsmodelle den Faktor Arbeit als abhängige Variable und die Kapitalakkumulation als treibende Kraft der Wirtschaftsentwicklung ansehen.[105] Als klassische Produktionsfaktoren gelten jedoch drei, nämlich Arbeit, Boden und Kapital. Zwar werden in den modernen Wachstumsmodellen zumeist nur Arbeit und Kapital (AK-Modelle) berücksichtigt, weil heute der Faktor „Boden" als gegeben und nicht weiter vermehrbar angesehen wird (siehe hierzu den nächsten Abschnitt III 1). Dies gilt aber gewiss nicht für die früheren Zeiträume und daher ist man gehalten, bei historischen Wachstumsbetrachtungen auch diesen Faktor mit zu berücksichtigen. Für die mittelalterlichen Verhältnisse lässt sich sogar eher vom Kapitaleinsatz absehen, so dass in diesem Zeitraum möglicherweise nur Boden und Arbeit als wesentliche gesamtwirtschaftliche Produktionsfaktoren zu gelten haben.[106]

In ihrer neoklassischen Standardversion weist die makroökonomische Produktionsfunktion zumeist drei andere unabhängige Variablen auf: die Produktionsfaktoren „Arbeit" (das Arbeitskräftepotenzial einer Volkswirtschaft) und „Kapital" (die sächlichen Produktionsmittel bzw. der Kapitalstock einer Volkswirtschaft) sowie die Residualgröße „technischer Fortschritt". In dieser Ausgestaltung erscheint sie aber, wie wir am Beispiel des „Bodens" in der mittelalterlichen Wirtschaft gesehen haben, für historische Analysen nicht ausreichend spezifiziert. Dazu bedarf es zumindest einer Ergänzung um eben diesen wichtigen Faktor „Boden" (natürliche Ressourcen einer Volkswirtschaft) und möglicherweise auch ei-

---

[104] Vgl. zu den verschiedenen Wachstumstheorien knapp im Überblick Heinz D. Kurz, Wirtschaftliches Wachstum – Fetisch oder Notwendigkeit? in: Ders., Ökonomisches Denken in klassischer Tradition. Aufsätze zur Wirtschaftstheorie und Theoriegeschichte, Marburg 1998, S. 491-516.

[105] So bei Paul Samuelson und William D. Nordhaus, Volkswirtschaftslehre: Grundlagen der Makro- und Mikroökonomie, Bd. 2, Köln 1987, hier Kapitel 36: Wirtschaftliches Wachstum in Theorie und Praxis, S. 563-602, insb. S. 569-571.

[106] Vgl. hierzu Axel Börsch-Supan und Reinhold Schnabel, Volkswirtschaft in fünfzehn Fällen. Studien in angewandter Mikro- und Makroökonomie, Wiesbaden 1998, S. 14.

ner expliziten Berücksichtigung der Außenwirtschaft.[107] Mit der Einbeziehung der Außenwirtschaft soll der Tatsache Rechnung getragen werden, dass auch die Vorteile der internationalen Arbeitsteilung und des Austausches entscheidend zur Dynamisierung der wirtschaftlichen Entwicklung beitragen. Ob dieses unmittelbar als direkt wirkender Produktionsfaktor „Außenwirtschaft" oder implizit über produktivitätssteigernde Wirkung der internationalen Arbeitsteilung auf den technischen Fortschritt geschehen soll, erscheint mir als sekundär:

$$W = F(A, K, B, TF[IA])$$ wobei TF = technischer Fortschritt,

IA = internationale Arbeitsteilung

In dieser erweiterten Form soll die makroökonomische Produktionsfunktion als heuristisches Instrument dienen, um das moderne Wirtschaftswachstum mit den wichtigsten Faktoren zu verknüpfen, die es verursachen. Damit scheint mir ein Schema zur Verfügung zu stehen, in dem fünf der wichtigsten Triebkräfte des modernen Wirtschaftswachstums eine gebührende Berücksichtigung finden können und diesem wollen wir uns nun im einzelnen zuwenden.

1. Natürliche Ressourcen: „Boden"[108]

Die natürlichen Ressourcen, wie zum Beispiel Ackerfläche und Bodenschätze, gehören zu den entscheidenden Triebkräften der Industrialisierung und des modernen Wirtschaftswachstums. In der vorindustriellen Gesellschaft wurde dem Produktionsfaktor „Boden", nicht ganz zu unrecht, eine überragende Bedeutung für den Wohlstand eines Landes zugeschrieben. Die Physiokraten gingen sogar so weit, den Boden als den einzigen produktiven Faktor anzuerkennen.[109] Im Gegensatz dazu berücksichtigt die neoklassische Produktionstheorie angesichts der mit fortschreitender Industrialisierung stark schrumpfenden Bedeutung der Landwirt-

---

[107] Toni Pierenkemper, Der Agrarsektor in der vorindustriellen Gesellschaft. Einige Bemerkungen zur preußischen Entwicklung, 1815–1830, aus produktionstheoretischer Sicht, in: Zeitschrift für Agrargeschichte und Agrarsoziologie 37 (1989), S. 168–186; Ders., Der Agrarsektor im Entwicklungsprozess. Einige theoretische Vorüberlegungen, in: Ders. (Hg.), Landwirtschaft und industrielle Entwicklung. Zur ökonomischen Bedeutung von Bauernbefreiung, Agrarreform und Agrarrevolution, Stuttgart 1989, S. 121–138.

[108] In der historischen Betrachtung des folgenden Kapitels reduziert sich der „Boden" weitgehend auf die landwirtschaftliche Produktion.

[109] Mark Blaug, Systematische Theoriegeschichte der Ökonomie, Bd. 1: Vom Merkantilismus zu Ricardo, München 1971, S. 67–74; Alfred E. Ott und Harald Winkel, Geschichte der theoretischen Volkswirtschaftslehre, Göttingen 1985, S. 13–30.

schaft den klassischen Produktionsfaktor Boden nicht weiter. Es wird angenommen, dass die Faktormenge gegeben sei und ihr Wert als konstant unterstellt werden könne. Bei der Betrachtung der gegenwärtigen Situation der industrialisierten Volkswirtschaften Europas mag diese Vereinfachung durchaus zulässig sein, da im Zuge ihrer ökonomischen Expansion landwirtschaftliche Beiträge zunehmend an Bedeutung verloren haben und der Anteil an der gesamtwirtschaftlichen Wertschöpfung, an den Exporten und an der Beschäftigung relativ kontinuierlich zurückgegangen ist.[110] Diese Beobachtungen lassen sich anhand eines Vergleichs hoch entwickelter und weniger fortschrittlicher Volkswirtschaften in neuerer Zeit hinsichtlich ihres Pro-Kopf-Einkommens und des Anteils des Primärsektors (Landwirtschaft) an der Wertschöpfung bestätigen:

Schaubild 7: Sektorale Wertschöpfung in Abhängigkeit vom Pro-Kopf-Einkommen (1964)

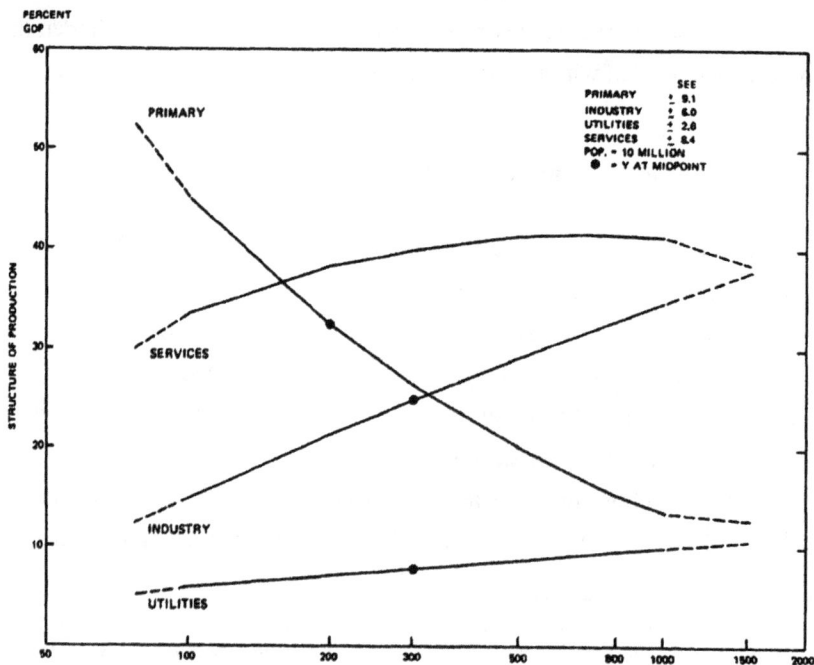

Quelle: Hollis Chenery und Moses Syrquin, Patterns of Development 1950-1970, Oxford 1975, S. 36.

---

[110] Hollis Chenery und Moshe Syrquin, Patterns of Development 1950–1970, Oxford 1975.

In Volkswirtschaften, die ein niedriges Entwicklungsniveau mit einem entsprechend geringen Pro-Kopf-Einkommen aufweisen, entfallen hohe Wertschöpfungsanteile auf den Bereich der Landwirtschaft, während Industrie und öffentliche Dienstleistungen nur wenig zur Wertschöpfung beitragen. Private Dienstleistungen, wie zum Beispiel die Tätigkeit von Dienstboten, werden in beachtlichem Umfang erbracht. Mit steigendem Pro-Kopf-Einkommen ist eine Veränderung der Struktur der Wertschöpfung zu beobachten: Der Agrarsektor verliert dramatisch an Bedeutung, und zugleich steigt der Anteil der Industrie an der Wertschöpfung stark an. Private Dienstleistungen können ihren Anteil an der Wertschöpfung weitgehend behaupten, während die Bedeutung der öffentlichen Dienstleistungen moderat zunimmt. Ähnliche Tendenzen wie im Bereich der Produktion/Wertschöpfung zeigen sich auch bei den sektoralen Beschäftigtenanteilen, auch wenn es sich bei Tabelle 5 um Längsschnittangaben über mehr als ein Jahrhundert handelt, während die obigen Angaben des Schaubilds 7 eine Querschnittsanalyse für das Jahr 1964 repräsentieren.

Tabelle 5: Anteil der landwirtschaftlichen Beschäftigten an der Gesamtbeschäftigung in verschiedenen europäischen Ländern (in v. H.)

	Großbritannien	Belgien	Frankreich	Deutschland	Italien
Mitte des 19. Jahrhunderts	23	46	52	56	61
1880er Jahre	15	40	47	43	62
Anfang des 20. Jahrhunderts	9	22	41	35	56
1930	6	17	36	29	47
1950	5	13	27	23	42
1960	4	8	22	14	31
1980	3	3	8	4	11

Quelle: Bis Anfang 20. Jahrhundert: Wolfram Fischer, Wirtschaft und Gesellschaft Europas 1850-1914, in: Ders. (Hg.), Handbuch der europäischen Wirtschafts- und Sozialgeschichte, Band 5: Europäische Wirtschafts- und Sozialgeschichte von der Mitte des 19. Jahrhunderts bis zum 1. Weltkrieg, Stuttgart 1985, S. 1–207, hier S. 126.
20. Jahrhundert ab 1930: Gerold Ambrosius und William H. Hubbard, Sozial- und Wirtschaftsgeschichte Europas im 20. Jahrhundert, München 1986, S. 61.

Alles in allem erscheint also ein dramatischer Bedeutungsverlust der Landwirtschaft und damit des Produktionsfaktors „Boden" im Rahmen des Wachstums einer Volkswirtschaft unübersehbar. Diese moderne Perspektive erscheint jedoch hinsichtlich der Einschätzung der Bedeutung der Landwirtschaft im historischen Industrialisierungsprozess als unzutreffend. Bis weit ins 19. und zum Teil sogar bis ins 20. Jahrhundert hinein blieb die Landwirtschaft in vielen Ländern Europas der dominierende Sektor. Die landwirtschaftliche Nutzfläche wurde ausgedehnt, und die Zahl der landwirtschaftlichen Beschäftigten stieg weiter an, d.h. die Landwirtschaft blieb insgesamt auf Expansionskurs.[111] Sowohl die Entwicklung der Erntemengen als auch des Viehbestandes im 19. Jahrhundert für verschiedene europäische Länder bestätigen dies. Selbst in den westeuropäischen Industriestaaten ist die landwirtschaftliche Produktion, z. B. von Getreide und Kartoffeln, wie auch der Bestand an Rindern und Schweinen weiterhin kräftig angewachsen – eine Ausnahmen bilden lediglich Schafe, die als Rohstoffproduzenten für die Textilwirtschaft an Bedeutung verloren haben. Diese Entwicklungen kann man den nachfolgenden Tabellen entnehmen.

Tabelle 6: Erntemengen (1845-1914) in ausgewählten europäischen Ländern (in Mio. Doppelzentnern, Zehnjahresdurchschnitte)

Getreide			
Jahr	Frankreich	Deutschland	Großbritannien
1845-1854	146,6	122,6	64,0
1855-1864	158,5	153,7	68,0
1865-1874	160,1	204,8	70,0
1875-1884	161,8	248,4	—
1885-1894	160,1	304,6	56,9
1895-1904	172,1	391,0	52,5
1905-1914	171,9	457,9	51,7
Kartoffeln			
Jahr	Frankreich	Deutschland	Großbritannien
1845-1854	49,8	108,7	—
1855-1864	68,8	153,7	—
1865-1874	80,3	204,8	—
1875-1884	93,0	248,4	—
1885-1894	118,0	304,6	32,3
1895-1904	106,2	391,0	32,7
1905-1914	117,9	457,9	36,7

Quelle: Brian R. Mitchell, Statistischer Anhang, in: Carlo M. Cipolla und Knut Borchardt (Hg.), Europäische Wirtschaftsgeschichte, Bd. 4, Stuttgart 1976, S. 485-530; Ders., European Historical Statistics 1750-1970, London 1975, S. 279 ff.

---

[111]   Wolfram Fischer, Wirtschaft und Gesellschaft, hier insbes. S. 137–138.

Tabelle 7: Der Viehbestand in der Landwirtschaft (1850-1910) in ausgewählten europäischen Ländern (Näherungswerte in Mio. Stück)

Rinder			
Jahr	Frankreich	Deutschland	Großbritannien
1850	11,911	---	4,200
1860	11,813	14,999	---
1870	11,284	15,777	5,403
1880	11,446		5,912
1890	13,562	17,556	6,509
1900	14,521	18,94	6,805
1910	14,532	20,159	7,037

Schafe			
Jahr	Frankreich	Deutschland	Großbritannien
1850	33,282	---	---
1860	29,530	28,017	---
1870	24,590	---	28,398
1880	22,516	---	26,619
1890	21,658	13,590	27,272
1900	20,180	9,692	26,592
1910	17,111	5,788	27,103

Quelle: Brian R. Mitchell, Statistischer Anhang, in: Carlo M. Cipolla und Knut Borchardt (Hg.), Europäische Wirtschaftsgeschichte, Bd. 4, Stuttgart 1976, S. 485-530, hier S. 499.

Der geschilderte sektorale Strukturwandel im Beschäftigungssystem spiegelt somit auch eine Steigerung der landwirtschaftlichen Produktivität während des Industrialisierungsprozesses wider: Sowohl die landwirtschaftlichen Arbeitskräfte als auch die landwirtschaftliche Nutzfläche erzielten pro eingesetzter Einheit zunehmend ein höheres Ergebnis. Diese Produktivitätsverbesserungen beruhten zunächst im wesentlichen auf einer verbesserten Düngung erst durch Guano, dann durch Chilesalpeter und schließlich durch Thomasmehl und Kalisalze aus heimischer Produktion. Erst nach der 1870 einsetzenden Mechanisierung der agrarischen Produktion mit der Einführung von Dresch-, Mäh-, Sämaschinen etc. hielten auch technologische Innovationen in der Landwirtschaft Einzug. Gleichzeitig war eine Erhöhung der Viehbestände zu verzeichnen. Darüber hinaus kam es innerhalb der landwirtschaftlichen Produktion zu weiteren bemerkenswerten Veränderungen: Neue Produkte, insbesondere Hackfrüchte wie Rüben und Kartoffeln, waren auf dem Vormarsch, und in einigen Ländern (Niederlande, Dänemark) erfolgte eine Umstellung der Produktion vom Getreideanbau auf Viehzucht, Gartenbau und Sonderkulturen. Nach dem Ende des amerikanischen Bürgerkrieges wurden diese Spezialisierungstendenzen noch weiter forciert, weil nun das überseeische Getreideangebot aufgrund geringerer Gestehungskosten in den USA, Kanada, Argentinien u.a. und der sinkenden Frachtraten im transatlantischen Verkehr starken Druck auf die Getreidepreise in den westeuropäischen Staaten ausübte. Die osteuropäischen Staaten blieben auf ihren Binnenmärkten hingegen zunächst noch konkurrenzfähig.

Man fragt sich also, warum dieser eindrucksvolle Expansionsprozess der Landwirtschaft im 19. Jahrhundert in der modernen ökonomischen Theorienbildung so wenig reflektiert wurde.[112] Zwei Gründe scheinen es mir vor allem zu sein, die zu der weitgehenden Vernachlässigung der Landwirtschaft im Rahmen der modernen, angelsächsisch geprägten Wirtschaftstheorie beigetragen haben. Realhistorisch betrachtet entstand die moderne Wirtschaftstheorie aus der Beschäftigung mit einer Wirtschaft, die gerade erst durch eine forcierte Industrialisierung die Fesseln einer durch die landwirtschaftliche Produktion beschränkten Wirtschaftsweise durchbrochen zu haben schien. Diesen Entwicklungsprozess beschreibt Knut Borchardt etwas emphatisch folgendermaßen:

„*In Europa wurde die Barriere der Produktivitätsentwicklung durchstoßen, haben die Menschen begonnen, in großem Umfang den riesigen Vorrat anderer als pflanzlicher und tierischer Energiequellen auszunützen und Produktionsprozesse von erheblich größerem technischem Wirkungsgrad als zuvor anzuwenden. [...] Bis heute ist keine neue Barriere der Produktivitätsentwicklung aufgetaucht, da die organisierte Schöp-*

---

[112] Dies gilt für Deutschland und die damals hier vorherrschende Historische Schule gewiss nicht. Gerade die großen Untersuchungen zur Landarbeiterfrage (Max Weber) oder zur Agrarstatistik (Johannes Conrad) haben hier stilbildend gewirkt.

*fertätigkeit des Menschen bislang noch – anders als früher der Boden –
unbeschränkt ausdehnbar erscheint. "* [113]

Der Wandel der Wirtschaftsweise zum „industriellen Kapitalismus" lässt sich
demnach als eine epochale Neuerung verstehen, die durch die Anwendung wissenschaftlicher Methoden auf die Probleme der Produktion das moderne Wirtschaftswachstum in Gang setzte. Mit der Etablierung des „industriellen Kapitalismus'" waren zwei Unterstellungen verbunden, welche für die sich langsam ent-
faltende Wirtschaftstheorie von Ausschlag gebender Bedeutung blieben: Die Vorstellungen nämlich, dass die private Geschäftstätigkeit für die wirtschaftliche Entwicklung eine entscheidende Rolle spielt und dass die Industrie den Sektor mit der
größten Dynamik darstellt. Im Ergebnis mag diese Charakterisierung für die modernen Industriestaaten zutreffend sein, gleichwohl bleibt zu fragen, ob im Rahmen der Industrialisierung nicht gerade die Landwirtschaft möglicherweise zuerst
„kapitalistische" Produktionsmethoden einführte und somit eine weit wichtigere
Rolle spielte als das im Ergebnis deutlich wird.[114] Verständlich bleibt jedoch im
realhistorischen Kontext, dass sich das wissenschaftliche Interesse in einer Phase
eines einmaligen ökonomischen Wachstums auf industrieller Basis vor allem auf
die Bedingungen der industriellen Produktion richtete und nicht auf die Wachstumsbeiträge der im Verhältnis zur Industrie schrumpfenden Landwirtschaft.

Die zweite Erklärung für das negative Vorurteil der ökonomischen Theorie
gegenüber der Landwirtschaft ist das Vorhandensein gewisser Theorieelemente
schon bei den Klassikern, die zwangsläufig zu einer Geringschätzung der Expan-
sionsfähigkeit der Landwirtschaft führen mussten. Ausschlaggebend hierfür war
zweifellos das „Bodenertragsgesetz", das schon 1768, also in vor-klassischer Zeit,
von Turgot in ausführlicher Weise dargelegt worden war. In die Klassische Theorie fand es vor allem durch Arbeiten Eingang, die von verschiedenen Autoren (Ricardo, Malthus, West und Torrens) zeitgleich im Jahre 1815 veröffentlicht wurden
und die das Ansteigen der Getreidepreise in England während der napoleonischen
Kriege durch die Notwendigkeit der Inanspruchnahme schlechter Böden für den

---

[113] Knut Borchardt, Europas Wirtschaftsgeschichte – ein Modell für Entwicklungsländer?, S.
       15f.

[114] Vgl. hierzu demnächst ausführlich Michael Kopsidis, Landwirtschaft im Entwicklungspro-
       zess, (Grundzüge der Wirtschaftsgeschichte, Bd. 7) (im Erscheinen).

Getreideanbau als Folge des Ausbleibens von Getreideimporten zu erklären suchten.

In der auf dem „Bodenertragsgesetz" aufbauenden Theorie der Bodenrente, die vor allem von West und diesem folgend von Ricardo entwickelt wurde, stellt die Rente kein Entgelt für einen produktiven Beitrag des Bodens dar, sondern ein Differentialeinkommen zwischen den Kosten der Agrarproduktion auf den schlechtesten Böden, die den Preis bestimmen, und den geringeren Produktionskosten auf den besseren Böden. Der Preis entspricht also den Grenzkosten der Agrarproduktion, und die Rente erklärt sich aus der besseren natürlichen Beschaffenheit der intramarginalen Böden gleichsam als ein „Geschenk der Natur".

Im ricardianischen System[115] kommt der Bestimmung der Grundrente eine für die langfristige Entwicklung einer Volkswirtschaft entscheidende Bedeutung zu, denn aufgrund der Gültigkeit des „Gesetzes der abnehmenden Ertragszuwächse" für die gesamte Wirtschaft führt das mit dem Prozess der Kapitalakkumulation in der Industrie verbundene gesamtwirtschaftliche Wachstum dazu, dass einerseits immer schlechtere Böden zur Bereitstellung der notwendigen Nahrungsmittel für die notwendig wachsende Bevölkerung in Bearbeitung genommen werden müssen und andererseits immer mehr Arbeiter in der Industrie entlohnt werden müssen, der Lohnfond also steigt. Beide Entwicklungen reduzieren die Profite der Industrie und führen schließlich zu ihrem vollständigen Versiegen, womit die Kapitalakkumulation, die sich aus den Profiten speist, und damit das Wachstum der Wirtschaft insgesamt zum Stillstand kommt. Die Bebauung weniger fruchtbarer Böden reduziert also die Profite in der Industrie, weil steigende Agrarpreise die Rente auf den fruchtbaren Böden (Differentialrente) erhöhen. Zugleich werden die Profite der Industrie durch die steigende Beschäftigung von Arbeitskräften in diesem Sektor reduziert, weil der Lohnfonds für eine größere Anzahl von Arbeitern auch bei einem konstanten Lohnsatz in Höhe des Existenzminimums (Malthusianische Bevölkerungsweise) immer noch größer ist als bei einer geringeren Anzahl von Arbeitern. Die Annahme sinkender Grenzerträge in der Gesamtwirtschaft und die unterstellte Rententheorie führen im ricardianischen System zwangsläufig zu einer Entwicklungsprognose, die eine stagnierende Wirtschaft als Endzustand erwarten lässt.

---

[115]   Zu diesem Aspekt vgl. Michael Kopsidis, Landwirtschaft im Entwicklungsprozess.

Diese negative Einschätzung zeigte auch in der deutschen Wissenschaft Wirkung, wo insbesondere der Chemiker Justus Liebig vor den Konsequenzen dieser Entwicklung warnte. Bruno Hildebrand, als Vertreter der älteren historischen Schule der deutschen Nationalökonomie hat sich schon früh mit diesen Themen auseinandergesetzt und, gestützt auf Reiseerfahrungen aus Südeuropa, in seiner Arbeit über „Liebigs Ansicht von der Bodenerschöpfung" die These entwickelt, dass durch Düngung und Intensivierung der Bodenbearbeitung der sinkenden Bodenfruchtbarkeit entgegengewirkt werden könne – das Gesetz vom sinkenden Bodenertrag damit quasi außer Kraft gesetzt werde[116], doch diese Vermutung fand in der klassischen Ökonomie keinen Widerhall.

Bis in die jüngste Zeit scheint die ökonomische Theorie an ihrem negativen Vorurteil gegenüber der Landwirtschaft festzuhalten, und für zahlreiche historische Untersuchungen gilt dies anscheinend ebenfalls.[117] Obwohl die Vorstellung, dass für die Landwirtschaft gewissermaßen „natürliche" Grenzen der Produktivitätsentwicklung bestehen, während allein die Industrie nahezu unbegrenzte Expansionsmöglichkeiten aufweist, inzwischen als Fehlurteil identifiziert worden ist, haben entsprechende Konzepte in Entwicklungstheorien und -programme Eingang gefunden – mit allen negativen Konsequenzen für die Entwicklungsbemühungen in zahlreichen Ländern.[118] Diese naive Vorstellung einer quasi natürlichen Produktivitätsüberlegenheit der Industrie gegenüber der Landwirtschaft stützt sich auf eine Reihe von Beobachtungen, die im einzelnen näher zu hinterfragen wären. Zum einen finden sich Hinweise auf die traditionelle Produktionstechnologie und die damit verbundene geringere Arbeitsproduktivität in der Landwirtschaft, und andererseits wird im landwirtschaftlichen Milieu insgesamt und insbesondere im Anbieterverhalten der Agrarproduzenten ein Entwicklungshemmnis vermutet.

Eine derartig negative Bewertung des Agrarsektors in der ökonomischen Theorie scheint also der tatsächlichen Expansion der Landwirtschaft in den letzten Jahrhunderten keineswegs gerecht zu werden. Die Erfahrungen der letzten zweihundert Jahre haben schließlich die Erwartungen der klassischen Autoren über die Entwicklung der Landwirtschaft und das allgemeine Wirtschaftswachstum ein-

---

[116] Vgl. Johannes Conrad, Lebenserinnerungen. Aus seinem Nachlass herausgegeben von Else Kesten-Conrad (als Manuskript gedruckt) 1917, S. 68 f.

[117] Jens Flemming, Landwirtschaftliche Interessen und Demokratie. Ländliche Gesellschaft, Agrarverbände und Staat 1890 - 1925, Bonn 1978, S. 3 ff.

[118] Hermann Priebe und Wilhelm Hankel, Der Agrarsektor im Entwicklungsprozess. Mit Beispielen aus Afrika, Frankfurt a. M. u.a. 1980, S. 9–11 und S. 23–32.

drucksvoll widerlegt. Die in der klassischen Analyse an zentraler Stelle eingebundene Theorie des Agrarsektors wurde damit in höchstem Maße diskreditiert. Allerdings wurden keine Bemühungen mehr unternommen, eine angemessenere Theorie des Agrarsektors zu entwickeln, da das enorme Anwachsen des Industriesektors das Interesse der Ökonomen auf sich zog.[119] Dies scheint auch die Begründung dafür zu sein, dass die Mehrzahl der modernen Wirtschaftswissenschaftler keine Notwendigkeit mehr für eine gesonderte Theorie der Grundrente und eine separate Betrachtung der Landwirtschaft im Rahmen der ökonomischen Analyse sehen, obwohl die „Landwirtschaft in allen Jahrtausenden menschlicher Geschichte bis in die jüngste Gegenwart hinein die mit Abstand höchsten Produktivitätssteigerungsraten aller Sektoren"[120] aufweist – so ein Kenner der Materie.

Als eine der unumstößlichen Annahmen der traditionellen Agrartheorie und -politik gilt, dass auf den Agrarmärkten der normale Marktmechanismus weitgehend außer Kraft gesetzt ist. Demnach handeln Agrarproduzenten nicht wie Unternehmer, die auf eine Preiserhöhung mit einer Angebotsausdehnung und auf eine Preissenkung mit einer Angebotsverringerung reagieren, weil sie wegen der Instabilität des Angebotes nicht in ausreichendem Maße über Möglichkeiten verfügen, um ihr Angebot an veränderte Preise anzupassen. Diese „Anomalität der Agrarmärkte" (Seidenfus) erfordere deshalb notwendigerweise Interventionen seitens des Staates, wie sie gegenwärtig im Rahmen der EU erfolgen, um die Probleme der Landwirtschaft zu lösen. Impulse für das industrielle Wachstum seien daher von Seiten der Landwirtschaft, im Unterschied zum 19. Jahrhundert, heute nicht mehr zu erwarten – so weit die Theorie.[121]

Eine „Anomalie der Agrarmärkte" kann jedoch aus gutem Grund bezweifelt werden, insbesondere angesichts der Erfahrungen mit dem europäischen Agrarmarkt, dessen Überschussproduktion als ein Beweis für die unternehmerische Anpassung des Angebotes der Landwirte an gestiegene und stabile Preis zu interpretieren ist. Die Inelastizität der landwirtschaftlichen Produktion gegenüber Preisveränderungen gilt allenfalls kurzfristig. Mittelfristig führen höhere Preise – zumindest in Europa – durchaus zu einem erhöhten Angebot. Der Umfang und die

---

[119] Eine Ausnahme bilden dabei lediglich die Entwicklungstheoretiker. Vgl. dazu Yujiro Hayami und Vernon W. Ruttan, Agricultural Development. An International Perspective, überarb. und erw. Auflage, Baltimore 1985

[120] Hermann Priebe und Wilhelm Hankel, Der Agrarsektor im Entwicklungsprozess., S. 28.

[121] Hellmuth St. Seidenfus, Sektorale Wirtschaftspolitik, in: Werner Ehrlicher u.a. (Hg.), Kompendium der Volkswirtschaftslehre, Bd. 2, 4. Aufl., Göttingen 1975, S. 206-274.

Geschwindigkeit, mit der die landwirtschaftliche Produktion auf eine Veränderung der Agrarpreise reagieren kann, ist abhängig von dem Entwicklungsstand der
Landwirtschaft. In modernen, hochmechanisierten und auf Marktproduktion aus-
gerichteten Landwirtschaften ist eine Ausweitung der Produktion mit hohen Kosten verbunden, also kurzfristig kaum zu erwarten. Anders ist dies in der mit traditionellen Methoden betriebenen Landwirtschaft. Hier ist eine rasche Ausdehnung
der Produktion vor allem deshalb denkbar, weil ohne zusätzliche Kosten allein
durch die Mehrarbeit der Bauern die Produktion erhöht werden kann und durch
die Möglichkeit des Verkaufs des produzierten Überschusses ein Anreiz zur
Mehrproduktion geschaffen werden kann. *„Alles spricht dafür, dass die Ange-
botselastizität der traditionellen arbeitsintensiven Landwirtschaft hoch ist
[...]."*[122]

Tabelle 8:Preiselastizitäten des Angebots von Agrarproduktion in ausgewählten Entwicklungsländern

Region	Produkt	Zeitraum	Preiselastizität	
			kurzfristig	langfristig
Panschab	Reis	1914-1945	0,31	0,59
Philippinen	Reis	1954-1964	0,13 - 0,22	0,15 - 0,6
Indonesien	Reis	1951-1962	0,30	—
Indien	Baumwolle	1922-1923	0,59	1,08
Indien	Baumwolle	1948-1963	0,64	1,33
Ägypten	Baumwolle	1913-1937	0,40	—
Panschab	Weizen	1914-1943	0,08	0,14
Panschab	Zuckerrohr	1915-1943	0,34	0,60
Indien	Jute	1911-1938	0,46	0,73

Quelle: D. Gale Johnson, World Agriculture in Disarray, London 1973, S. 115.

Es zeigen sich sowohl für Nahrungsmittel als auch bei den Rohstoffen im Angebot beachtliche Reaktionen auf Preisveränderungen, die z. B. bei Baumwolle
größer als eins sein können.

---

[122]   Hermann Priebe und Wilhelm Hankel, Der Agrarsektor im Entwicklungsprozess, S. 47.

Die Geringschätzung des Agrarsektors wird auch in den spezifischen Modellkonstruktionen der modernen ökonomischen Theorie deutlich. Zumeist handelt es sich bei den Modellen um Konstruktionen, die auf eine sektorale Disaggregation der Wirtschaft verzichten, und falls eine solche vorgenommen wird, beschränkt sich diese auf eine Unterscheidung von Konsumgütersektor und Produktionsgütersektor oder von primärem, sekundärem und tertiärem Sektor. Eine explizite Berücksichtigung der Landwirtschaft, ihrer besonderen Produktionsbedingungen und ihrer Verflechtungen mit dem industriellen Sektor ist nur sehr selten zu beobachten.

Gänzlich anders stellt sich jedoch die Sachlage dar bei der Betrachtung einer vorindustriellen Gesellschaft, in der die Landwirtschaft der dominierende Sektor ist. Auch wenn im Verlauf des Entwicklungsprozesses einer Volkswirtschaft die gesamtwirtschaftliche Bedeutung des Agrarsektors deutlich hinter der des Industriesektors zurückbleibt, beinhaltet dieser sektorale Strukturwandel ein weiterhin deutliches absolutes Wachstum der landwirtschaftlichen Gesamtproduktion. Es kommt also lediglich zu einem *relativen* Rückgang der Bedeutung des Agrarsektors. Das damit einhergehende, im Vergleich zur Expansion des industriellen Sektors geringere Wachstum der Landwirtschaft mag den Eindruck erwecken, dass die Landwirtschaft auf die industrielle Entwicklung eines Landes nur einen geringen und dazu abnehmenden Einfluss nimmt. Anders stellt sich der Befund jedoch bei einer Untersuchung der Entstehungsbedingungen der modernen Industriegesellschaften dar. Wird nach den Ursachen der industriellen Expansion gefragt, so tritt allein schon deshalb der Agrarsektor in das Zentrum der Betrachtung, weil dieser in den meisten Ländern am Vorabend der Industrialisierung mehr als 80 v.H. der Wertschöpfung und der Beschäftigungsmöglichkeiten eines Landes bereitstellte.

Im Zusammenhang mit der Analyse der Ursachen der Industrialisierung der westeuropäischen Länder stellt sich die Frage, ob die Landwirtschaft für den Entwicklungsprozess nur als unterstützender Faktor durch die Bereitstellung von Arbeitskräften und anderen Ressourcen fungierte, oder ob gar eine „Agrarrevolution" eine notwendige Voraussetzung für die industrielle Entwicklung darstellt.

Zahlreiche Wirtschaftshistoriker weisen immer wieder auf die Bedeutung der Veränderungen in der Landwirtschaft für den Industrialisierungsprozess hin und behaupten zum Teil sogar, dass die revolutionären Veränderungen der landwirtschaftlichen Produktivität eine notwendige Bedingung für einen erfolgreichen industriellen Aufschwung gewesen seien.[123] Für die britische Entwicklung sei zum Beispiel entscheidend gewesen, dass die landwirtschaftlichen Produktionseinheiten in wirtschaftlicher Größe konsolidiert wurden und es zu einer Ausweitung der landwirtschaftlichen Anbaufläche kam. Weitere wichtige Einflussfaktoren seien die Aufhebung der Subsistenzwirtschaft zugunsten einer Marktproduktion mittels Lohnarbeit und die deutliche Steigerung der landwirtschaftlichen Produktivität gewesen.[124] Die Beiträge der Landwirtschaft zur Industrialisierung Großbritanniens lassen sich drei Bereichen zuordnen: Durch die Ausdehnung der Nahrungsmittelproduktion wurde es möglich, die rasch wachsende Bevölkerung insbesondere in den neuen industriellen Zentren zu ernähren. Eine erhöhte Agrarproduktion führte zu einem Anstieg der landwirtschaftlichen Einkommen, die eine verstärkte Nachfrage nach britischen Industriegütern ermöglichten. Ersparnisse in der Landwirtschaft stellten einen wesentlichen Anteil des Kapitals zur Verfügung, das zur Finanzierung der industriellen Expansion nötig war.

Insgesamt können also vom Agrarsektor eine Reihe das industrielle Wachstum fördernde Effekte ausgehen:[125] Zunächst einmal kann in agrarisch geprägten Volkswirtschaften nur die Landwirtschaft die in einem wachsenden Industriesektor benötigten Arbeitskräfte bereitstellen. Allerdings tritt dabei das Problem auf, dass diese Arbeitskräfte für den industriellen Einsatz häufig nur unzureichend qualifiziert sind. Darüber hinaus kann die landwirtschaftliche Produktion relativ kurzfristig mit einem nur geringen Kapitaleinsatz deutlich angehoben werden. Eine erhöhte Agrarproduktion ist notwendig, um die steigende Nachfrage nach Nahrungsmitteln und Rohstoffen, die mit dem wirtschaftlichen Wachstum verbunden ist, zu befriedigen. Die erhöhte Nachfrage beruht einerseits auf einer zunehmenden Bevölkerung und andererseits auf einer hohen Einkommenselastizität der Agrarnachfrage in landwirtschaftlich geprägten Gesellschaften, weil dort steigende Einkommen unmittelbar zu erhöhter Nachfrage nach Nahrungsmitteln führen. Drittens wird zur Steigerung der Produktivität im Agrarsektor nur relativ wenig Kapital benötigt.

Deswegen vermag die Landwirtschaft einen Nettobeitrag zur Kapitalbildung in Infrastruktur und Industrie zu leisten, zumal in vorindustriellen Gesellschaften

---

[123] Walt Rostow, Stadien wirtschaftlichen Wachstums, S. 38ff.; Jonathan D. Chambers und Gordon E. Mingay, The Agricultural Revolution 1750–1880, London 1966.

[124] Phyllis Deane, The First Industrial Revolution, S. 36 f.

[125] Vgl. dazu auch Yujiro Hayami und Vernon W. Ruttan, Agricultural Development.

häufig über sechzig Prozent des Gesamteinkommens im Agrarsektor erwirtschaftet wird. Eine erhöhte Agrarproduktion reduziert außerdem den Bedarf an Nahrungsmittelimporten und ermöglicht eventuell sogar entsprechende Exporte. Agrarexporte steigern die inländischen Einkommen und dienen zugleich der Beschaffung dringend erforderlicher Devisen. Schließlich führen steigende Einkommen in der Landwirtschaft über eine Erhöhung der gesamtwirtschaftlichen Nachfrage zu einer Zunahme der Nachfrage nach Industriegütern.[126] Hinzu kommt, dass unternehmerische Talente, die eine industrielle Expansion möglich machen, in der Regel knapp sind, während das Wachstum der Landwirtschaft zunächst im Rahmen der vertrauten Strukturen ohne neue unternehmerische Talente erfolgen kann. Darüber hinaus ist landwirtschaftliches Wachstum auch ohne zusätzliche Investitionen in Infrastruktur (Häuser, Straßen, Gesundheitswesen etc.) möglich. Nicht zuletzt sind strukturelle Reformen als Voraussetzung für eine industrielle Expansion, wie zum Beispiel eine Agrarreform, in einem frühen Entwicklungsstadium der Wirtschaft angesichts noch recht geringer Widerstände am ehesten politisch durchsetzbar. Überdies lässt sich in einem Agrarland ein modernes, personenbezogenes Steuersystem wegen der zunächst geringen Steuerwirkungen relativ leicht einführen.

Hinsichtlich der Entstehungsbedingungen der Industriellen Revolution in England wird immer wieder darauf hingewiesen, dass möglicherweise eine „Agrarrevolution" dieser Industriellen Revolution erst vorausgehen musste.[127] Die Ursachen für die Umgestaltung der englischen Landwirtschaft nach 1750 mit ihren weitreichenden Konsequenzen werden vor allem in einer verbesserten Agrartechnologie und in einer Umwandlung der Agrarstruktur vermutet. Technische und organisatorische Neuerungen führten zu einer Intensivierung des Ackerbaus und zu einer Ausweitung der Dauer der Bodennutzung. Die sogenannten „Einhegungen" bewirkten eine Klärung der Eigentumsverhältnisse an Grund und Boden und ermöglichten eine Kommerzialisierung der Landwirtschaft in England.[128]

Ob ähnlich wie in England auch in Deutschland eine Agrarrevolution zu beobachten war, die der eigentlichen Industrialisierung vorausging, ist umstritten.

---

[126]   Ebd., S. 36-40.

[127]   Paul Bairoch, Die Landwirtschaft und die Industrielle Revolution 1700–1914, in: Carlo M. Cipolla und Knut Borchardt (Hg.), Europäische Wirtschaftsgeschichte, Bd. 3: Die Industrielle Revolution, Stuttgart, New York 1976, S. 297-332.

[128]   Peter Mathias, The First Industrial Nation, S. 37-57.

Allgemeinhistoriker neigen dazu, eine vergleichbare Entwicklung anzunehmen, während Agrarhistoriker mit dem Hinweis auf die regionale Vielfalt der deutschen Verhältnisse vor einer Übertragung des englischen Modells warnen.[129] Unzweifelhaft bleibt jedoch, dass die Agrarreformen in den deutschen Territorien, die dort seit Beginn des 19. Jahrhunderts vorgenommen wurden, wesentlich an der Schaffung der Voraussetzungen für eine Industrialisierung Deutschlands beteiligt waren. Wenn auch die verbreitete Sicht, dass sich die Landwirtschaft im Rahmen einer Agrarrevolution als Führungssektor der Industrialisierung etabliert, abgelehnt werden muss, so gilt doch, dass die Expansion der Landwirtschaft die Industrialisierung entscheidend unterstützen kann und muss.[130] Dieser Zusammenhang kann auch für Deutschland vermutet werden, wo zu Beginn des 19. Jahrhunderts eine Ausdehnung der Anbaufläche auf Kosten der Brache erfolgte und aufgrund der Freisetzung der feudal gebundenen Arbeitskräfte ein Anstieg der Arbeitsproduktivität zu verzeichnen war.[131]

Der Rückgang der Brache in Deutschland ist vor allem auf den Übergang von der Dreifelder- zur Fruchtwechselwirtschaft zurückzuführen. Bei einem gleichbleibenden Anteil der für den Getreideanbau genutzten Ackerflächen von etwa 60 v.H. konnte der Anteil der für den Hackfruchtanbau verwendeten Flächen von gut 2 v.H. auf 20 v.H. fast verzehnfacht werden; die Anteile der Anbauflächen für Hackfrüchte an der gesamten Ackerfläche wuchsen im gleichen Zeitraum von knapp 4 v.H. auf knapp 12 v.H. Der Anteil der Brache an den Ackerflächen sank hingegen von 25 v.H. im Jahr 1800 auf 2,6 v.H. im Jahr 1913. Diese Entwicklung ging einher mit einer Erweiterung der landwirtschaftlichen Nutzfläche in Deutschland insgesamt, weil nun große Teile des Ödlandes, das 1800 immerhin noch 13,6 v.H. der Gesamtfläche ausmachte, mit in die Bebauung einbezogen wurden. 1913 war daher kaum noch Ödland vorhanden. Auch die Arbeitsproduktivität in der

---

[129] Toni Pierenkemper, Englische Agrarrevolution und preußisch-deutsche Agrarreformen in vergleichender Perspektive, in: Ders. (Hg.), Landwirtschaft und industrielle Entwicklung. Zur ökonomischen Bedeutung von Bauernbefreiung, Agrarreform u. Agrarrevolution, Stuttgart 1989, S. 7-25; J. A. Perkins, ., The Agricultural Revolution in Germany 1850-1914, in: Journal of European Economic History 10 (1981), H. 1, S. 71-118.

[130] Mogens Boserup Agrarstruktur und Take-off, in: Rudolf Braun u. a. (Hg.), Industrielle Revolution – Wirtschaftliche Aspekte (Neue Wissenschaftliche Bibliothek Geschichte, Bd. 50), Köln, Berlin 1972, S. 309-330.

[131] Walther G. Hoffmann, Der wirtschaftliche Aufstieg in Deutschland, in: Werner Abelshauser und Dietmar Petzina (Hg.), Deutsche Wirtschaftsgeschichte im Industriezeitalter. Konjunktur, Krise, Wachstum, Königstein/Ts. 1981, S. 144-168.

Landwirtschaft stieg nach der Bauernbefreiung in Deutschland stark an und wies während des gesamten 19. Jahrhunderts eine jährliche Steigerungsrate von deutlich über einem Prozentpunkt auf.

Die Expansion der deutschen Landwirtschaft im 19. Jahrhundert erfolgte in drei deutlich voneinander zu unterscheidenden Phasen: Zwischen 1800 und 1861/65 erlebte die Landwirtschaft eine Phase extensiven Wachstums mit durchschnittlichen jährlichen Wachstumsraten der landwirtschaftlichen Produktion von 1,9 v.H., die gelegentlich von kurzfristigen Krisen und Missernten unterbrochen wurde. 1861/65 bis 1890 stellte sich eine relative Stagnation der landwirtschaftlichen Produktion ein mit einer durchschnittlichen Wachstumsrate von 0,7 v.H. pro Jahr. Zwischen 1890 und 1913 fand ein intensives Wachstum statt, das jährliche Wachstumsraten von durchschnittlich 2,0 v.H. generierte.

Insgesamt bestätigt also die Wirtschaftsgeschichte der europäischen Staaten die Vermutung, dass gerade in der frühen Phase der Industrialisierung die Landwirtschaft eine überragende Rolle für das gesamtwirtschaftliche Wachstum spielte. Man ist daher gut beraten bei einer produktionstheoretisch orientierten Analyse der Entwicklung der Wohlfahrt in den europäischen Staaten den Produktionsfaktor „Boden" angemessen zu reflektieren. Dies gilt natürlich auch für den zweiten wesentlichen Produktionsfaktor, den Faktor „Arbeit".

2. Bevölkerung und Arbeitskraft

Die Bevölkerung einer Volkswirtschaft und deren Arbeitskraft üben einen ganz wesentlichen Einfluss auf die industrielle Entwicklung eines Landes aus, der in der makroökonomischen Theorie schlicht als Faktor „Arbeit" Berücksichtigung findet. Der Zusammenhang zwischen dem Umfang der Bevölkerung und der Industrialisierung bzw. dem wirtschaftlichen Wachstum ist jedoch nicht eindeutig. Entsprechend unterliegt die Einschätzung der Bedeutung des Bevölkerungswachstums zeitlichen Schwankungen und wird von den wirtschaftswissenschaftlichen Autoren ökonomischer Werke unterschiedlich beurteilt.

Während des Merkantilismus im 17. Jahrhundert überwog eine insgesamt positive Sicht der Bevölkerungsentwicklung. Menschen wurden ökonomisch vor allem als eine Ressource betrachtet, und ihre Vermehrung schien damit zwangsläufig die gesellschaftliche Wohlfahrt zu erhöhen. Je dichter ein Land bevölkert

war, um so eher erschien das Ernährungsproblem als lösbare Aufgabe. Eine Überbevölkerung befürchteten die Merkantilisten nicht, da sie annahmen, dass mit
wachsender Arbeitskraft auch der Ernährungsüberschuss zunehmen würde (Jakob
Friedrich von Bielefeld, 1760). Generell habe eine wachsende Gesellschaft größere Bedürfnisse und generiere dadurch zwangsläufig vielfältigere Erzeugnisse, die
den Stand der Zivilisation anheben (Joseph von Sonnenfels, 1765/66).[132]

Diese positive Sichtweise im Hinblick auf die Bevölkerungsdichte wandelte
sich im Laufe des 18. Jahrhunderts allmählich angesichts der um sich greifenden
Not einer wachsenden Bevölkerung. Thomas Robert Malthus postulierte in sei-
nem berühmten Bevölkerungsgesetz einen negativen Zusammenhang zwischen
Bevölkerungswachstum und Nahrungsmittelspielraum, nachdem bereits David
Hume und auch Adam Smith auf die Folgen ungebremsten Bevölkerungswachstums hingewiesen hatten. Nach Auffassung von Malthus folgt das Wachstum der
Bevölkerung einer geometrischen Reihe, erfolgt also gemäß einer quadratischen
Funktion, während die Expansion der Nahrungsmittelproduktion nur gemäß einer
arithmetischen Reihe, also linear, möglich ist. Obwohl Malthus in seinem „Essay"
(erste Ausgabe 1798, zweite, wesentlich revidierte Auflage 1803) zahlreiche zeitgenössische Bevölkerungsstatistiken verschiedener Länder anführte, beruhte sein
Bevölkerungsgesetz nicht auf einer empirisch begründeten Theorie, sondern es
handelte sich dabei um eine spekulative Vermutung, die inzwischen weitgehend
widerlegt werden konnte. Dennoch hat das Bevölkerungsgesetz über viele Jahrzehnte die Vorstellungen über die Bevölkerungsentwicklung bestimmt.[133]

Heute ist die Wirkung des Bevölkerungswachstums auf die Wirtschaftsentwicklung umstritten. Einerseits trägt das Wachstum der Bevölkerung zweifellos
zu einer Erhöhung der produktiven Inputs einer Volkswirtschaft durch die Bereitstellung zusätzlichen Arbeitskräftepotentials bei, andererseits wird damit zugleich
die Verfügbarkeit lebensnotwendiger Ressourcen für die Individuen eingeschränkt. Auch bietet eine gewachsene Bevölkerung größere Absatzmöglichkeiten
für die hergestellten Produkte und damit einen Anreiz zur Ausdehnung der Produktion. Die Gesamtwirkung der verschiedenen Effekte einer wachsenden Bevöl-

---

[132] Erhard Dittrich, Die deutschen und österreichischen Kameralisten, Darmstadt 1974, S. 97 und
S. 110.

[133] Alfred E. Ott und Harald Winkel, Geschichte der theoretischen Volkswirtschaftslehre, S. 89-
91.

kerung sind offenbar von vornherein nicht eindeutig. Eine differenzierte Betrachtung dieses Zusammenhangs erscheint daher unabweislich.

Schaubild 8: „Bevölkerungswelle" nach Gerhard Mackenroth

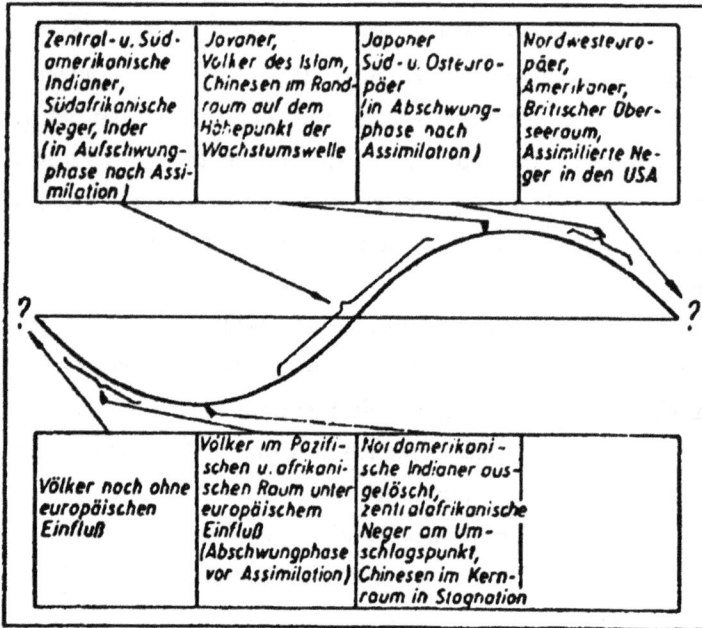

| Zentral- u. Süd-amerikanische Indianer, Südafrikanische Neger, Inder (in Aufschwungphase nach Assimilation) | Javaner, Völker des Islam, Chinesen im Randraum auf dem Höhepunkt der Wachstumswelle | Japaner Süd- u. Osteuropäer (in Abschwungphase nach Assimilation) | Nordwesteuropäer, Amerikaner, Britischer Überseeraum, Assimilierte Neger in den USA |

?   ?

| Völker noch ohne europäischen Einfluß | Völker im Pazifischen u. afrikanischen Raum unter europäischem Einfluß (Abschwungphase vor Assimilation) | Nordamerikanische Indianer ausgelöscht, zentralafrikanische Neger am Umschlagpunkt, Chinesen im Kernraum in Stagnation |

Quelle: Gerhard Mackenroth, Bevölkerungslehre. Theorie, Soziologie und Statistik der Bevölkerung, Berlin u.a. 1953, S. 334.

Zunächst einmal ist es wichtig, den Stand der ökonomischen Entwicklung und die bereits erreichte Bevölkerungsdichte zu berücksichtigen. Diesbezüglich unterschiedlich konditionierte Gesellschaften zeigen verschiedene „Bevölkerungsweisen",[134] wie Gerhard Mackenroth diesen Zusammenhang benennt. Er hat einige dieser Bevölkerungsweisen in einer sogenannten „Bevölkerungswelle" einander zugeordnet und mit dem Entwicklungsstand der jeweiligen Gesellschaften in Beziehung gesetzt. Demnach sind „Urvölker" nach Kontaktaufnahme mit der westlichen Zivilisation zunächst mit dem Problem einer schrumpfenden Bevölkerung konfrontiert, mit steigendem Entwicklungsgrad kommt diese Kontraktion der Be-

---

[134]   Gerhard Mackenroth, Bevölkerungslehre. Theorie, Soziologie und Statistik der Bevölkerung, Berlin u.a. 1953.

völkerung langsam zum Stillstand, ehe sie in ein allmähliches Wachstum umschlägt. Das Bevölkerungswachstum beschleunigt sich dann, bis es beim Übergang zur modernen Kultur und Wirtschaft einen Höhepunkt erreicht, nach dessen Überschreiten wiederum ein Abschwächen zu beobachten ist, was möglicherweise auf eine Stabilisierung der Bevölkerung auf einem bestimmten Niveau hindeutet.

Schaubild 9: Schema des „demographischen Übergangs"

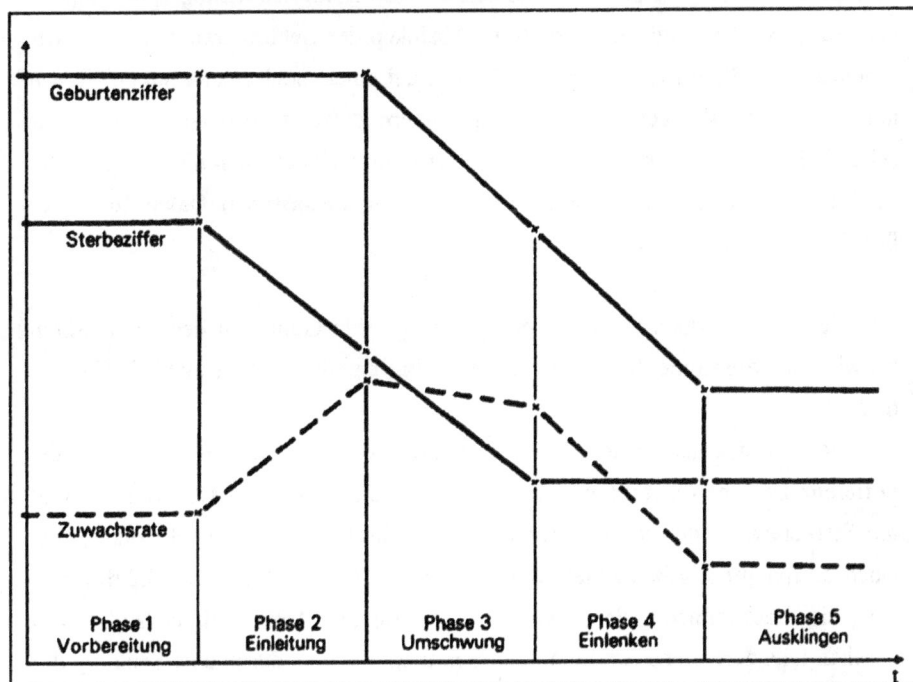

| | Phase 1 Vorbereitung | Phase 2 Einleitung | Phase 3 Umschwung | Phase 4 Einlenken | Phase 5 Ausklingen |

Anmerkungen:　Phase 1: hohe Geburtenziffer, hohe Sterbeziffer, moderate Zuwachsrate
Phase 2: hohe Geburtenziffer, sinkende Sterbeziffer, wachsende Zuwachsrate
Phase 3: sinkende Geburtenziffer, sinkende Sterbeziffer, hohe, leicht abfallende Zuwachsrate
Phase 4: sinkende Geburtenziffer, geringe Sterbeziffer, sinkende Zuwachsrate
Phase 5: geringe Geburtenziffer, geringe Sterbeziffer, moderate Zuwachsrate

Quelle: Rainer Mackensen, Entwicklung und Situation der Erdbevölkerung, in: Ders. und Heinz Wewer (Hg.), Dynamik der Bevölkerungsentwicklung. Strukturen – Bedingungen – Folgen, München 1973, S. 20-39, hier S. 32.

Wie sich eine derartige Bevölkerungsweise verändern kann, wird durch das „Modell des demographischen Übergangs" veranschaulicht (vgl. Schaubild 9): Die „vorindustrielle Bevölkerungsweise" ist gekennzeichnet durch eine hohe Geburtenzahl bei gleichzeitig hohen Sterbeziffern und durch eine dementsprechend geringe durchschnittliche Lebenserwartung. Der demographische Übergang führt zu einer „industriellen Bevölkerungsweise" mit wenigen Geburten und Sterbefällen und folglich einer hohen durchschnittlichen Lebenserwartung. Er ließ sich seit 1750 in den heutigen europäischen Industriestaaten beobachten und fand damit nahezu zeitgleich mit der Industriellen Revolution statt.

Die empirische Entwicklung der Bevölkerungszahlen in England unterscheidet sich ein wenig von dem allgemeinen Modellverlauf des demographischen Übergangs, weil für England ein späteres Absinken der Geburtenrate und eine zwischenzeitliche Stabilisierung der Sterbeziffer auf einem noch relativ hohen Niveau angenommen wird. Auch der in anderen Ländern jeweils zu beobachtende empirische Verlauf von Geburten- und Sterbeziffern fügt sich natürlich nicht vollständig in das abstrakte Schema, wie zum Beispiel die historischen Daten für Preußen/Deutschland seit 1810 zeigen.

Dies ändert jedoch nichts an der grundlegenden Gültigkeit des unterstellten Entwicklungszusammenhanges zwischen Geburtenrate und Sterblichkeit (Schaubild 10).

Die Rate des natürlichen Bevölkerungszuwachses ist determiniert durch die Differenz zwischen Geburten und Todesfällen, d.h. durch die Geburtenrate und die Sterberate. In den vormodernen Agrargesellschaften lag das Bevölkerungswachstum langfristig betrachtet bei 0,5 bis 1,0 v.H. pro Jahr. Im 18. Jahrhundert stieg die Wachstumsrate der Bevölkerung in England dann merklich an.[135] Dies geschah teils durch eine Erhöhung der Geburtenrate, teils durch eine Senkung der Sterberate.

---

[135]   Phyllis Deane, The First Industrial Revolution, S. 20-35.

Schaubild 10: Geburten- und Sterberaten in Deutschland, 1810-1970

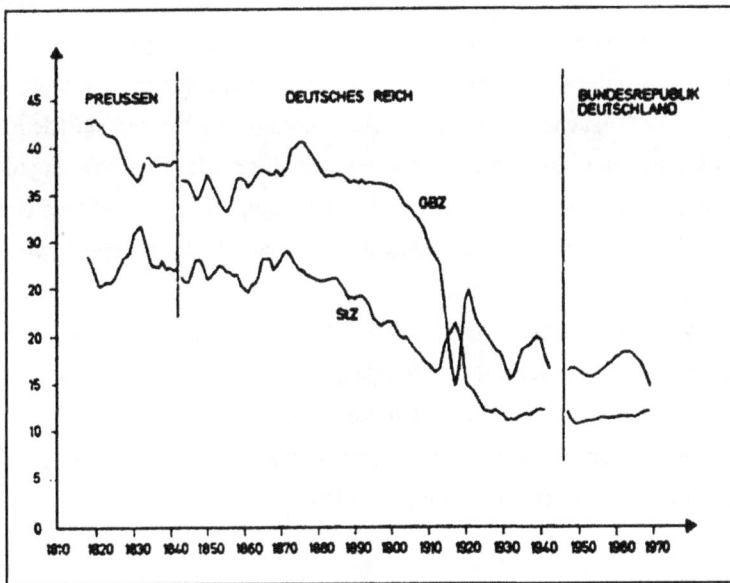

Anmerkungen: Legende: GBZ   = Geburtenziffer in Promille
                          StZ   = Sterbeziffer in Promille

Quelle: Wolfgang Köllmann, Bevölkerung in der industriellen Revolution. Studien zur Bevölkerungsgeschichte Deutschlands (Kritische Studien zur Geschichtswissenschaft 12), Göttingen 1974,
S. 29.

Welche der beiden Größen in welchem Umfang zum Wachstum beitrug, ist
umstritten, was nicht zuletzt auch von der Qualität der historischen Daten abhängt, die größtenteils aus den Pfarrregistern anglikanischer Kirchengemeinden
rekonstruiert werden müssen.[136] Am Ende des 18. Jahrhunderts waren die Wirkungen der Veränderungen von Geburten- und Sterberate jedenfalls so groß, dass
von einer demographischen Revolution gesprochen werden kann. Einen wesentlichen Beitrag zur Erklärung dieses Ergebnisses liefert die Tatsache, dass es in England während des 18. Jahrhunderts zu wesentlichen Verbesserungen der medizini-
schen und hygienischen Lebensumstände gekommen war, die zu einem Rückgang
der allgemeinen Sterblichkeit führten. Zugleich erhöhten steigende Einkommen
und neue Erwerbschancen die Heiratshäufigkeit und senkten das durchschnittliche

---

[136]   Michael Drake, Editor's Introduction, in: Ders. (Hg.), Population in Industrialization, London
        1969, S. 1-10.

Heiratsalter, was zu einer steigenden Geburtenrate führte. Über den Umfang, in dem sich diese beiden zentralen statistischen Größen verändert haben, hat es eine umfangreiche Kontroverse in der britischen Historiographie gegeben, und die Frage, ob es letztlich die steigende Geburtenrate oder die sinkende Sterberate war, die als eigentliche Ursache des enormen Bevölkerungswachstums seit dem 18. Jahrhundert anzusehen sei, bleibt bis heute unbeantwortet. Das Ergebnis ist jedoch unbestreitbar und eindeutig und passt sich langfristig in die „Theorie" des demographischen Übergangs ein: Die Bevölkerung Englands hatte innerhalb weniger Generationen gewaltig zugenommen.

Ähnlich, wenn auch zeitversetzt, vollzog sich die Entwicklung in Deutschland. Bereits im frühen 19. Jahrhundert zeigte sich hier eine Tendenz zu sinkender Sterblichkeit, während sich die Geburtenrate zunächst kaum veränderte.[137] Die einzelnen Komponenten der Bevölkerungsentwicklung sind seit den 1840er Jahren gut dokumentiert und vermitteln folgendes Bild:

---

[137] Peter Marschalck, Bevölkerungsgeschichte Deutschlands im 19. und 20. Jahrhundert, Frankfurt a. M. 1984, S. 15-20; Gerd Hohorst, Bevölkerungsentwicklung und Wirtschaftswachstum als historischer Entwicklungsprozeß demo-ökonomischer Systeme, in: Rainer Mackensen und Heinz Wewer (Hg.), Dynamik der Bevölkerungsentwicklung. Strukturen – Bedingungen – Folgen, 2. Aufl., München 1974, S. 91-118; André Armengaud, Die Bevölkerung Europas von 1700-1914, in: Carlo M. Cipolla und Knut Borchardt (Hg.), Bevölkerungsgeschichte Europas. Mittelalter bis Neuzeit, München 1971, S. 123-179.

Tabelle 9: Komponenten der Bevölkerungsentwicklung in Deutschland (1841-1970)

Jahr	Geburtenziffer	Sterbeziffer	Geburtenüberschuss
1841	36,6	26,3	10,3
1846	36,1	27,3	8,8
1851	37,0	25,1	11,9
1856	33,7	25,3	8,4
1861	35,7	25,6	10,1
1866	38,1	30,8	7,3
1871	34,7	29,5	5,2
1876	40,9	26,3	14,6
1881	37,0	25,5	11,6
1886	37,1	26,6	10,9
1891	37,0	23,4	13,6
1896	36,3	20,8	15,5
1901	35,7	20,7	15,1
1906	33,1	18,2	14,9
1911	28,6	17,3	11,3
1916	15,2	19,2	-4,0
1921	25,3	13,9	11,4
1926	19,5	11,7	7,9
1931	16,0	11,2	4,7
1935	19,0	11,8	7,2
1941*	18,6	12,0	6,6
1950/54	15,8	10,8	5,0
1955/59	16,5	11,2	5,3
1960/64	18,0	11,4	6,6
1965/69	16,6	11,8	4,8

* 1941 ohne Sterbefälle von Wehrmachtsangehörigen

Quellen: 1841-1871: Wolfram Fischer, Jochen Krengel und Jutta Wietog, Sozialgeschichtliches Arbeitsbuch I. Materialien zur Statistik des Deutschen Bundes 1815-1870, München 1982, S. 25.

1871-1911: Gerd Hohorst, Jürgen Kocka und Gerhard Ritter, Sozialgeschichtliches Arbeitsbuch II: Materialien zur Statistik des Kaiserreichs 1870-1914, München 1975, S. 29f.

1916-1970: Werner Abelshauser, Anselm Faust und Dietmar Petzina, Sozialgeschichtliches Arbeitsbuch III. Materialien zur Statistik des Deutschen Reiches 1914-1945, München 1978, S. 32.

Im Ergebnis zeigt sich auch in Deutschland ein außerordentliches Wachstum der Bevölkerung mit einer Vervielfachung der Bevölkerungszahl innerhalb nur weniger Generationen. Und diese stark gewachsene Bevölkerung suchte nach Arbeit und Brot, das innerhalb der vertrauten, agrarisch geprägten Lebensformen nicht in ausreichendem Maße aufzubringen war. Die Situation verschärfte sich zunehmend, und große Teile der Bevölkerung fielen in die Krise des Pauperismus[138] in den 1830er und 1840er Jahren einer weitgehenden Verelendung anheim. Bis zum Beginn des 19. Jahrhunderts hatte die Bevölkerung in den später zum Deutschen Reich zählenden Territorien bei knapp unter 20 Mio. Personen gelegen, mit Bevölkerungsverlusten im 17. Jahrhundert und weiteren säkularen Schwankungen.[139] Erst zu Beginn des 19. Jahrhunderts wurde die Schranke von 20. Mio. Einwohnern dauerhaft überschritten und die Bevölkerungszahl in Deutschland verdreifachte sich dann im Laufe nur einen Jahrhunderts – in England wuchs sie sogar noch stärker an.

Tabelle 10: Bevölkerungsentwicklung in Deutschland und England (und Wales) 1800/01 bis 1911/13 (in Mio. Personen)

Jahr	Deutschland (Grenzen von 1871)	England (und Wales)
1800/01	23,0	8,9
1810/11	24,4	10,2
1820/21	26,3	12,0
1830/31	29,5	13,9
1840/41	32,6	15,9
1850/51	35,3	17,9
1860/61	37,6	20,1
1870/71	40,8	22,7
1880/81	45,1	26,0
1890/91	49,2	29,0
1900/01	56,0	32,5
1911/13	66,9	36,1

Quelle: Deutschland: Friedrich-Wilhelm Henning, Handbuch der Wirtschafts- und Sozialgeschichte Deutschlands, Bd. 2: Deutsche Wirtschafts- und Sozialgeschichte im 19. Jahrhundert, Paderborn 1996, S. 772, sowie Walther G. Hoffmann, Das Wachstum der deutschen Wirtschaft seit der Mitte des 19. Jahrhunderts, Berlin u.a. 1965, S. 172.
England und Wales: Robert J. Woods, The population of Britain in the nineteenth century, in: Michael Anderson (Hg.), British Population History From the Black Death to the Present Day, Cambridge 1996, S. 298.

---

[138]   Von lateinisch pauper = arm, bedürftig. Bezeichnet die ländliche Massenverelendung durch das rapide Bevölkerungswachstum im 19. Jahrhundert vor dem Einsetzen der Industrialisierung. Vgl. dazu Werner Conze, Vom "Pöbel" zum "Proletariat". Sozialgeschichtliche Voraussetzungen für den Sozialismus in Deutschland, in: Vierteljahrschrift für Sozial- und Wirtschaftsgeschichte 41 (1954), S. 333-364

[139]   Vgl. zu unterschiedlichen Schätzungen zur Bevölkerungsentwicklung in Deutschland zwischen 1600 und 1800 Christof Dipper, Deutsche Geschichte 1648-1789, Frankfurt 1991, S. 4.

Der Bevölkerungszuwachs bedingte zugleich auch eine Erweiterung der ökonomischen Ressourcen der Gesellschaft um ein zusätzliches Arbeitskräftepotenzial. Dabei ist allerdings zu beachten, dass natürlich nicht die gesamte Bevölkerung als Arbeitskraft zur Verfügung stand. Deshalb gilt es, die Bevölkerungsstruktur genauer in den Blick zu nehmen, also die Verteilung der Bevölkerung auf Geschlechter, Altersklassen etc. zu analysieren. Aber nicht nur derartige biologische Sachverhalte, sondern auch soziale, wie z.B. die Verbreitung von Frauenerwerbstätigkeit oder Regelungen über die Dauer der Lebensarbeitszeit müssen bei der Bestimmung des Erwerbspotentials einer Volkswirtschaft Beachtung finden. Gleiches gilt für Verbrauchsgewohnheiten, Bedürfnisse usw.

Die Altersstruktur der deutschen Bevölkerung zeigt im Laufe des letzten Jahrhunderts eine typische Veränderung, die auf die Beschleunigung des Bevölkerungswachstums zurückzuführen ist. Stark wachsende Bevölkerungen zeigen eine kegelförmige Altersschichtung mit zahlreichen jungen Menschen als Basis des Kegels, die sich von Jahr zu Jahr weiter verbreitert. Mit zunehmendem Alter verringert sich die Zahl der Angehörigen einer Altersgruppe gemäß der natürlichen Sterblichkeit allmählich, und bei einem Alter von ca. 80 Jahren verschwinden die Altersgruppen gänzlich. Diesem Bild entsprach die Altersstruktur der deutschen Gesellschaft an der Wende zum 20. Jahrhundert recht genau, und es ist anzunehmen, dass dies im 19. Jahrhundert ebenfalls der Fall gewesen ist. Mit dem deutlichen Absinken der Geburtenrate zu Beginn des 20. Jahrhunderts nahm dann die Altersstruktur der Bevölkerung eine andere Form an. Nun stagnierten die Zahlen der Neugeborenen und Altersjahrgänge gleicher Stärke folgten aufeinander, so dass die Basis des Kegels sozusagen senkrecht abgeschnitten wurde. Als Konsequenz daraus ergab sich eine relative Verminderung des jungen und eine Steigerung des älteren Bevölkerungsanteils in der Gesellschaft. Diese Entwicklung setzte sich bis zur Mitte des 20. Jahrhunderts fort, wie die folgende Abbildung 11 sichtbar werden lässt.

Schaubild 11: Die Altersstruktur der deutschen Bevölkerung 1910, 1925, 1950 und 1980

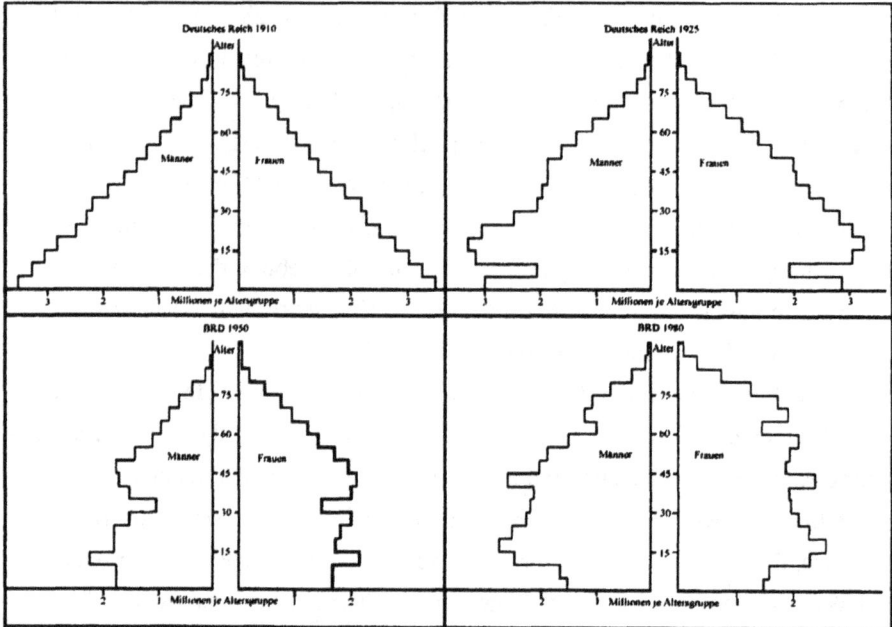

Quelle: Peter Marschalck, Bevölkerungsgeschichte Deutschlands im 19. und 20. Jahrhundert, Frankfurt a. M. 1984, S. 187.

Daneben spiegelt die Altersgliederung der deutschen Bevölkerung auch die Wirkungen exogener Schocks auf die Bevölkerung wider. Der Erste Weltkrieg mit Kriegstoten und Geburtenausfällen, die Geburtenrückgänge infolge der Weltwirtschaftskrise sowie die Kriegstoten und Geburtenausfälle des Zweiten Weltkriegs sind deutlich zu erkennen. In der zweiten Hälfte des 20. Jahrhunderts ereignete sich ein erneuter Wandel im generativen Verhalten der deutschen Bevölkerung. Nunmehr nimmt die Geburtenrate deutlich ab, so dass eine sinkende Zahl an Neugeborenen zu verzeichnen ist. Dies führt dazu, dass sich der Anteil der jüngeren Menschen in der Gesellschaft langfristig deutlich verringert und eine Überalterung der deutschen Bevölkerung sich abzuzeichnen beginnt. Die Form der Altersstruktur lässt sich in stilisierter Form als Wandel von einer Pyramide über einen Tannenbaum hin zu einem Pilz beschreiben. Die Veränderungen in der zukünftig zu erwartenden Altersstruktur der deutschen Bevölkerung lassen sich relativ genau prognostizieren, weil z. B. der größte Teil der Bevölkerung von 2030 bereits lebt und der natürliche Zuwachs nur aus dieser heraus geboren wer-

den kann. Für 2030 muss eine deutlich geminderte westdeutsche Bevölkerungszahl (42 Millionen gegenüber 54,6 Millionen im Jahre 2000) und ein deutlich höherer Anteil der älteren Jahrgänge erwartet werden.

Schaubild 12: Die Altersstruktur der deutschen Bevölkerung 2000 und 2030 (Prognose)

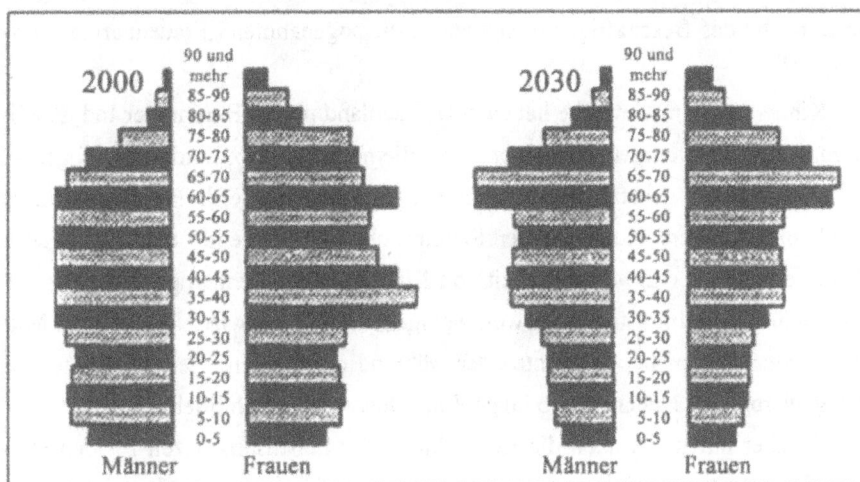

Quelle: Hildegard Rapin, Der Private Haushalt – Daten und Fakten (Reihe Stiftung Der Private
Haushalt, Bd. 9), Frankfurt a. M. 1990, S. 30.

Die Einbeziehung von Frauen in den Arbeitsmarkt wirkt sich ebenfalls auf das
Arbeitspotential einer Gesellschaft aus, ebenso wie der Umfang, in dem Kinderarbeit toleriert wird. Frauen haben auch schon in vorindustriellen Zeiten neben der
Hausarbeit Erwerbsarbeit geleistet. Allerdings geschah dies im Familienverband
und nicht außerhalb des Hauses, so zum Beispiel als Arbeitskräfte im eigenen
landwirtschaftlichen Betrieb, als Mithelfende im Handwerksbetrieb und Kauf-
mannsladen oder als Heimgewerbetreibende im Verlagssystem.[140] Das Neue an
der Frauenarbeit des 19. und 20. Jahrhunderts war also die Erwerbstätigkeit von
Frauen *außerhalb* des eigenen Haushaltes. Dies betraf zunächst in erster Linie die

---

[140] Das Verlagssystem repräsentierte im frühen 19. Jahrhundert die neben dem Handwerk die
häufigste Form gewerblicher Erwerbsarbeit. Dabei wurden heimgewerblich Tätige, vornehmlich in der Textilindustrie, mittels zentraler Händler (Verleger) mit den internationalen Märkten verknüpft. Vgl. dazu knapp Toni Pierenkemper, Gewerbe und Industrie im 19. und 20.
Jahrhundert, S. 14-18 und auch die Ausführungen weiter unten auf S. 150-152 zur
Protoindustrie.

jüngeren Frauen vor ihrer Familienphase, die vorwiegend als weibliche Dienstboten in bürgerlichen Haushalten, als Arbeiterinnen in den neu entstandenen Fabriken, als Verkäuferinnen im stark expandierenden Handelsgewerbe und als Bürohilfskräfte neue Beschäftigungsmöglichkeiten fanden. Zunehmend traten auch verheiratete Frauen hinzu, aufgrund der geringeren Kinderzahlen nun verstärkt auch nach der Familienphase. Dabei sind sie bis heute überwiegend auf nur wenige Bereiche des Beschäftigungssegmentes, die sogenannten „Frauenberufe" festgelegt.[141]

Kinderarbeit im Gewerbe hat es in Deutschland nur zu Beginn der Industrialisierung und in wenigen Bereichen, vor allem in der Textilindustrie, gegeben. Schon bald haben gesetzliche Maßnahmen, wie zum Beispiel in Preußen im Jahre 1839, die strengere Kontrolle der Schulpflicht und steigende qualifikatorische Anforderungen der Erwerbstätigkeit von Kindern enge Grenzen gesetzt. Dies gilt vor allem für die Industrie, aber weit weniger für die Landwirtschaft, wo die Mitarbeit von Kindern bei der Ernte oder während der „stillen" Zeit im Winter für den gewerblichen Nebenerwerb lange Zeit selbstverständlich blieb.[142]

Darüber hinaus ist auch die Entwicklung der Lebensarbeitszeit für den Umfang des Arbeitspotentials von Bedeutung. Hier sind in erster Linie zwei entscheidende Entwicklungstendenzen zu verzeichnen: Zum einen hat sich das Arbeitseintrittsalter durch die verbesserte und verlängerte Schul- und Berufsausbildung, wie auch angesichts des angewachsenen Anteils einer Generation, der ein Hochschulstudium absolviert, für eine große Zahl von Menschen auf jenseits der 20 Jahre erhöht. Andererseits hat auch das sinkende Renteneintrittsalter die Dauer des aktiven Arbeitslebens weiter verkürzt. Lag das Alter für den Rentenbezug in der gesetzlichen Rentenversicherung bei ihrer Einführung am Ende des 19. Jahrhunderts noch bei 70 Jahren, so ist es mittlerweile deutlich unter 60 Jahre abgerutscht.

Diese und zahlreiche weitere Entwicklungen finden ihren statistischen Ausdruck in der gesamtwirtschaftlichen Erwerbsquote als Maß, das über die Einbeziehung der Bevölkerung in das Erwerbsleben Auskunft gibt. Insgesamt betrachtet, zeigt die Erwerbsquote eine bemerkenswerte Stabilität (etwa die Hälfte der

---

[141]   Vgl. dazu Angelika Willms, Die Entstehung der Frauenerwerbstätigkeit im Deutschen Reich, Nürnberg 1980 und Reinhard Stockmann, Gewerbliche Frauenarbeit in Deutschland 1875-1980. Zur Entwicklung der Beschäftigtenstruktur, in: Geschichte und Gesellschaft 11 (1985), H. 4, S. 447-475.

[142]   Zur Kinderarbeit im Überblick Wilfried Feldenkirchen, Kinderarbeit im 19. Jahrhundert, in: Zeitschrift für Unternehmensgeschichte 26 (1981), S. 1- 41

Bevölkerung war und ist erwerbstätig), wenn sich auch die Formen der Erwerbsarbeit im Zeitablauf deutlich wandeln. Die Erwerbstätigkeit variiert natürlich zwischen verschiedenen Gruppen der Bevölkerung: Geschlecht und Alter stellen wichtige Determinanten dar. So sind Männer in höherem Maße als Frauen in das Erwerbsleben einbezogen und weisen einen stabileren Erwerbsverlauf auf. Frauen zeigen familienbedingt einen abweichenden Erwerbsverlauf: In industriellen Gesellschaften sind sie insgesamt stärker in das außerhäusliche Erwerbsleben eingegliedert als in vorindustriellen Gesellschaften. In beiden Gesellschaften sinkt nach der Heirat die Erwerbsbeteiligung der Frauen, jedoch kehren in den Industriegesellschaften viele Frauen nach der Familienphase in das Erwerbsleben zurück, in den vorindustriellen Gesellschaften nicht.

Die Unterschiede im Erwerbsverlauf zwischen Männern und Frauen werden bei einer Gegenüberstellung der altersspezifischen Erwerbstätigenraten in verschiedenen europäischen Ländern schnell deutlich. Es zeigt sich hingegen auch eine wachsende Tendenz der Angleichung, je weiter die wirtschaftliche Entwicklung in den entsprechenden Staaten voranschreitet. Und diesen Entwicklungsverlauf darf man auch für Westeuropa im 19. Jahrhundert vermuten.

Schaubild 13: Altersspezifische Erwerbsquoten von Frauen in verschiedenen Ländern, 1950-1982 (in v. H.)

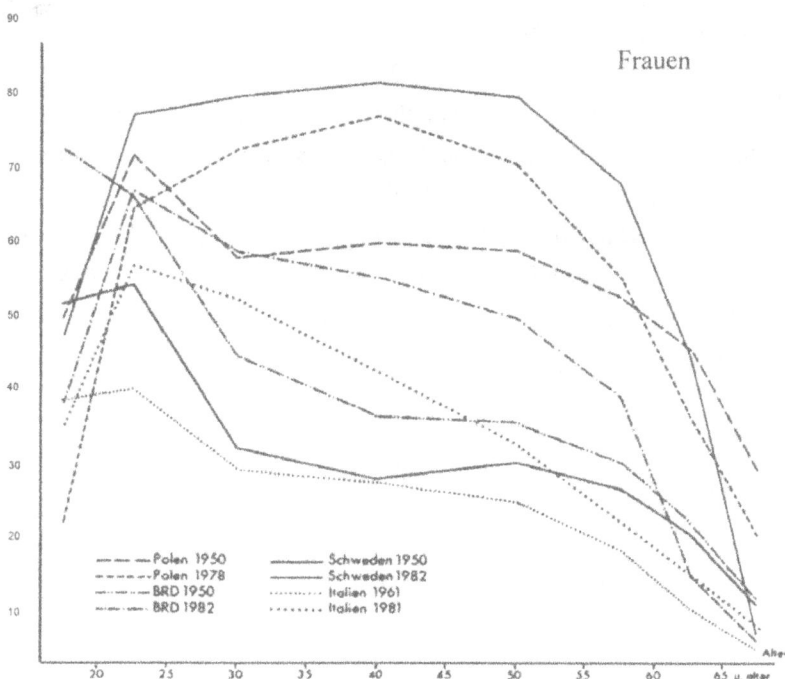

Schaubild 14: Altersspezifische Erwerbsquoten von Männern in verschiedenen Ländern, 1950-
1982 (in v. H.)

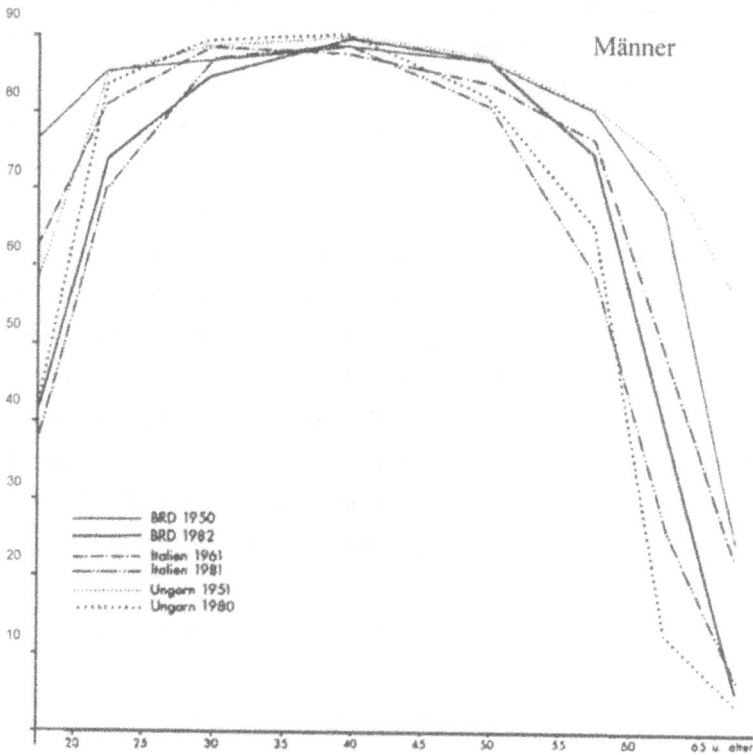

Quelle: Gerold Ambrosius und William H. Hubbard, Sozial- und Wirtschaftsgeschichte Europas
im 20. Jahrhundert, München 1986, S. 54-55.

Auch hinsichtlich der durchschnittlichen wöchentlichen Arbeitszeit lässt sich
seit dem 19. Jahrhundert ein deutlicher Rückgang konstatieren.[143] In der Mitte des
19. Jahrhunderts wurde in Deutschland in zahlreichen Bereichen der Industrie
täglich noch zwischen 14 und 16 Stunden gearbeitet, so dass sich die wöchentli-
che Arbeitszeit auf 80 bis 85 Stunden summieren konnte. Bis zum Ende des Jahrhunderts konnte eine Reduzierung um etwa ein Viertel auf 63 bis 65 Stunden bei
einer täglichen Arbeitszeit von 10 bis 11 Stunden erreicht werden (vgl. Tabelle
11).

---

[143] Hildegard Stemler und Erich Wiegand, Zur Entwicklung der Arbeitszeitgesetzgebung und der
Arbeitszeit in Deutschland seit der Industrialisierung, in: Erich Wiegand und Wolfgang Zapf
(Hg.), Wandel der Lebensbedingungen in Deutschland. Wohlfahrtsentwicklung seit der In-
dustrialisierung, Frankfurt a. M., New York 1982, S. 17–63 und umfassend Ruth Meinert, Die
Entwicklung der Arbeitszeit in der deutschen Industrie 1820-1956, Münster 1958.

Tabelle 11: Die Entwicklung der täglichen und wöchentlichen Arbeitszeit von Arbeitern in der Industrie in Deutschland, 1800-1914

Zeitraum	täglich im Durchschnitt	wöchentlich im Durchschnitt
um 1800	10 - 12	--
um 1820	11 - 14	--
1830-1860	14 - 16	80 - 85
1861-1870	12 - 14	78
1871-1880	12	72
1881-1890	11	66
1891-1895	10,5 - 11	63 - 65
1896-1900	10,5	61 - 63
1901-1905	10 - 10,5	59 - 61
1906-1909	10 - 10,5	58 - 60
1910-1914	10	54 - 60

Quelle: Hildegard Stemler und Erich Wiegand, Zur Entwicklung der Arbeitszeitgesetzgebung und der Arbeitszeit in Deutschland seit der Industrialisierung, in: Erich Wiegand und Wolfgang Zapf (Hg.), Wandel der Lebensbedingungen in Deutschland. Wohlfahrtsentwicklung seit der Industrialisierung, Frankfurt a. M., New York 1982, S. 17–63, hier S. 45.

Die Einführung des Zehnstundentages wurde in der Industrie erst zu Beginn des 20. Jahrhunderts erstritten, die 48-Stunden-Woche blieb zunächst Nahziel und der Achtstundentag mit reduzierter Samstagsarbeit wurde zum gewerkschaftlichen Fernziel erklärt. Inzwischen ist eine 40-stündige Arbeitszeit längst unterschritten worden, und Feiertage, Urlaubsansprüche sowie bezahlte Krankheitstage haben die durchschnittlichen Arbeitszeiten weiter dramatisch reduziert.

Neben dem Umfang und der Struktur der zur Verfügung stehenden Arbeitskraft (Erwerbspotenzial) und der Dauer der durchschnittlichen Arbeitszeit wird der Beitrag des Faktors „Arbeit" zur Wohlstandsvermehrung ganz wesentlich von seiner Effizienz determiniert. Die Effizienz wird unter anderem von bestimmten kulturellen Eigenarten der jeweiligen Gesellschaft beeinflusst, beispielsweise hinsichtlich der Verbreitung von Arbeits- und Zeitdisziplin. Darüber hinaus spielt auch die Qualität des Faktors Arbeit eine Rolle, die wiederum ganz wesentlich vom Bildungs- und Ausbildungsniveau einer Gesellschaft abhängt.

Die Bedeutung dieser qualitativen Dimension der Arbeitskraft für den Wohlstand und das Wachstumspotenzial einer Volkswirtschaft wurde bereits früh erkannt. Schon Adam Smith hat im Rahmen seiner Arbeitswertlehre Einkommensdifferenzen zwischen verschiedenen Berufsgruppen auf Unterschiede in der Qualifikation ihrer Mitglieder zurückgeführt. Auch der deutsche Statistiker Ernst Engel war sich bewusst, dass die Arbeitskraft des Menschen ein „Kapital" darstellte, und er unternahm den Versuch, den „Wert" der Arbeitskraft eines Menschen zu berechnen („Kostwert des Menschen") und diesen mit den individuellen Erträgen (Einkommen) in Beziehung zu setzen (Kosten-Nutzen-Analyse).[144] Die moderne Wachstumstheorie schließlich zeigte, dass Wirtschaftswachstum nicht allein durch eine quantitative Ausdehnung der Produktionsfaktoren erklärt werden kann, sondern dass deren Qualität offenbar ebenfalls von außerordentlicher Bedeutung ist.[145] Nach dem Zweiten Weltkrieg galt der Möglichkeit, Wachstumsbeiträge durch Verbesserungen in der Qualität des Faktors Arbeit, also durch sogenannte Bildungsinvestitionen, zu erreichen, verstärkt das Interesse der Ökonomen und Bildungspolitiker. Gerade auch für die Erklärung des überdurchschnittlichen Wachstums in Westeuropa nach 1945 wird immer wieder auf die Bedeutung der Bildung hingewiesen, die eine wesentliche Voraussetzung für den Technologieimport und den Aufholprozess in den betreffenden Ländern darstellte.[146]

Die aus diesen Überlegungen hervorgegangene moderne Bildungsökonomie widmet sich vor allem der Untersuchung von zwei Aspekten:[147] Einerseits stellt sich die Frage, welche Erträge zusätzliche Aufwendungen für Bildung erbringen und wem diese Erträge auf individueller und auf kollektiver Ebene zufließen. Es wird also die Rentabilität von Bildungsinvestitionen untersucht. Andererseits ist zu hinterfragen, ob und in welchem Maße Bildungsinvestitionen auch das allgemeine Wirtschaftswachstum fördern. Auf beide Frage lassen sich einige vorläufige Antworten formulieren:[148] Hinsichtlich der Rentabilität von Bildungsinvestitionen lassen Berechnungen für die USA den Schluss zu, dass diese sich sowohl für

---

[144] Ausführlich dazu Knut Borchardt, Zum Problem der Erziehungs- und Ausbildungsinvestitionen im 19. Jahrhundert, in: Beiträge zur Wirtschafts- und Stadtgeschichte. Festschrift für Hektor Ammann, Wiesbaden 1965, S. 380-392.

[145] Vgl. dazu weiter oben S. 57 im Hinblick auf den unerklärten Rest, das „Residuum", der Produktionsfunktion und weiter unten auf S. 105.

[146] Ludger Lindlar, Das missverstandene Wirtschaftswunder. Westdeutschland und die westeuropäische Nachkriegsprosperität, Tübingen 1997, S. 85-92.

[147] Egon Becker und Bernd Wagner, Ökonomie der Bildung, Frankfurt a. M. 1977, S. 118–126.

[148] Stanley L. Engerman, Human Capital, Education, and Economic Growth, in: Robert William Fogel und Stanley L. Engerman (Hg.), The Reinterpretation of American Economic History, New York 1971, S. 241-256, hier S. 249 f.

den einzelnen als auch für die Gesamtheit sehr wohl rentiert haben. Für männliche, weiße College Studenten und Schüler in High Schools wurden für die USA folgende Ertragsraten berechnet:

Tabelle 12: Ertragsraten von Bildungsausgaben in den USA 1939-1958

Jahr	Private Ertragsraten von Bildungsausgaben (in v. H.)	
	College Absolventen	High School Absolventen
1939	14,5	16
1949	13	20
1956	12,4	25
1958	14,8	28

Quelle: Stanley L. Engerman, Human Capital, Education and Economic Growth, in: Robert W. Fogel und Stanley L. Engerman (Hg.), The Reinterpretation of American Economic History, New York 1971, S. 241-256, hier S. 249.

Die Aufwendungen für eine gehobene Schulbildung haben sich gemäß diesen Berechnungen 1939 mit Raten zwischen 14 und 16 v.H. pro Jahr in Form höherer Einkommen verzinst. Einen derartigen Ertrag hätte wohl kaum eine andere Anlageform erzielen können. Die Erträge einer College-Ausbildung erwiesen sich in den USA bis Ende der 1950er Jahre als stabil, die einer gehobenen Schulausbildung stiegen sogar noch weiter bis auf 28 v.H. (1958) an. Bei einer Differenzierung der Erträge nach den absolvierten Schulklassen (grades) zeigen gerade die ersten Schulklassen Erträge, die derart hoch sind, dass sie quantitativ kaum zu bestimmen sind, da fehlende Schulausbildung Unwissen und Armut bedeutet und eine Elementarausbildung erst die Voraussetzung für ein menschenwürdiges Leben schafft. Für die Gesellschaft insgesamt ergeben sich offenbar die höchsten Erträge aus der Förderung einer mittleren Bildung (siebte bis achte Klasse: 29,2 v.H.).[149]

Die für die Bundesrepublik Deutschland verfügbaren Daten dokumentieren ebenfalls, dass mit der Höhe des Bildungsabschlusses die Lebenseinkommen deutlich steigen. Daher liegt die Vermutung nahe, dass sich Bildungsaufwendungen, die wegen des kostenlosen Besuchs von Bildungsinstitutionen in Deutschland

---

[149] ebd. S. 249.

für den einzelnen vergleichsweise gering sind, privat durchaus rechnen. Je höher die Bildungsabschlüsse, desto höher ist auch das zu erwartende Lebenseinkommen.[150]

Tabelle 13: Der Zusammenhang von Ausbildung und Lebenseinkommen in der Bundesrepublik Deutschland 1964

Ausbildung nach Volksschulabschluss	Lebenseinkommen männlich		Lebenseinkommen weiblich	
	in DM	in % des Höchsteinkommens	in DM	in % des Höchsteinkommens
1. Ohne weitere Ausbildung	317.448	49	170.880	35
2. Betriebliche Einarbeitung (Anlernzeit)	352.029	54	243.090	50
3. Praktische Ausbildung (Lehrlingsausbildung)	370.231	57	255.521	53
4. Berufsfach-, Fachschule	415.699	64	299.628	62
5. Techniker-, Ingenieurschule	520.987	81	397.320	82
6. Pädagogische Hochschule	491.242	76	453.905	94
7. Universität, Hochschule	646.666	100	494.205	100

Quelle: Ergebnisse des Mikrozensus April 1964 (Statistisches Bundesamt).

Eine ganz andere Frage behandelt der zweite, weiter oben angesprochene Aspekt der Bildungsaufwendungen: ob nämlich der privat außerordentlich rentable Aufwand für Bildungsinvestitionen auch zu einer Steigerung des gesamtwirtschaftlichen Wachstums führt oder ob damit lediglich eine Umverteilung von Wohlfahrt zwischen Bildungsschichten verbunden ist. Die Wirkung der Qualitätsverbesserung des Faktors Arbeit auf das Wachstum des Sozialproduktes ist daher ebenfalls einer quantifizierenden Betrachtung unterzogen worden. Es zeigte sich, dass insbesondere in der ersten Hälfte des 20. Jahrhunderts die Wachstumsbeiträge von Bildungsinvestitionen außerordentlich hoch gewesen sein müssen. Dies lässt sich wiederum an amerikanischen Zahlen eindrucksvoll belegen (vgl. Tabelle 14).

---

[150] Vgl. dazu auch neuerdings: 50 Prozent mehr Gehalt sind drin, in: Frankfurter Allgemeine Sonntagszeitung, 12.01.2003, Nr. 2, S.43, wo für ein Zahnmedizin- und Jurastudium eine Rendite der Bildungsaufwendungen von 10 v.H. errechnet werden.

Tabelle 14: Wachstumsbeiträge von Bildungsinvestitionen zum Gesamtwachstum in ausgewählten Ländern 1909-1965 (geschätzt, in v.H.)

Land	Gesamtwirtschaftliche Wachstumsrate	Wachstumsrate der Arbeitsqualität	Beitrag der Arbeitsqualität zum Wachstum
USA			
1909-1929	2,82	0,56	12
1929-1957	2,93	0,93	23
1950-1962	3,32	0,62	15
1945-1965	3,59	0,71	14
Frankreich			
1950-1962	4,92	0,37	6
Deutschland			
1950-1962	7,26	0,15	2
England			
1950-1962	2,29	0,37	12

Quelle: Stanley L. Engerman, Human Capital, Education and Economic Growth, in: Robert W. Fogel und Stanley L. Engerman (Hg.), The Reinterpretation of American Economic History, New York 1971, S. 241-256, hier S. 253.

1890 bis 1929 schuldeten die USA beispielsweise 12 v.H. ihres Wachstums einer qualitativen Verbesserung des Arbeitsinputs, und dieser Beitrag verdoppelte sich nahezu auf 23 v.H. für den Zeitraum 1929 bis 1957. Danach fielen die entsprechenden Wachstumsbeiträge wiederum auf 15 bzw. 14 v.H. Nur Großbritannien weist ähnlich hohe Wachstumsbeiträge der Bildungsinvestitionen auf, während in den anderen Industriestaaten zu einem späteren Zeitpunkt die Verbesserung der Bildung der Bevölkerung nur mit 2 bis 6 v.H. zum Wachstum beigetragen hat. Die Unterschiede mögen auf Differenzen im Ausgangsniveau von Bildung und Ausbildung hindeuten, da bei schlechten Voraussetzungen zusätzliche Aufwendungen zunächst eine größere Wirkung erzielen können.

Die Bedeutung der Bildung für die wirtschaftliche Entwicklung ist insbesondere während des Industrialisierungsprozesses in Westeuropa den damaligen Zeitgenossen sehr bald klar geworden. Diese waren schließlich mit den Unzulänglichkeiten des Arbeitsangebots unmittelbar konfrontiert. Dadurch motiviert lassen sich in England bereits im 18. Jahrhundert zahlreiche private Initiativen zur Förderung von Bildung und Wissenschaft beobachten. Diese waren häufig von Nonkonformisten organisiert und stützten sich auf entsprechende Vereine, die unter anderem Vorträge organisierten und Fachzeitschriften publizierten. Bis 1830 hatten diese Aktivitäten bereits zu einer merklichen Verbesserung der Verhältnisse in England beigetragen, so dass sich das allgemeine Bildungsniveau im internationalen Vergleich durchaus sehen lassen konnte. Doch dann stagnierte die Entwicklung. Die Privatschulen kultivierten ein humanistisches Bildungsideal, wurden elitär und widmeten sich der Erziehung zum Gentleman. Technische Bildungseinrichtungen existierten in England hingegen fast gar nicht, so dass ein Mangel an technisch ausgebildeten Experten bald offenbar wurde. Der Staat blieb zunächst noch passiv und strebte erst nach 1870 eine öffentliche Kontrolle des weitgehend privaten Bildungswesens an. 1875 wurden zwar erste Maßnahmen zur finanziellen Sicherung eines öffentlichen Elementarschulangebots ergriffen, doch erst 1915 richtete man ein Ministerium ein, das sich der Bildung und Ausbildung der Bevölkerung widmen sollte.

Um 1850 stellte sich die Lage in Deutschland wesentlich günstiger dar als in England. Der Ausbau eines staatlich kontrollierten, gegliederten Bildungssystems war schon weit fortgeschritten, was bereits positive Auswirkungen auf die beginnende Industrialisierung hatte. Die Basis des Systems bildete die Elementarschule, die sich auf die Vermittlung von Grundkenntnissen und Grundfertigkeiten sowie auf die Disziplinierung der Schüler konzentrierte. Daneben gab es Fach- und Gewerbeschulen, deren Bedeutung bis zum Ende des 19. Jahrhunderts hin stark zunahm. Die Lehrinhalte dieser Schulform waren stark an die Bedürfnisse der Praxis angepasst, und die Fortbildungsschulen wurden eng mit der herkömmlichen Lehrlingsausbildung verknüpft. Seit den 1820er Jahren erfolgte auch die Gründung Technischer Hochschulen. Unterstützt wurde die Entwicklung des Bildungssystems durch die Bereitschaft und Fähigkeit der Industrie, technisch qualifiziertes Personal aufzunehmen und entsprechend zu bezahlen. Erst nach 1900 zeigten sich erste Überfüllungserscheinungen der sogenannten „gelehrten Berufe".[151]

---

[151]   Allerdings hatte bereits Friedrich I. König von Preußen 1708 einen Aufruf „gegen den Andrang zur Universität" erlassen, in dem er u. a. bemängelte, dass „...*ein jeder bis auf Handwerker und Bauern seine Söhne ohne Unterschied der Ingeniorium und Capacität studieren und auf Universitäten und hohen Schuelen sumptibus publicis unterhalten lassen will...* " 1880 erscheint dann in der Zeitung für das höhere Unterrichtswesen, Jg. 9, S. 137 ein Artikel unter dem Titel „Die Überproduktion an Gebildeten". Vgl. dazu Hartmut Titze, Bildungskrisen und sozialer Wandel, in: Geschichte und Gesellschaft 30 (2004), H. 2, S. 339-372

Diese Entwicklung schlug sich natürlich auch in der Zahl der Schüler und Studenten nieder. Besuchten um 1830 etwa 15.000 Studenten die deutschen Universitäten, so hatte sich diese Zahl bis 1913 auf ca. 60.000 etwa vervierfacht. Hinzu kamen nunmehr noch 11.000 Studenten an den seit den 1830er Jahren gegründeten Technischen Hochschulen.[152] Auch die Abiturientenzahlen an Preußischen Gymnasien entwickelten sich in ähnlicher Weise expansiv.[153] Die Quote der Absolventen höherer Schulen am Gesamtjahrgang lag während des gesamten 19. Jahrhunderts dennoch zumeist deutlich unter 5 v.H. Diese Entwicklung schlug sich natürlich auch in den Bildungsausgaben der betreffenden Länder nieder, worauf die folgende Tabelle 15 hinweist.

Tabelle 15: Bildungsausgaben ausgewählter Länder 1840-1950 (in v.H. des Sozialprodukts pro Kopf)

Jahr	Deutschland	England	USA
1840	--	--	0,6
1860	1,0	--	0,8
1880	1,6	0,9	1,1
1900	1,9	1,3	1,7
1930	4,1	2,8	2,8
1950	3,1	3,4	2,6

Quelle: Peter Lundgreen, Bildung und Wirtschaftswachstum im Industrialisierungsprozess des 19. Jahrhunderts. Methodische Ansätze, empirische Studien und internationale Vergleiche, Berlin 1973, S. 77.

Weitere Indikatoren eines gestiegenen Bildungsniveaus in den westlichen Industriestaaten ließen sich darüber hinaus anführen, so wie eine zunehmende Dauer des Schulbesuchs, eine stärkere Verbreitung des Hochschulbesuchs oder wachsende Ausgaben für Forschung und Entwicklung.[154]

Der Beitrag des Bildungssystems zur Industrialisierung und zum Wirtschaftswachstum in Deutschland darf jedoch auch nicht überschätzt werden. Das

---

[152] Hermann von Laer, Industrialisierung und Qualität der Arbeit. Eine bildungsökonomische Untersuchung für das 19. Jahrhundert, New York 1977, S. 319-322.

[153] Ernst Schlee, Übersicht über die Statistik der Abiturienten von den preußischen Vollanstalten über deren Berufswahl und insbesondere über den Zugang zum höheren Lehramt in den Jahren 1867-1896, Leipzig 1898.

[154] Vgl. Ludger Lindlar, Das missverstandene Wirtschaftswunder, S. 307-309, 319.

gesamte Schul- und Ausbildungssystem stellte sich nur langsam und widerwillig und auch nicht vollständig in den Dienst der Industrie. Die Reform und der Ausbau folgten ganz anderen Idealen. Es ging um die Emanzipation der Individuen, nicht um ihre Unterwerfung unter die neuen Zwänge des Industriesystems. Überdies blieb ein großer Teil der Bevölkerung, insbesondere in den ländlichen Regionen, lange Zeit von den Bildungsfortschritten ausgeschlossen. Der Obrigkeit war zuviel Bildung darüber hinaus suspekt, weil mit wachsendem Bildungsniveau zunehmend unerwünschte Partizipationsansprüche geäußert wurden. Auch verteidigten die traditionellen Bildungseliten ihre Privilegien und wandten sich gegen die egalitären Tendenzen moderner Bildung. Dies führte u.a. zu Differenzierungen im Bildungssystem und zum Aufstieg des Neuhumanismus an den Gymnasien und in den Universitäten.

3. Kapitalbildung und Finanzierung

Die traditionelle Sichtweise der Industrialisierung stellt Kapitalbildung und Finanzierung als *den* zentralen Tatbestand dar, der wirtschaftliches Wachstum hervorruft. Die klassischen, vor allem aber die neoklassischen Autoren sowie auch ihre Kritiker sehen in der Akkumulation von Kapital die Haupttriebfeder der ökonomischen Entwicklung. Nicht umsonst hat Karl Marx seinem Hauptwerk den Titel „Das Kapital" gegeben, und auch spätere Autoren rückten die Kapitalbildung immer wieder in das Zentrum ihrer Analyse.[155] Dabei ist es nicht verwunderlich, dass bei der Vielfalt der Ansätze sehr unterschiedliche Vorstellungen über den Gegenstand und die Bedeutung der Kapitalbildung Verwendung finden. Ernst Helmstädter unterscheidet beispielsweise zwischen einer langfristigen, dynamischen Akkumulationstheorie des Kapitals, in der es um die Erklärung des Aufbaus eines Kapitalstocks und des damit verbundenen Wirtschaftswachstums geht, und einer kurzfristigen, statischen Allokationstheorie des Kapitals, die sich der optimalen Abstimmung des Einsatzes der Produktionsfaktoren widmet.[156] Kapital als analytischer Begriff unterscheidet sich dabei eindeutig von der statistischen Kate-

---

[155] Werner Sombart, Der moderne Kapitalismus. Historisch-systematische Darstellung des gesamteuropäischen Wirtschaftslebens von seinen Anfängen bis zur Gegenwart, Unveränd. Nachdr. München 1987.

[156] Ernst Helmstädter, Der Kapitalkoeffizient. Eine kapitaltheoretische Untersuchung, Stuttgart 1969, S. 4-7 und S. 14-24.

gorie des „Vermögens". Nur ein Teil des Vermögens findet in Form von Kapital eine produktive Verwendung. Weiterhin ist zu unterscheiden zwischen dem Geldkapital, dem Sachkapital und dem Humankapital einer Gesellschaft, wovon nur das Sachkapital unmittelbar dem Aufbau eines Kapitalstocks dient.

Für die wirtschaftshistorische Analyse empfiehlt es sich, den Begriff des Sachkapitals der makroökonomischen Produktionstheorie zu verwenden und darunter die in die Produktion eingebrachten realen Produktionsgüter zu verstehen. Die Kapitalbildung beschreibt in diesem Sinn den Aufbau eines realen Kapitalstocks durch den Kauf von Produktionsmitteln, d.h. durch Investitionen. Über die Investitionen und deren Finanzierung ist der Prozess der Kapitalakkumulation mit der finanziellen Sphäre der Wirtschaft verknüpft und damit vom Umfang und der Verteilung des Geldkapitals innerhalb einer Volkswirtschaft abhängig. Obwohl die Sachkapitalbildung ein realer Vorgang ist, wird sie also auch von monetären Faktoren beeinflusst. Daneben ist für das Wachstum des Kapitalstocks entscheidend, inwieweit die Bereitschaft zur Übernahme von Investitionsrisiken innerhalb einer Gesellschaft vorhanden ist, und zudem spielt es eine Rolle, ob die Vermittlung anlagebereiter Ersparnisse an risikobereite Unternehmer gelingt.

Der Umfang der Kapitalbildung im frühen 19. Jahrhundert lässt sich nur sehr schwer bestimmen. Erst ab der Mitte des 19. Jahrhunderts liegen für eine Reihe von Ländern einigermaßen verlässliche Schätzungen über die Höhe des Kapitalstocks, die Investitionen sowie über deren Hauptkomponenten vor. Für Großbritannien wird geschätzt, dass die jährliche Bruttokapitalbildung von der Mitte des 18. bis zur Mitte des 19. Jahrhunderts von 4,3 Millionen £ auf 53,3 Millionen £ wuchs und sich damit der Bruttokapitalstock von 239 Millionen £ im Jahr 1769 auf 2.016 Millionen £ im Jahr 1860 erhöhte. Diese Verzwölffachung der Investitionen und Verachtfachung des Kapitalstocks innerhalb eines Jahrhunderts geben einen ersten Anhaltspunkt hinsichtlich des gewaltigen Umfanges der Kapitalbildung während der Industrialisierung.[157] Die Verteilung des Sozialprodukts auf Konsum und Ersparnis in Großbritannien nach 1860 signalisiert eine weitere Intensivierung der Kapitalbildung. Das Wachstum des Sozialprodukts ging einher mit einem stetig überproportional wachsenden Kapitalstock: Die Kapitalintensität der Produktion nahm also ständig zu.

---

[157] Charles H. Feinstein und Sidney Pollard (Hg.), Studies in Capital Formation in the United Kingdom 1750–1920, Oxford 1988, S. 427.

Zu bedenken ist, dass die angeführten Größen der inländischen Kapitalbildung in Großbritannien Bruttogrößen darstellen und diese zu Bestimmung der
Nettowerte um die Abschreibungen zu mindern sind. Der Umfang der gesamtwirtschaftlichen Abschreibungen hat sich im Laufe des letzten Jahrhunderts deutlich gesteigert, von etwa 20 v.H. auf 50 v.H. des Kapitalstocks pro Jahr. Folglich
ist nahezu die Hälfte der gesamtwirtschaftlichen Kapitalbildung allein notwendig,
um den bereits erreichten Kapitalstock aufrecht zu erhalten. Lediglich die andere
Hälfte kann dazu dienen, zusätzliche Kapazitäten aufzubauen und damit das
Wachstum zu fördern. In Großbritannien erreichte die inländische Kapitalbildung
in den 1870er Jahren ihren Höchststand. Sie konkurrierte um die in der Gesellschaft vorhandenen Spargelder mit verschiedenen Möglichkeiten der Auslandsan-
lage, so dass eine gegenläufige Tendenz des Umfangs von inländischer Sachkapitalbildung und Auslandsanlagen zu beobachten war.

Bei einer Untersuchung der Fragestellung, in welchen Bereichen einer
Volkswirtschaft vor allem Anlagekapital gebildet wird, fallen folgende Charakte-
ristika und Entwicklungen auf: In einer vorindustriellen Gesellschaft bindet Land
den überwiegenden Teil des Kapitalstocks, jedoch nimmt die Bedeutung des Landes und der Kapitalbildung in der Landwirtschaft im Zuge der Industrialisierung
deutlich ab. Entsprechend steigt der Anteil des Kapitalstocks, der für Handel und
Industrie beansprucht wird. Daneben wird die Kapitalbildung in Form von Ge-
bäuden und Infrastruktur (*public utilities)* zunehmend wichtig. Für Großbritannien
ist in diesem Zusammenhang auf die besondere Bedeutung der Auslandsinvestiti-
onen hinzuweisen.[158]

Die Bereitstellung von Anlagekapital aus den laufenden Ersparnissen ist das
Hauptproblem gerade für solche Länder, die arm sind und in denen die Ersparnis-
bildung daher gering ist.[159] Großbritannien hatte in der vorindustriellen Phase bis
etwa 1760 aber bereits beachtliche Mengen an Kapital im Handel, im Finanzwe-
sen und auch in der sich modernisierenden Landwirtschaft angesammelt, so dass
das Land im traditionellen Sinne eigentlich nicht mehr als „arm" zu bezeichnen
war. Es war bereits auf dem besten Wege zu einer ökonomischen Expansion, die
dann ihren neuen Schwerpunkt in der Industrie fand. Dazu war nun die Bildung

---

[158]   Phyllis Deane und W. A. Cole, British Economic Growth, S. 266 und 271.

[159]   Sidney Pollard, Fixed Capital in the Industrial Revolution in Britain, in: Journal of Economic
History 24 (1964), H. 3, S. 299-314.

von industriellem Anlagekapital nötig, und ganz allmählich baute sich im industriellen Sektor ein bedeutsamer Teil des gesamtwirtschaftlichen Kapitalstocks auf.

Für den einzelnen Unternehmer stellte in der frühen Industrialisierung die Bereitstellung von Kapital für die Investition in industrielle Anlagen zumeist kein großes Problem dar. Das private Anlagekapital stammte aus zahlreichen Quellen, so unter anderem aus den Gewinnen und Vermögen des Verlagssystems, aus dem ausgedehnten Handel, aus unmittelbaren Gewinnen der industriellen Produktion und aus Krediten von Lieferanten, Abnehmern oder Freunden. Ein Teil der Kapitalbildung erfolgte zudem auch schon während der Industrialisierung durch den öffentlichen Sektor, der Straßen- und Kanalbauten finanzierte und damit wichtige Teile der Infrastruktur schuf. Außerdem waren die Kapitalerfordernisse für Sachanlagen in der Frühphase der Industrialisierung noch relativ gering, da die Unternehmen klein waren und keine riesigen Anlagen benötigten. Überdies konnten viele Faktoren gegen Miete genutzt werden, wie zum Beispiel Produktionsstätten, Häuser und Mühlen, ja sogar Maschinen waren zu leihen oder auf Kredit zu beziehen. Rohstoffe wurden mit langen Zahlungszielen gekauft, und gelegentlich konnten auch Vorschüsse von Abnehmern in Anspruch genommen werden. Manche Innovationen erforderten auch gar keine neuen Anlagen, sondern waren durch organisatorische Maßnahmen und Rationalisierungen zu realisieren. Der Umfang des Anlagekapitals zu Beginn der Industriellen Revolution darf also keinesfalls überschätzt werden.

Auch in Deutschland war die Kapitalbildung in der Industrie zu Beginn der Industrialisierungsphase noch relativ gering. Vor 1850 machte diese nur einen Bruchteil der gesamtwirtschaftlichen Kapitalbildung aus. Wie die folgende Tabelle 16 ausweist, lag der Anteil der Nettoinvestitionen in Gewerbe in Preußen vor 1850 zumeist deutlich unter 5 v.H.

Tabelle 16: Durchschnittliche Nettoinvestitionen pro Jahr in Preußen nach Sektoren, 1816-1849 (in v.H.)

Periode	Landwirtschaft	Nichtlandwirtschaftliche Gebäude	Verkehrswesen	Gewerbe
1816 - 1822	69,2	23,0	5,6	2,2
1822 - 1831	68,4	18,2	8,5	4,9
1830/31 - 1840	57,8	27,4	11,9	2,9
1840 - 1949	28,6	33,0	35,1	3,3

Quelle: Richard H. Tilly, Capital Formation in Germany in the Nineteenth Century, in: Cambridge Economic History of Europe, Bd. 7, Cambridge u.a. 1978, S. 427.

Auch nach 1850 verschob sich die Struktur des Kapitalstocks in Deutschland nur sehr allmählich.[160] Erst um 1900 überstieg das Kapital im Gewerbe das der Landwirtschaft, und erst nach 1950 konnte von einer eindeutigen Dominanz des gewerblichen Kapitalstocks gesprochen werden. Neben der Industrie behauptete sich der Wohnungsbau als wichtiger Bereich.

Die Veränderungen im gesamtwirtschaftlichen Kapitalstock spiegeln ein verändertes Investitionsverhalten auch in Deutschland wider. In der ersten Hälfte des 19. Jahrhunderts lassen sich wie für England auch für Preußen zwar nicht ganz so dramatische, aber dennoch ebenfalls beachtliche Steigerungen der Nettoinvestitionen vermuten. Betrugen hier die durchschnittlichen jährlichen Nettoinvestitionen zwischen 1816 und 1822 etwa 125 Millionen Mark, so stiegen diese zwischen 1840 und 1849 auf jährlich etwa 209,8 Millionen Mark an.[161] Nach 1850 zeigte die Verwendung des Sozialproduktes ebenfalls einen deutlichen Anstieg der Nettoinvestitionen bei einem anteiligen Rückgang des privaten Verbrauchs an, wie der folgenden Tabelle 17 zu entnehmen ist. Der öffentliche Verbrauch wies demgegenüber einen überproportionalen Anteil auf, in dem jedoch auch Vorleistungen für die industrielle Produktion enthalten gewesen sind, so zum Beispiel durch die Bereitstellung von Infrastruktur.

---

[160] Walther G. Hoffmann, Das Wachstum der deutschen Wirtschaft, S. 253f.
[161] Richard H. Tilly, Capital Formation in Germany in the Nineteenth Century, hier insbes. S. 427.

Tabelle 17: Verwendung des Sozialprodukts in Deutschland 1850/54 – 1955/59 (in v.H. der Preise von 1913)

Periode	privater Verbrauch	Nettoinvestitionen	öffentlicher Verbrauch	Saldo der Leistungsbilanz
1850 - 1854	85,1	7,9	7,0	
1855 - 1859	86,6	6,7	6,7	
1860 - 1864	82,5	11,0	6,3	0,2
1865 - 1869	83,2	9,5	7,0	0,3
1870 - 1874	79,7	10,9	8,3	1,1
1875 - 1879	80,3	11,1	7,0	1,6
1880 - 1884	80,5	10,3	6,3	2,4
1885 - 1889	78,7	11,8	6,7	2,8
1890 - 1894	78,4	12,7	7,3	1,7
1895 - 1899	76,1	15,0	7,0	1,7
1900 - 1904	77,2	13,5	7,9	1,4
1905 - 1909	74,9	15,0	8,7	1,4
1910 - 1913	74,0	15,5	9,1	1,4
1925 - 1929	77,9	10,5	12,2	- 0,6
1930 - 1934	81,5	2,6	15,0	0,9
1935 - 1938	63,3	12,9	23,8	0,1
1950 - 1954	65,4	14,6	16,4	3,7
1955 - 1959	65,5	16,1	14,1	4,4

Quelle: Walther G. Hoffmann, Das Wachstum der deutschen Wirtschaft seit der Mitte des 19. Jahrhunderts, Berlin u.a. 1965, S. 104f.

Diese Steigerung der Kapitalbildung wird als zentrale Voraussetzung für die darauf folgende Industrialisierung angesehen. So ist für den industriellen Durchbruch laut Rostow eine Steigerung der gesamtwirtschaftlichen Investitionsquote von 5 v.H. auf über 10 v.H. entscheidend. Diesem Kriterium entsprach die deutsche Wirtschaft zunächst nur sehr knapp, dann aber eindeutig ab der Mitte des 19. Jahrhunderts, als sich die jährliche Investitionsquote auf 10 bis 12 v.H. steigerte und sich dann ab den 1870er Jahren 15 v.H. annäherte.

Tabelle 18: Gesamtwirtschaftliche Investitionsquote in Deutschland 1850/54 – 1955/59

Zeitraum	in laufenden Preisen	in Preisen von 1913
1850/54	9,8	7,9
1855/59	8,1	6,7
1860/64	12,1	10,0
1965/69	9,9	9,5
1870/74	14,1	10,9
1875/79	11,0	11,1
1880/84	9,3	10,3
1885/89	11,5	11,8
1890/94	11,8	12,7
1895/99	14,8	15,0
1900/04	13,9	13,5
1905/09	15,3	15,0
1910/13	15,2	15,5
1925/29	11,1	10,5
1930/34	1,4	2,6
1935/38	13,1	12,9
1950/54	17,5	14,6
1955/59	19,0	16,1

Quelle: Walther G. Hoffmann, Das Wachstum der deutschen Wirtschaft seit der Mitte des 19. Jahrhunderts, Berlin u.a. 1965, S. 104.

Wichtig erscheint auch festzuhalten, dass es nicht die Industrie war, die den größten Anteil der gesamtwirtschaftlichen Kapitalbildung in Anspruch nahm, sondern Landwirtschaft, Gebäude und öffentliches Verkehrssystem bis weit ins 20. Jahrhundert hinein einen viel höheren Kapitalstock aufwiesen als das Gewerbe insgesamt, ganz zu schweigen von der Industrie allein, wie die folgende Tabelle 19 aufzeigt.

Inwieweit diese umfangreiche Kapitalbildung nun tatsächlich als eine Voraussetzung oder lediglich als Begleiterscheinung der Industrialisierung in Deutschland und des Wachstums des Wohlstandes anzusehen ist, bleibt bis heute umstritten. Die traditionelle Sicht einer technologisch dominierten Industriellen Revolution, die in England ihren Ausgangspunkt nahm, ist durch eine Sicht, die der Entwicklung des Finanzsystems eine größere Bedeutung zumisst, deutlich herausgefordert.[162] Gerade auch im deutschen Fall ist der „finanziellen Revolution" und

---

[162]   Vgl. dazu Richard Sylla, Am Anfang war das Finanzsystem – dann kam der Erfolg. Ein neuer wirtschaftshistorischer Erklärungsansatz des Aufstiegs von Nationen, in: Neue Zürcher Zeitung, Nr. 145, 24./25. Juni 2000, S. 57. Neuerdings Richard H. Tilly, Geld und Kredit in der Wirtschaftsgeschichte, Stuttgart 2003, S. 85-120.

der Entwicklung des Bankensystems für den Wachstumserfolg der Wirtschaft im 19. Jahrhundert eine bedeutsame Rolle zuzumessen.[163]

Tabelle 19: Kapitalstock in Deutschland nach Wirtschaftsbereichen 1850-1959 (in Mrd. Mark, Preise 1913)

Jahr	Land-wirtschaft	Gewerbe	Wohnungen (nicht land-wirtschaftlich)	Öffentliche Gebäude	Eisen-bahnen	Öffentlicher Tiefbau	insgesamt
1850	24,49	7,16	6,98	1,81	1,15	5,18	46,77
1860	27,52	8,65	8,88	2,22	1,78	5,68	55,73
1870	31,42	11,70	13,40	2,93	5,39	6,33	71,17
1880	34,63	19,05	20,98	4,26	10,64	7,43	93,97
1890	38,34	28,30	20,84	5,57	12,91	8,72	122,68
1900	42,86	49,80	42,38	7,28	15,86	11,19	169,37
1910	49,61	74,27	61,74	10,74	20,96	14,42	231,30
1913	53,21	85,20	66,86	11,77	22,90	16,00	255,94
1924	44,46	73,55	62,00	11,08	21,00	14,70	226,80
1938	53,54	103,22	77,04	16,56	23,40	22,80	296,56
1949	29,90	65,30	38,20	10,40	9,14	14,10	167,00
1959	35,30	126,70	59,80	13,80	12,40	19,45	267,50

Quelle: Walther G. Hoffmann, Das Wachstum der deutschen Wirtschaft seit der Mitte des 19. Jahrhunderts, Berlin u.a. 1965, S. 253-254.

Es stellt sich allerdings auch die Frage, ob die Kapitalbildung in Industrie und Gewerbe oder gar in der Gesamtwirtschaft während der Industrialisierung in Deutschland anders als in England einen Engpassfaktor für die deutsche Entwicklung dargestellt hat, d.h. ob Kapitalmangel als Ausdruck der Armut dieser Gesellschaft ein wesentliches Industrialisierungshemmnis bildete. Diese lange Zeit vorherrschende These eines allgemeinen Kapitalmangels während der deutschen Industrialisierung ist durch neuere Forschungsergebnisse weitgehend revidiert worden.[164] Es wurde offenbar, dass die Ansprüche der industriellen Kapitalbildung an die gesamtwirtschaftlichen Ersparnisse auch in Deutschland zunächst relativ bescheiden waren. Dies war unter anderem dadurch begründet, dass bei den frühen Industrieunternehmen das langfristig zu finanzierende Fixkapital im Verhältnis zum Umlaufkapital nur einen erstaunlich geringen Anteil ausmachte. Darüber hinaus ließen sich im Zuge der Industrialisierung, beispielsweise durch Ertrags-

---

[163] Richard H. Tilly, An overview on the role of the large German banks up to 1914, in: Youssef Cassis, Finance and Financiers in European History 1880-1960, Cambridge 1992, S. 93-112 und Ders., Public policy, capital markets and the supply of industrial finance in nineteenth-century Germany, in: Richard Sylla, Richard H. Tilly und Gabriel Tortella (Hg.), The State, the Financial System and Economic Modernisation, Cambridge 1999, S. 134-157.

[164] Knut Borchardt, Zur Frage des Kapitalmangels in der ersten Hälfte des 19. Jahrhunderts in Deutschland, in: Jahrbücher für Nationalökonomie und Statistik 173 (1961), S. 401–421.

steigerungen in der Landwirtschaft oder durch Verbesserungen im Transportsystem, in Sektoren außerhalb der Industrie umfangreiche Kapitalersparnisse realisieren, die dann für eine industrielle Kapitalbildung zur Verfügung standen. Schließlich gibt es zahlreiche Belege dafür, dass innerhalb der deutschen Gesellschaft Ersparnisse in ausreichender Höhe vorhanden waren. Zahlreiche Individuen nannten ein beachtliches Vermögen ihr Eigen, das Sparkassenwesen dehnte sich aus, sinkende Zinssätze waren zu beobachten, ein bemerkenswerter Kapitalexport erfolgte, und aus den Ablösungszahlungen aus der Landwirtschaft flossen den ehemaligen Grundherren beachtliche Summen zu. Kurzum: In der ersten Hälfte des 19. Jahrhunderts konnte in Deutschland nicht von einem allgemeinen Kapitalmangel gesprochen werden.

Allerdings erwies es sich als schwierig, Kapital für Investitionen in bislang unbekannte und risikoreiche industrielle Anlagen zu mobilisieren.[165] Diese Problematik resultierte zweifellos aus der zunächst noch vorfindbaren Unvollkommenheit des damaligen Kapitalmarktes, der sich an ganz anderen Bedürfnissen als denen der Industriefinanzierung orientierte. Für eine Anlage in der Industrie erwiesen sich einige Eigentümlichkeiten der Finanzmärkte als besonders hinderlich, wie die Forderung der Mündelsicherheit für die Anlagen der Sparkassen, die damit industrielle Investitionen ausschlossen. Die Wechseldiskontbeschränkungen bei der preußischen Zentralbank machten diese Form der Refinanzierung den Industrieunternehmen unmöglich, und das Fehlen von Unternehmensformen mit Haftungsbeschränkungen erschwerte das Eingehen von Beteiligungen mit begrenzbaren Risiken. Außerdem bestand innerhalb der Kaufmannschaft ein genereller Vorbehalt gegen das „Schuldenmachen". Neben den institutionellen Hemmnissen für eine verstärkte Kapitalbildung in der Industrie waren auch die objektiven Unwägbarkeiten derartiger Anlagen beachtlich, da sich als Investitionsobjekte hauptsächlich Unternehmen boten, deren Produkte noch nicht auf Märkten etabliert waren und deren Produktionsverfahren zumeist mit großen technischen Problemen behaftet waren.

Dennoch gelang es im Laufe weniger Jahre zwar unter Schwierigkeiten, aber letztendlich dennoch erfolgreich, in Deutschland wie in anderen Ländern einen industriellen Kapitalstock aufzubauen und eine Vielzahl industrieller Unterneh-

---

[165] Peter Coym, Unternehmensfinanzierung im frühen 19. Jahrhundert – dargestellt am Beispiel der Rheinprovinz und Westfalens, Diss. Hamburg 1971.

men zu etablieren. Die Quellen dieser industriellen Kapitalbildung waren vielfältig:[166] Vor allem Kapitalquellen aus dem Handel und dem Grundbesitz konnten angezapft werden, wie auch der Staatshaushalt und das Bankensystem finanzielle Ressourcen für die industrielle Expansion mobilisieren konnten. Eine überragende Rolle gerade bei der Gründungsfinanzierung spielten familiäre Ersparnisse der Gründerfamilien, während die Wachstumsfinanzierung häufig aus den einbehaltenen Gewinnen der zum Teil hochprofitablen Industrieunternehmen erfolgte.[167]

4. Technik und Produktionstechnologie

Die Bedeutung von Technologie und technischem Fortschritt für Industrialisierung und Wirtschaftswachstum erscheint evident. Die traditionelle Sicht der Industriellen Revolution mündet gelegentlich sogar in einer Gleichsetzung derselben mit dem Auftreten bestimmter Erfindungen, wie zum Beispiel derjenigen der Dampfmaschine und der Spinnmaschine. Auch wenn diese vereinfachende Sichtweise als unzutreffend angesehen werden muss, ist ein enger empirischer Zusammenhang zwischen Industrialisierung und technologischer Entwicklung unübersehbar. Technischer Fortschritt und Kapitalakkumulation haben entscheidend zur Überwindung der Grenzen des klassischen „Ertragsgesetzes" (nach dem zunehmender Faktoreinsatz zwangsläufig mit abnehmenden Grenzerträgen verbunden sein muss) beigetragen und damit den Weg zu einer ungeahnten Wohlstandssteigerung eröffnet. Bis heute werden Wachstumsschwächen stets unter anderem auf mangelnde technologische Innovationen zurückgeführt.

Innerhalb der ökonomischen Theorie ist der Zusammenhang zwischen Wachstum und technischem Fortschritt jedoch nur sehr schwer zu erfassen, und die Modelle der Wirtschaftswissenschaften sind gegenwärtig kaum in der Lage, die Leistungen von Wissenschaft und Technik in angemessener Weise zu berücksichtigen. Dies erscheint umso erstaunlicher, weil bereits die Merkantilisten betonten, dass die empirischen Wissenschaften wichtige Funktionen für die Lösung

---

[166] Harald Winkel, Kapitalquellen und Kapitalverwendung am Vorabend des industriellen Aufschwungs in Deutschland, in: Schmollers Jahrbuch für Wirtschafts- und Sozialwissenschaften 90 (1970), S. 275–301.

[167] Toni Pierenkemper, Zur Finanzierung von industriellen Unternehmensgründungen im 19. Jahrhundert – mit einigen Bemerkungen über die Bedeutung der Familie, in: Dietmar Petzina (Hg.), Zur Geschichte der Unternehmensfinanzierung, Berlin 1990, S. 69–97.

praktischer Probleme übernehmen können. Die Gründerväter der klassischen Ö-
konomie wiesen ebenfalls immer wieder auf die Bedeutung der herrschenden wissenschaftlichen Standards für die Effizienz der Wirtschaft hin.[168] Adam Smith sah
eine der wesentlichen Ursachen für die Dynamik der wirtschaftlichen Entwicklung in beruflicher Spezialisierung und Arbeitsteilung, während David Ricardo
und John Stuart Mill explizit auf die Bedeutung von Wissenschaft und Bildung als
Triebkräfte des Wachstums hinwiesen. Ein Wachstumsbeitrag wurde Wissenschaft und Technik in der klassischen Theorie allerdings nur mittelfristig zugeschrieben, denn langfristig erwarteten alle klassischen Autoren aufgrund des
grundsätzlichen Festhaltens am Ertragsgesetz eine Stagnation der Wirtschaft an
der Armutsgrenze.

Auch andere ökonomische Schulen haben versucht, die Wirkungen der Technik auf die Entwicklung von Wirtschaft und Gesellschaft implizit oder explizit zu
erfassen. Die Historische Schule der deutschen Nationalökonomie nahm zum Beispiel konkrete empirische Untersuchungen im Rahmen von Vorstellungen über
Entwicklungsstufen vor, in denen der Stand der Technik eine wichtige Rolle spielte, und der Marxismus versuchte, ewige Entwicklungsgesetze zu formulieren, in
denen u. a. die wachsende organische Zusammensetzung des Kapitals und der
tendenzielle Fall der Profitrate durch die technische Entwicklung determiniert
werden.

Die ältere makroökonomische Wachstumstheorie, die unter Verwendung großer Aggregate auf hohem Abstraktionsgrad den technischen Fortschritt zu einem
Residuum der Produktionsfunktion erklärt, zeigt hingegen nur wenig Bezug zur
technisch-wissenschaftlichen Welt von heute. Gleichwohl haben auf deren Basis
umfangreiche Berechnungen zur Ermittlung der Wirkungen des technischen Fortschritts auf das Wirtschaftswachstum verschiedener Länder stattgefunden. So
kommt Solow beispielsweise zu dem Ergebnis, dass in den USA zwischen 1909
und 1949 lediglich 10 bis 13 v.H. des Wirtschaftswachstums auf einem erhöhten
Kapitaleinsatz beruhte und der Rest, also 87 bis 90 v.H., dem Wirken des technischen Fortschritts geschuldet wurde. Domar kommt in seinen Untersuchungen zu
ganz ähnlichen Ergebnissen. Denison glaubt, dass in den Jahren 1962 bzw. 1967
in den USA und in Großbritannien etwa 40 bis 50 v.H. des Wirtschaftswachstums

---

[168]   Albert Edward Musson, Einführung, in: Ders. (Hg.), Wissenschaft, Technik und Wirtschaftswachstum im 18. Jahrhundert, Frankfurt a. M. 1977, S. 9–82.

durch eine erhöhte Bildung der Bevölkerung und eine stärkere Verbreitung technischen Wissens verursacht wurden.[169]

Inzwischen liegen eine Reihe von Datensätzen über die sogenannten „Wachstumsrechnungen" verschiedener Volkswirtschaften im 20. Jahrhundert vor, die es ermöglichen — wenn auch mit Vorbehalten, die sich auf den zugrunde liegenden Ansatz einer makroökonomischen Produktionsfunktion beziehen — genauere Angaben über die Bedeutung der verschiedenen Produktionsfaktoren für das Wirtschaftswachstum zu machen.

Eine solche Berechnung hat z.B. Herman van der Wee für Deutschland und eine Reihe weiterer Industriestaaten durchgeführt, der die folgenden Zahlen entnommen sind.[170] Aus seiner Untersuchung geht für den Zeitraum 1950 bis 1962 hervor, dass sich das Wirtschaftswachstum in diesen Jahren auf durchschnittlich 6,27 v.H. pro Jahr belief.[171] Dazu hat die Erhöhung des Gesamteinsatzes der Faktoren Boden, Arbeit und Kapital im Durchschnitt 2,78 Prozentpunkte beigetragen.[172] Über die Hälfte des gesamten Wachstums wurde also nicht durch einen erhöhten Faktoreinsatz, sondern durch die Steigerung der Gesamtfaktorproduktivität, d.h. in der Terminologie der Wachstumstheorie durch den technischen Fortschritt bewirkt.[173]

Für die empirisch-historische Analyse der Wirkungen des technischen Fortschritts erweist sich ein anderer Zugang als der über eine formale Analyse auf der

---

[169] Edward F. Denison, Why Growth Rates Differ: Postwar Experience in Nine Western Countries, Washington D. C. 1967

[170] Herman van der Wee, Der gebremste Wohlstand. Wiederaufbau, Wachstum und Strukturwandel 1945–1980, München 1984, S. 156–159. Dass diese so präzise anmutenden Ergebnisse mit größter Vorsicht zu interpretieren sind, geht nicht nur auf den unterstellten Theoriezusammenhang der makroökonomischen Produktionsfunktion zurück, sondern wird auch aus den Zahlen selbst offenbar. Beispielsweise wird bei der Messung der Ausdehnung des Arbeitsinputs eine qualitative Kategorie „Ausbildung" (für die Bundesrepublik mit 0,11 v.H.) berücksichtigt, und bei den Ursachen für die Steigerung der Gesamtfaktorproduktivität wird nochmals ein Aspekt „Kenntniserweiterung" (für die Bundesrepublik mit 0,87 v.H.) angeführt. Man wüsste gerne, wie das zusammenpasst.

[171] Ludger Lindlar, Das missverstandene Wirtschaftswunder, S. 89 bietet ähnliche Belege für Deutschland und andere Industriestaaten.

[172] Bei einer genaueren Betrachtung zeigt sich, dass der Faktor Boden mit 0,00 Prozentpunkten keinen Beitrag leistete, während der Faktor Kapital mit 1,41 Prozentpunkten den größeren und der Faktor Arbeit mit 1,37 Prozentpunkten den kleineren Teil dazu beisteuerte.

[173] Auch die Wirkung des technischen Fortschritts lässt sich weiter aufspalten: Kenntniserweiterungen schlugen mit 0,87 Prozentpunkten zu Buche, eine verbesserte Allokation der Faktoren mit 1,01 Prozentpunkten und die Nutzung von Skalenerträgen gar mit 1,61 Prozentpunkten.

Basis der makroökonomischen Produktionstheorie als weitaus viel versprechender, nämlich ein Ansatz, der die Dynamik der wirtschaftlichen Entwicklung dem fortwährenden Auftreten von Neuerungen zuschreibt.[174] In diesem Kontext bilden technische Innovationen, die Schumpeter als Durchsetzung neuer Produktionsmethoden klassifiziert, nur einen von mehreren möglichen Fällen der Durchsetzung neuer Kombinationen wirtschaftlicher Kräfte, wenn es sich dabei auch in der historischen Langfristbetrachtung wohl um den wichtigsten Aspekt handeln dürfte. Daneben kommen auch neue Güter, neue Absatzmärkte, neue Bezugsquellen und neue Organisationsformen, z.B. Monopole, als Möglichkeiten zur Durchsetzung neuer Faktorkombinationen in Frage. Eine Einengung des Innovationsbegriffes auf technologische Innovationen scheint demnach nicht gerechtfertigt. Eine derart umfassende Sichtweise eignet sich sehr gut für wirtschaftshistorische Analysen des Industrialisierungsprozesses, der sich in diesem Sinne als ein komplexer Prozess des Zusammenwirkens von wirtschaftlichen und gesellschaftlichen Faktoren interpretieren lässt, in dem insbesondere die Ausweitung des Bestandes an „Wissen" und seine Einbindung in die Produktion von strategischer Bedeutung ist.[175]

Ein derartiges Konzept von Technologie und technischem Fortschritt hat jedoch zwei unterschiedliche Dimensionen deutlich voneinander zu trennen: den Umfang und Zustand eines Bestandes an „Wissen", „Wissenschaft" bzw. „Kenntnissen" und die wirtschaftliche Nutzung dieses Fundus im Rahmen der industriellen Produktion. Blickt man auf den Beginn der Industrialisierung und die Geschichte der Technik, so fällt auf, dass der Bestand an Wissen und Kenntnissen zu diesem Zeitpunkt eher gering war und dass zahlreiche technologische Neuerungen im Zuge des Industrialisierungsprozesses gemäß den ökonomischen Bedürfnissen erst entwickelt werden mussten.[176] Insbesondere im Pionierland England vollzog sich der technische Fortschritt eher nachfragebezogen als Antwort auf Disparitäten in der Produktion.[177] Man denke z.B. an die vielfältigen Bemühungen zur Ü-

---

[174] Joseph Alois Schumpeter, Theorie der wirtschaftlichen Entwicklung. Eine Untersuchung über Unternehmergewinn, Kapital, Kredit, Zins und den Konjunkturzyklus, 6. Aufl., Berlin 1964, S. 100–106.

[175] Simon Kuznets, Modern Economic Growth. Rate, Structure, and Spread (Studies in Comparative Economics 7), 6. Aufl., New Haven, London 1973, S. 10.

[176] Zu einigen technologischen Innovationen vgl. weiter unten auf S. 110.

[177] David Landes, Der entfesselte Prometheus. Technologischer Wandel und industrielle Entwicklung in Westeuropa von 1750 bis zur Gegenwart, München 1983, S. 68–88.

berwindung eines Garnmangels (yarn famine) im 18. Jahrhundert, als eine expandierende Nachfrage nach Baumwollstoffen die Kapazitäten der Handspinnerei überforderte und sich gleichsam ein Zwang zur Mechanisierung der Spinnerei einstellte. Die Erfindung einer mechanischen Spinnmaschine kehrte die Verhältnisse dann gänzlich um. Nun bestand plötzlich ein Engpass beim Weben und die Handweber konnten mit beachtlicher Einkommenssteigerung von dieser Disproportionalität im Produktionsprozess profitieren, bis die Verbreitung des mechanischen Webstuhls ihren traditionellen Produktionsformen ein Ende setzte.

Daneben fällt ebenfalls auf, dass es nicht einige wenige große technologische Innovationen waren, die den Industrialisierungsprozess geprägt haben, sondern vielmehr zahlreiche kleine, andauernd erfolgte Verbesserungen bereits existierender Verfahren, die zu einer optimalen Anpassung der technologischen Verhältnisse geführt haben. Damit eine neue Erfindung oder Idee in die Produktion Eingang finden konnte, waren bestimmte Voraussetzungen nötig, die zum Teil erst mühsam geschaffen werden mussten, was beispielsweise die Entwicklung der Dampfmaschine durch James Watt eindrucksvoll belegt.[178]

Entgegen weit verbreiteter Auffassung war deren Erfindung nämlich kein einmaliger Geniestreich von James Watt, sondern erforderte jahrelange Entwicklungsarbeit, und die Maschine fand nur zögerlich mit Hilfe kostspieliger Unterstützung durch wagemutige Unternehmer ihren Weg in die industrielle Produktion. Gerade im 18. und frühen 19. Jahrhundert sind in England eine große Zahl von Erfindungen und ihre Nutzanwendung in der praktischen Produktion zu verzeichnen, die wesentlich zum Erfolg der Industriellen Revolution beigetragen haben. Eine Auswahl der wichtigsten Innovationen bietet die folgende Tabelle:[179]

---

[178] Frederic M. Scherer, Erfindung und Innovation bei der Entwicklung der Dampfmaschine durch Watt-Boulton, in: Rudolf Braun u.a. (Hg.), Industrielle Revolution. Wirtschaftliche Aspekte, Köln 1976, S. 139–160.

[179] Entnommen aus Toni Pierenkemper, Umstrittene Revolutionen, S. 193-196.

Tabelle 20: Wichtige technologische Innovationen während der englischen Industriellen Revolution im 18. und 19. Jahrhundert

Innovation	Jahr	Innovator
Erschmelzen von Roheisen durch den Einsatz von Steinkohle	1709	Abraham Darby
Erste funktionsfähige Dampfpumpe	1712	Thomas Newcomen
„Fliegendes Schiffchen" zur Steigerung der Leistungsfähigkeit des Handwebstuhls	1733	John Kay
Erfindung des Tiegelstahlverfahrens	1742	Benjamin Huntsman
Erste Spinnmaschine, „Spinning Jenny"	1764	James Hargreaves
Erste atmosphärische Dampfmaschine	1769	James Watt
Verbesserte Spinnmaschine	1769	Richard Arkwright
Puddelverfahren	1784	Henry Cort
Erster mechanischer Webstuhl	1785	Edmund Cartwright
Erste Lokomotive	1815	George Stephenson
Heißluftgebläse im Hochofen	1829	J.B. Neilson

Quelle: Toni Pierenkemper, Umstrittene Revolutionen. Die Industrialisierung im 19. Jahrhundert, Frankfurt a. M. 1996, S. 193-196.

Der Zusammenhang zwischen Wissenschaft und technologischem Fortschritt erweist sich jedoch alles andere als eindeutig. Dementsprechend finden sich in der Literatur zu dieser Frage gegensätzliche Auffassungen. Während einerseits die Meinung vertreten wird, dass die Wissenschaft und ihr Entwicklungsstand kaum einen Einfluss auf die beginnende Industrialisierung gehabt habe, wird andererseits in der Wissenschaft gar die wichtigste Quelle für das Aufkommen der Industrie gesehen.[180] Praktisch stellt sich bei der Beantwortung dieser Streitfrage das Problem der Bewertung der zweifellos beobachtbaren Zunahme wissenschaftlicher Erkenntnisse in der frühen Neuzeit hinsichtlich ihrer Bedeutung für den industriellen Fortschritt. Schon bei den zeitgenössischen Autoren finden sich zahlreiche Hinweise auf die Wichtigkeit der Wissenschaft für die wirtschaftliche Entwicklung. Entsprechend wurden zahlreiche konkrete Maßnahmen unternommen, um das wirtschaftliche Wachstum über die Schaffung von neuem Wissen zu fördern. Der Staat widmete sich zunehmend der Hervorbringung und dem Austausch

---

[180]   Peter Mathias, Wer entfesselte Prometheus? Naturwissenschaften und technischer Wandel von 1600 bis 1800, in: Rudolf Braun u. a. (Hg.), Industrielle Revolution – Wirtschaftliche Aspekte (Neue Wissenschaftliche Bibliothek Geschichte, Bd. 50), Köln, Berlin 1972, S. 121–138.

neuer wissenschaftlicher Erkenntnisse, so zum Beispiel in England durch die Gründung und Förderung von „Royal Societies". Daneben wurden auch auf privater Ebene zahlreiche wissenschaftliche Gesellschaften und Zeitschriften gegründet, und ein ausgedehntes Korrespondenzwesen entwickelte sich, was eine Öffnung der Wissenschaft gegenüber praktischen Problemen bedeutete. Aus dieser Entwicklung heraus lassen sich zum Beispiel in England die Fortschritte im Bereich der Landwirtschaft erklären, die sich mit dem Schlagwort „Agrarrevolution" belegen lassen, aber auch innerhalb der Industriegeschichte finden sich zahlreiche Beispiele.

In Deutschland und insbesondere in Preußen hat der Staat eine wichtige Rolle für die Förderung von Technik und technologischen Innovationen im 19. Jahrhundert übernommen.[181] Diese allgemeine Sicht der Dinge ist im Hinblick auf neuere Forschungsergebnisse allerdings zu differenzieren. Es zeigt sich, dass der preußische Staat keineswegs ein geschlossenes, konsistentes Modernisierungskonzept vertrat, sondern durchaus konfligierende Vorstellungen auch innerhalb der Staatsbürokratie auffindbar waren.[182] Dies lässt sich z.B. an der Einbeziehung des preußischen Staates in die Industrialisierung Oberschlesiens eindrucksvoll veranschaulichen. Während die Zentralbehörde in Berlin, vertreten durch Departementsvorsteher Heynitz, Mitte des 19. Jahrhunderts eine Strategie befürwortete, bei der der Staat die Initiative der Privaten zur Entwicklung einer Schwerindustrie vor Ort fördern sollte, plädierte der Oberbergamtspräsident Reden in Breslau für Staatsbetriebe. In dieser Auseinandersetzung setzte sich schließlich Reden durch, und der preußische Fiskus wurde im frühen 19. Jahrhundert in Oberschlesien zum größten Unternehmer mit eigenen Hüttenwerken und Kohlegruben. Die langfristigen Wirkungen der staatlichen Maßnahmen auf die Industrialisierung und das Wachstum der preußischen Wirtschaft sind jedenfalls kritisch zu hinterfragen und es eröffnet sich dabei ein Bild, nach dem bis in die 1830er Jahre die staatlichen Maßnahmen (Reformgesetze, Gewerbeförderung) durchaus als segensreich für die private Wirtschaft anzusehen waren, sich danach ihre Wirkung jedoch zunehmend ins Gegenteil verkehrte.[183]

---

[181]   Ein Überblick über die wichtigste Literatur bietet Eric Dorn Brose, The Politics of Technological Change in Prussia. Out of Shadow of Antiquity, 1809-1848, Princeton, N. J. 1993, S. 3-8.

[182]   Dies hat Eric Dorn Brose, The Politics of Technological Change eindrucksvoll belegt.

[183]   Zu dieser skeptischen Einschätzung vgl. auch Richard H. Tilly, Banken und Industrialisierung in Deutschland 1815-1870: Ein Überblick, in: Ders., Kapital, Staat und sozialer Protest in der

Eine wichtige Determinante für den technischen Fortschritt in einer Gesellschaft stellt hingegen die staatliche Bildungspolitik dar. Hier, im Bereich des Auf- und Ausbaus des Schul- und Hochschulwesens, war der preußisch-deutsche Staat im 19. Jahrhundert außerordentlich aktiv und erfolgreich. Die allgemeine Schulpflicht, bereits im 18. Jahrhundert verordnet, wurde zunehmend durchgesetzt, und ein umfassendes und ausdifferenziertes Bildungssystem begann sich herauszubilden. Auf der unteren und mittleren Ebene trug dazu der Ausbau des Fortbildungswesens, im gewerblichen Bereich im frühen 19. Jahrhundert, im kaufmännischen erst im späten 19. Jahrhundert, wesentlich bei. Daneben expandierten die Fachschulen für spezifische Berufe und Berufsbereiche, wobei die preußischen Provinzialgewerbeschulen in ihrer Bedeutung häufig überschätzt wurden.

Insbesondere auch im Bereich der Hochschulen machten sich Entwicklungen bemerkbar, die dem wirtschaftlichen und technischen Fortschritt in Deutschland den Weg bahnten.[184] Dazu trug der Aufschwung der chemischen Wissenschaften an den Universitäten (1824 Liebig in Gießen, 1831 Erdmann in Leipzig, 1836 Wöhler in Göttingen und 1839 Bunsen in Marburg) ebenso bei wie die Gründung von Technischen Hochschulen. Vorbild dieser neuen Form von Hochschule bildete die 1794 in Paris begründete „Ecole Polytechnique", an der sich das Polytechnische Institut in Wien (1815) ebenso orientierte wie die Polytechnische Schule in Karlsruhe (1825) als erste Gründung im Gebiet des späteren Deutschen Reichs. Weitere Technische Hochschulen wurden in verschiedenen deutschen Staaten in rascher Folge gegründet (Dresden 1826, München 1827, Stuttgart 1829, Kassel 1830, Hannover 1831, Braunschweig 1835, Darmstadt 1836), so dass bis 1910 im Reich elf entsprechende Lehranstalten existierten.

Damit jedoch nicht genug. Der Staat griff auf eine Reihe privater Initiativen zurück, die ihren Ausdruck in der Gründung naturwissenschaftlicher Vereine fanden (1816 Polytechnische Gesellschaft in Frankfurt a. M., 1822 Gesellschaft der deutschen Naturforscher und Ärzte, 1856 Verein deutscher Ingenieure, 1868 Deutsche Chemische Gesellschaft u.a.), und begründete 1887 die Physikalisch-technische Reichsanstalt als staatliche Institution außerhalb der Hochschulen mit dem ausdrücklichen Ziel der Unterstützung industrienaher Forschung. Die Indust-

---

deutschen Industrialisierung. Gesammelte Aufsätze, Göttingen 1980, S. 29-54 und allgemein Eric Dorn Brose, The Politics of Technological Change, S. 12.

[184] Vgl. dazu Rainer Fremdling, Industrial Revolution and Scientific and Technological Progress, in: Jahrbuch für Wirtschaftsgeschichte 1997/2, S.147-168

rie selbst war ebenfalls bereits mit der Gründung eigener Forschungslabors (Bayer 1885, Krupp bereits 1867 u.a.) und eigenständiger Forschungsinstitute (Robert Koch Institut 1891, Paul Ehrlich Institut 1896) aktiv geworden. Den vorläufigen Abschluss dieser Phase bildete die Gründung der Kaiser Wilhelm Gesellschaft im Jahr 1911.

Aber nicht nur in dieser unmittelbaren Weise förderte der Staat im 19. Jahrhundert den wissenschaftlich-technischen Fortschritt und damit den Auf- und Ausbau wesentlicher Industrien. Insbesondere auch die Patentgesetzgebung (Reichsgesetz 1877) förderte den technischen Fortschritt durch den Schutz geistigen Eigentums an Erfindungen.

Angesichts der Komplexität von Wissenschaft und Technik einerseits und des wenig eindeutigen Zusammenhangs mit Industrialisierung und Wachstum andererseits sind eindeutige Zusammenhänge zwischen staatlichen Förderungsmaßnahmen und ökonomischem Erfolg nur schwer aufzuzeigen. Weder Heroen noch Zwangsläufigkeiten prägen das Bild, sondern eine differenzierte Betrachtungsweise erscheint angemessen. Wichtig ist es zu betonen, dass Technik sich nicht allein als ein neutraler „Sachzwang" darstellt, sondern immer zugleich auch in einen gesellschaftlichen Kontext eingebunden bleibt, da für ihre Durchsetzung gewisse gesellschaftliche Voraussetzungen erfüllt sein müssen. Im Vergleich etwa zu Frankreich erschien England am Vorabend der Industriellen Revolution als ein wissenschaftlich eher rückständiges Land, und dennoch hat die Revolution dort und nicht in Frankreich oder anderswo stattgefunden. Offenbar waren in England die Anwendungsbedingungen für die neuen Technologien günstiger als auf dem Kontinent. Dort konnte man lediglich versuchen, diesem Vorbild nachzueifern. Es gibt möglicherweise eigentümliche national oder gar auch regional geprägte Produktionssysteme,[185] und das gilt auch für die Technik, deren Stil ebenfalls national geprägt scheint.[186] In der Geschichte ergeben sich häufig alternative Möglichkeiten der Entwicklung ähnlich effizienter technischer Lösungen, die den jeweils gegebenen sozialen Bedingungen „angepasst" werden müssen. Die Übernahme einer unangepassten Technologie kann dann eher als ein Zeichen der Rückständigkeit gesehen werden. So wurde „Vorbild" England bereits im 19.

---

[185]   Vgl. dazu Werner Abelshauser, Umbruch und Persistenz. Das deutsche Produktionsregime in historischer Perspektive, in: Geschichte und Gesellschaft 27 (2001), S. 503-523.

[186]   Joachim Radkau, Technik in Deutschland. Vom 18. Jahrhundert bis zur Gegenwart, Frankfurt a. M. 1990, S. 20-27.

Jahrhundert durch das „American System of Manufactures" verdrängt, und auch
der deutsche Weg zu einer Verwissenschaftlichung der Produktion, wie er z. B. in
der chemischen Industrie beschritten wurde,[187] lässt sich als nationale Innovati-
onsstrategie interpretieren.

5. Außenwirtschaft

„Außenhandel nützt allen!" Die Gültigkeit dieses Ausspruches wurde im 19. Jahrhundert von den Vertretern des Freihandels verfochten. Zugleich formierte sich
ihnen gegenüber das Lager der Schutzzöllner, die Schutz- und Erziehungszölle
zum Erhalt der internationalen Wettbewerbsfähigkeit ihrer nationalen Volkswirtschaften forderten. Und wie so häufig hatten beide Seiten Recht. Die Erkenntnis,
dass Außenhandel kein Nullsummenspiel darstellt, sondern für alle Beteiligten mit
positiven Erträgen verbunden sein kann, verdanken wir der Theorie der komparativen Kostenvorteile von David Ricardo.[188] Allerdings gilt als Voraussetzung für
die aus dieser Erkenntnis hergeleitete Freihandelsdoktrin die Wettbewerbsfähigkeit der miteinander Austausch betreibenden Volkswirtschaften. Genau dies
schien den Kritikern jedoch gegenüber dem fortschrittlichen England zu Beginn
des 19. Jahrhunderts nicht gewährleistet zu sein. Deshalb waren es vorwiegend
kontinentale Autoren, so vor allem Friedrich List in Deutschland, die zumindest
für eine Übergangzeit die Einführung von Zöllen zum Schutz vor der ausländischen Konkurrenz forderten und zugleich vom Staat ein Programm zur plan-
mäßigen Veränderung der Wirtschaftsstruktur mit Schaffung eines großen Binnenmarktes und eines leistungsfähigen Verkehrssystems erwarteten.

Die tatsächliche Entwicklung des europäischen Außenhandels hatte zunächst
jedoch eine ganz andere Richtung genommen. Seit den Entdeckungen und Erobe-
rungen des 16. Jahrhunderts war die überseeische Welt in den Gesichtskreis der
großen europäischen Staaten getreten und hatte deren Begehrlichkeit geweckt.[189]
Waren die Wirtschaftsbeziehungen vor allem zu Süd- und Mittelamerika im 16.

---

[187] Vgl. dazu Jochen Streb, Staatliche Technologiepolitik und branchenübergreifender Wissens-
transfer. Über die Ursachen internationaler Innovationserfolge der deutschen Kunststoffindustrie im 20. Jahrhundert, Berlin 2003, S. 13-18.

[188] Alfred E. Ott und Harald Winkel, Geschichte der theoretischen Volkswirtschaftslehre, S. 100-
106.

[189] Peter Kriedte, Spätfeudalismus und Handelskapital. Grundlinien der europäischen Wirtschaftsgeschichte vom 16. bis zum Ausgang des 18. Jahrhunderts, Göttingen 1980.

Jahrhundert noch durch Raub, Plünderung und direkte Ausbeutung geprägt, so entwickelte sich im 17. Jahrhundert mit dem Aufbau der tropischen Plantagenwirtschaften der typische Dreieckshandel zwischen Westafrika (Sklaven), Amerika (Kolonialprodukte) und Europa (Manufakturwaren und Gewinnaneignung). Dieser vorindustrielle Überseehandel vollzog sich typischerweise in der Form, dass europäische Händler mit billigen Manufakturwaren in Westafrika von zumeist arabischen Sklavenhändlern Negersklaven kauften und diese dann nach Südamerika und in die Karibik verschifften. Dort stießen Arbeitssklaven auf eine große Nachfrage, weil europäische Siedler große Plantagen mit Zuckerrohr und ähnlichen Tropenprodukten angelegt hatten, die unter permanentem Arbeitermangel litten, weil die heimische Bevölkerung — wesentlich durch Kriege und Seuchen dezimiert — kaum in der Lage und zum Teil auch nicht bereit war, sich den Mühen der Plantagenarbeit zu unterziehen. Die in den Kolonien hergestellten und gewonnenen Produkte waren auf den europäischen Märkten als Rohstoffe und sogenannte „Kolonialwaren" hoch willkommen und ihre Vermarktung garantierte außerordentlich hohe Gewinne. An diesem Geschäft waren zahlreiche europäische Länder in unterschiedlicher Weise beteiligt, von denen zunächst Holland, später England, den größten Vorteil zogen. Dazu trugen auch zahlreiche Handelskompanien bei, die bereits im 17. Jahrhundert bedeutende Gewinne machten und ihre Geschäfte auch nach Ostasien ausdehnten.

Mit der Entstehung von Siedlerkolonien in Übersee und der Entfaltung der gewerblichen Produktion in Europa im 18. Jahrhundert bildeten sich neue Handelswege und -bereiche heraus, so vor allem der Handel zwischen England und Nordamerika sowie der Indienhandel Englands und der Niederlande. Ein weit verzweigtes Welthandelssystem begann sich zu entfalten. Die außereuropäische Welt gewann in mehrfacher Hinsicht für die europäische Wirtschaft an Bedeutung.[190] Erstens gelangten aus diesen Regionen Rohstoffe nach Europa, deren Verarbeitung und Reexport einen zunehmend wichtigen Teil der Wirtschaft der europäischen Länder ausmachte, wofür die Baumwolle in England ein bekanntes Beispiel darstellt. Zweitens dienten vor allem die Karibik und Nordamerika als Absatzgebiete für die in Europa gefertigten gewerblichen Produkte. So wurde der atlantische Wirtschaftsraum beispielsweise zu einem überragenden Faktor für die

---

[190] Für den umgekehrten Zusammenhang vgl. Albert Wirz, Transatlantischer Sklavenhandel, Industrielle Revolution und die Unterentwicklung Afrikas. Zur Diskussion um den Aufstieg des kapitalistischen Weltsystems, in: Geschichte und Gesellschaft 8 (1982), S. 518-537.

Entwicklung der europäischen Textilgewerbe. Drittens schließlich wurde der Handel mit den außereuropäischen Regionen zur Quelle des europäischen Reichtums, denn die großen Gewinne aus dem Außenhandel schufen Ersparnisse, die einer produktiven Verwendung zugeführt werden konnten. Der Außenhandel des 18. Jahrhunderts mit den Ländern in Übersee war in erster Linie für Europa nutzenstiftend.

Der Handel dominierte bis in das 18. Jahrhundert hinein noch weitgehend die weltwirtschaftlichen Austauschbeziehungen, während die Formen der Produktion noch überwiegend traditionell geprägt blieben. Insbesondere die Leinenherstellung war in verschiedenen europäischen Regionen zum wichtigsten Gewerbezweig herangewachsen. Diese erfolgte in bäuerlicher Nebenerwerbstätigkeit, und ihre Expansion stellte eine Reaktion auf Bevölkerungswachstum und Bodenzersplitterung in der Landwirtschaft dar, die den stark wachsenden unterbäuerlichen Schichten im Rahmen einer Familienwirtschaft Chancen des Überlebens sicherte.[191]

Mit der beginnenden Industrialisierung am Ende des 18. Jahrhunderts wurde der Außenhandel zwischen den europäischen Staaten zunehmend wichtiger. Insbesondere die ältere Literatur betont die große Bedeutung, die der britische Außenhandel für die dort stattfindende Industrielle Revolution gehabt hat, da die Wachstumsraten des Außenhandels kontinuierlich über denen der Gesamtwirtschaft lagen.[192] Jedoch erfolgte die Expansion des Außenhandels nicht kontinuierlich. Erst zwischen 1770 und 1800, also in der entscheidenden Aufschwungphase der britischen Industrie, ließ sich ein besonders starkes Wachstum des Außenhandels beobachten, wie Schaubild 15 eindrucksvoll zeigt.

Die Exportquote der englischen Wirtschaft betrug um 1700 etwa 8,4 v.H. und stieg mit Schwankungen (1760: 14,6 v.H., 1780: 9,4 v.H.) im Laufe des Jahrhun-

---

[191] Ausführlich dazu Peter Kriedte, Hans Medick und Jürgen Schlumbohm, Industrialisierung vor der Industrialisierung, ursprünglich Franklin F. Mendels, Proto-industrialization, S. 241-261.
Wegen der darin zugleich offenbar werdenden Tendenzen zu weiterem Bevölkerungswachstum trug diese Form der gewerblichen Durchdringung des Landes zugleich auch den Kern ihres Scheiterns in sich und endete schließlich in einer schwerwiegenden Krise, die man in Deutschland als „Pauperismus" beschrieben hat. Vergleiche dazu auch Werner Conze, Vom „Pöbel" zum "Proletariat".

[192] Robert P. Thomas und Donald N. McCloskey, Overseas Trade and Empire 1700-1860, in: Roderick Floud und Donald McCloskey (Hg.), The Economic History of Britain since 1700, Bd. 1, Cambridge 1983, S. 87-102.

derts bis 1801 auf etwa knapp das Doppelte (15,7 v.H.). Zuvor muss sie deutlich
unter 8 v.H. gelegen haben.

Schaubild 15: Wachstum des britischen Außenhandels, 1700-1800 (Nettoimporte zuzüglich heimischer Exporte in offiziellen Werten)

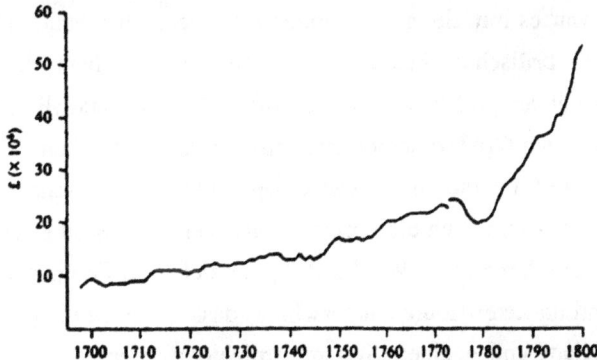

Quelle: Stanley L. Engerman, Mercantilism and overseas trade, 1700-1800, in: Roderick Floud
und Donald McCloskey (Hg.), The Economic History of Britain since 1700, Bd. 1: 1700-1860,
Cambridge 1994, S. 182-205, hier S. 188.

Bereits im 18. Jahrhundert stützte sich der Export zu mehr als drei Vierteln
auf die Ausfuhr von Fertigprodukten. Doch der eigentliche Höhepunkt der britischen Exportwirtschaft sollte erst im 19. Jahrhundert erreicht werden, wie das
Schaubild 16 deutlich werden lässt.

Schaubild 16: Wachstum des britischen Außenhandels, 1800-1880 (heimische Exporte, 1880 =
100)

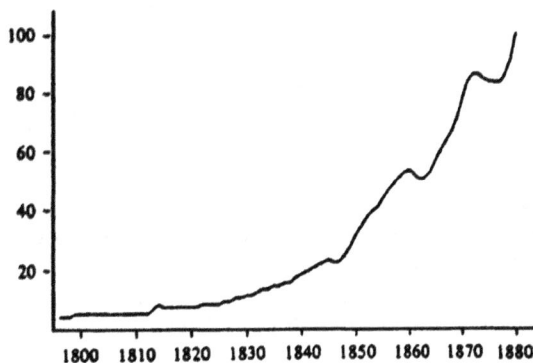

Quelle: Robert P. Thomas und Donald N. McCloskey, Overseas Trade and Empire 1700-1860, in:
Roderick Floud und Donald N. McCloskey (Hg.), The Economic History of Britain since 1700,
Bd.1: 1700-1860, Cambridge 1983, S. 87-102, hier S. 89.

In seiner Struktur bildete der Außenhandel Großbritanniens einen einmaligen Fall. Der Export bestand hauptsächlich aus Fertigprodukten, während vorwiegend Nahrungsmittel, Rohstoffe und Halbfabrikate importiert wurden. Schon 1760 wurde von dort etwa 35 v.H. der Weltindustrieproduktion exportiert, und bis zur Mitte des 19. Jahrhunderts entwickelte sich England wahrlich zur „Werkstatt der Welt". Dann war es mit dieser eindeutigen Dominanz aber bald vorbei. Von der Expansion des britischen Außenhandels konnten vor allem die kontinental-europäischen Länder profitieren. So exportierte Preußen zum Beispiel zunächst Agrarprodukte nach Großbritannien und erlangte von dort neben Fertigprodukten auch Halbfabrikate für die eigene Gewerbeproduktion.[193] Bereits zu Beginn des 19. Jahrhunderts hatten auch die übrigen deutschen Territorien einen bemerkens-werten Anteil am damaligen „Welthandel", der sich vom Fernhandel der voraus-gehenden Jahrhunderte dadurch unterschied, dass er in Umfang und Intensität zugenommen hatte und zu einem System verdichtet worden war.

Zahlreiche Importgüter wurden trotz hoher Transportkosten auch nach Deutschland eingeführt.[194] Im Gegenzug wurden dafür aus Deutschland Getreide, Bauholz und Wolle über die Ostseehäfen exportiert. Gewerbeprodukte, d.h. über-wiegend Leinwand, fanden ihren Weg über Bremen und Hamburg auf die interna-tionalen Märkte. Zur Förderung des Außenhandels wurden den niederländischen und englischen Vorbildern folgend Handelsgesellschaften gegründet.[195] Erst der Ausbau des Verkehrssystems im frühen 19. Jahrhundert schuf dann jedoch die Voraussetzung zur folgenden dynamischen Expansion des deutschen Außenhan-dels, wie er in Tabelle 21 dokumentiert ist.

---

[193] Rolf H. Dumke, Anglo-deutscher Handel und Frühindustrialisierung in Deutschland 1822–1865, in: Geschichte und Gesellschaft 21 (1979), S. 175–200.

[194] Gerhard Bondi, Deutschlands Außenhandel 1815-1870, Berlin (Ost) 1958. Es handelte sich überwiegend um Güter des gehobenen Bedarfs wie Pelze, Tee, Wein, Gewürze, Seide und al-les das, was man als „Kolonialwaren" bezeichnete.

[195] Die preußische Seehandlung war eine der wichtigsten Gründungen. Vgl. dazu Wolfgang Radtke, Die preußische Seehandlung zwischen Staat und Wirtschaft in der Frühphase der In-dustrialisierung, Berlin 1981.

Tabelle 21: Der deutsche Außenhandel 1835-1870 (in Mark)

Jahr	Einfuhr	Ausfuhr	Einfuhr pro Kopf	Ausfuhr pro Kopf
1835	334	423	14,1	18,0
1840	502	549	19,2	20,7
1845	659	534	22,5	18,3
1850	545	522	18,3	17,4
1855	947	926	29,1	28,2
1860	1.113	1.060	32,5	30,9
1865	1.221	1.155	33,8	32,0
1870	2.188	1.967	56,1	50,3

Quelle: Gerhard Bondi, Deutschlands Außenhandel 1815-1870, Berlin (Ost) 1958, S. 145.

Mit der Gründung des deutschen Zollvereins im Jahre 1834 setzte eine Expansion des deutschen Außenhandels ein, die dem Zollverein zunächst Ausfuhrüberschüsse bescherte, die sich dann jedoch in der industriellen Expansion seit den 1840er Jahren in Defizite verwandelten (Vgl. Tabelle 21). Auch die Struktur des deutschen Außenhandels unterlag in diesem Zeitraum einem deutlichen Wandel. Der Anteil an Fertigwaren an der Einfuhr sank z.B. von 21. v.H. (1828) auf 13,2 v.H. (1869), während die Einfuhr von Rohstoffen und Halbfabrikaten von 49,7 v.H. (1828) auf 62,5 v.H. (1869) anstieg.

Diese ersten Erfolge blieben jedoch noch bescheiden, denn erst in der zweiten Hälfte des 19. Jahrhunderts entstand eine erste globalisierte Weltwirtschaft, und Deutschland wurde zu einem integralen Bestandteil derselben.[196] Das Aufkommen der industriellen Konkurrenz auf dem Kontinent und in den USA machte sich allmählich im Außenhandel bemerkbar, und bis zum Ende des 19. Jahrhunderts bildete sich eine neue charakteristische Struktur im Welthandel heraus.[197] Der ehemalige Kolonialhandel und der Handel mit außereuropäischen Regionen schrumpften auf ein unbedeutendes Maß. Europa und USA handelten vorwiegend mit sich selbst. 1913 vollzogen sich zwei Drittel des gesamten Welthandels unmit-

---

[196] Gerhard Hardach, Deutschland in der Weltwirtschaft 1870-1970. Eine Einführung in die Sozial- und Wirtschaftsgeschichte, Frankfurt a. M., New York 1977. Umfassend dazu Richard H. Tilly, Globalisierung aus historischer Sicht und das Lernen aus der Geschichte (Kölner Vorträge zur Sozial- und Wirtschaftsgeschichte, H. 41), Köln 1999, und Knut Borchardt, Globalisierung aus historischer Perspektive (Sitzungsberichte der Bayerischen Akademie der Wissenschaften Jg. 2001, H. 2), München 2001.

[197] Wolfram Fischer, Die Weltwirtschaft im 20. Jahrhundert, Göttingen 1979, S. 11-20.

telbar in Europa, und drei Viertel des internationalen Warenaustauschs ereignete
sich in Europa und den europäischen Siedlungsgebieten in Übersee (USA, Australien etc.). Zwar wurden vor 1913 noch überwiegend Primärgüter gehandelt, aber
ihr Anteil am Welthandel nahm stetig ab und wurde nach dem Ersten Weltkrieg
von den Industriegütern übertroffen. Allein der Handel mit mineralischen Rohstoffen blieb weiterhin wichtig. Beim Handel mit Industriegütern erlangten Inves-
titionsgüter eine zentrale Bedeutung.

Insgesamt zeigt sich also, dass die Weltwirtschaft weitgehend durch die euro-
päisch besiedelten Länder dominiert wurde. Hier ereignete sich eine Gewichtsver-
lagerung zugunsten der dynamischen Kernländer der Industrialisierung, in denen
ein beachtliches Wirtschaftswachstum mit gleichzeitiger Intensivierung der Produktion zu beobachten war. Der Rest der Welt war und blieb nur unzureichend
beteiligt. Außenhandel nutzte demnach vor allem den Industrieländern. Doch damit nicht genug, denn die außenwirtschaftlichen Beziehungen einer Volkswirtschaft beschränken sich ja nicht auf den Warenaustausch, sondern mittel- und
langfristig sind auch die Produktionsfaktoren, hier Arbeit und Kapital, mobil. Im
Vergleich zu England und Frankreich setzte zwar der deutsche Kapitalexport relativ spät ein, er belief sich bis 1913 aber immerhin auf geschätzte 25 Mrd. Mark.
Deutschland nahm damit in der Reihe der Kapitalexportländer nach England und
Frankreich die dritte Stelle ein.[198] Auch die Arbeitskräfte in Deutschland erwiesen
sich im 19. Jahrhundert als außerordentlich mobil. Es kam nicht nur zu einer um-
fangreichen Binnenwanderung in die expandierenden Industrieregionen, sondern
mehrere Millionen Deutsche suchten ihr Glück auch in Übersee, vornehmlich in
den USA.[199]

Den Beitrag, den der Außenhandel zum Wirtschaftswachstum der europäischen Staaten bis ins 19. Jahrhundert geleistet hat, ist für die einzelnen Volkswirtschaften äußerst unterschiedlich anzusetzen. Von Spanien wird häufig behauptet,
dass die Edelmetallzuflüsse aus den Kolonien sogar einen langfristig negativen
Effekt auf das Wirtschaftswachstum gehabt hätten. Inflation und Unterminierung
der Wachstumskräfte der heimischen Tuchindustrie seien die wesentlichen Ergebnisse gewesen. England hingegen habe außerordentlich profitiert und nicht zu
Unrecht spricht Karl Marx der „ursprünglichen Akkumulation des Kapitals" in

---

[198]   Richard H. Tilly, Vom Zollverein zum Industriestaat, S. 117-124 und Manfred Pohl, Deut-
        scher Kapitalexport im 19. Jahrhundert, Frankfurt a. M. 1977, S. 57 ff.
[199]   Klaus J. Bade, Vom Auswanderungsland zum Einwanderungsland 1880-1918, Berlin 1983.

dieser Phase einen wichtigen Beitrag zur späteren Industrialisierung zu. Für Deutschland ist die Einschätzung eher zwiespältig. Dessen Industrialisierung stützte sich im wesentlichen Maße auf die Erschließung heimischer Rohstoffe und des Binnenmarktes, blieb aber durchaus auch von externen produktiven Inputs (Know-How) abhängig und entwickelte später eine bedeutende Exportwirtschaft. Somit leisteten alle produktiven Inputs, die im Sinne der makroökonomischen Produktionstheorie als „Produktionsfaktoren" klassifiziert werden können, Beiträge zum wirtschaftlichen Wachstum. Sie bilden also in der Tat die Triebkräfte der Wohlstandsmehrung in der Neuzeit. Inwieweit allerdings einzelne dieser Faktoren hervorgehoben werden können, bleibt unklar. Denn einmal hängen die möglichen Wachstumsbeiträge der Produktionsfaktoren von der jeweiligen historischen Situation ab, z.B. von ihrer relativen Knappheit gegenüber den übrigen, komplementären Faktoren. Zum anderen sollte deutlich geworden sein, dass nur das Zusammenspiel und die gegenseitige Ergänzung der einzelnen Faktoren insgesamt zu einer tragfähigen Entwicklung beitragen können. Zudem sollte daran erinnert werden, dass mit den fünf hier hervorgehobenen Produktionsfaktoren noch längst nicht die Komplexität des historischen Entwicklungsprozesses hinreichend erfasst wurde. Weitere Faktoren sind denkbar, wie z.B. das wirtschaftspolitische Handeln des Staates, und überhaupt müsste der Wandel der rechtlich-institutionellen Rahmenbedingungen mitberücksichtigt werden[200] — doch dazu später mehr.

---

[200] Vgl. hierzu neuerdings Clemens Wischermann und Anne Nieberding, Die Institutionelle Revolution, sowie die knappen Hinweise hier weiter unten auf S. 164-170.

IV. Differenzierungen im Prozess des Wirtschaftswachstums

1. Zur sektoralen Struktur von Wirtschaftswachstum und Industrialisierung

Wirtschaftliches Wachstum vollzieht sich nicht als ein homogener Prozess, der alle Sektoren einer Volkswirtschaft gleichmäßig erfasst, sondern es geht mit tief greifenden Strukturwandlungen einher. Schon zu Beginn des 20. Jahrhunderts hat Joseph Schumpeter darauf hingewiesen, dass es die Veränderungen im ökonomischen Kreislauf sind, die entscheidend zur Entwicklung der Volkswirtschaften beitragen.[201] Ausgehend von der hier zugrunde gelegten Interpretation der Produktion als einer Kombination produktiver Faktoren, lässt sich wirtschaftliches Wachstum auf die Durchsetzung neuer Faktorkombinationen zurückführen, wobei dies nicht nur einzelwirtschaftlich gilt, sondern auch mit Blick auf die volkswirtschaftlichen Produktionsfaktoren. Der vorausgehende Abschnitt über die Triebkräfte des modernen Wirtschaftwachstums sollte verdeutlicht haben, dass es der passende Mix der dort behandelten Faktoren war, der wesentlich zum Wirtschaftswachstum und zur Industrialisierung im 19. Jahrhundert beigetragen hat. Auf der Unternehmensebene hat Schumpeter diesen dynamischen Entwicklungsprozess mit dem Begriff der Innovation zu umschreiben versucht. Zu erinnern ist daran, dass auch in der Einzelwirtschaft die Einführung neuer Produktionsmethoden (technologische Innovation) dabei seiner Ansicht nach jedoch nur eine von fünf verschiedenen Arten der Innovation darstellt. Diese fünf Arten sind Prozessinnovationen, Produktinnovationen, neue Absatzmärkte, neue Rohstoffquellen und die Neuorganisation.

Erkenntnisse über die große Bedeutung von Ungleichgewichten im Entwicklungsprozess und über die Rolle der Innovationen bei der Überwindung derartiger Disproportionalitäten haben die Vorstellungen über die Eigenarten sektoralen Wachstums stark beeinflusst. Gerade das überproportionale Wachstum des industriellen Sektors, das ja als entscheidend für den Industrialisierungsprozess anzusehen ist, erscheint sehr stark durch Innovationen und die im Zusammenhang damit

---

[201] Vgl. Joseph Alois Schumpeter, Theorie der wirtschaftlichen Entwicklung, S. 95-96.

auftretenden sektoralen Ungleichgewichte geprägt worden zu sein. Eine derartige Sichtweise kann nicht nur im Hinblick auf die überragende Bedeutung des Wachstums von Gewerbe und Industrie, sondern auch zur Erklärung der inneren Dynamik des Industriesektors selbst hilfreich sein, ein Sektor, der sich ja nicht als ein monolithischer Block darstellt, sondern einhergehend mit zahlreichen strukturellen Verwerfungen sich allmählich entwickelt hat. Derartige Verwerfungen ergeben sich beispielsweise dadurch, dass innovative Technologien nicht von Beginn an flächendeckend eingesetzt werden, sondern zunächst einmal in neuen, besonders „dynamischen" Produktionsbereichen Verwendung finden. Innerhalb einer Wirtschaft lassen sich demnach einige Leitsektoren ausmachen, deren Expansion das gesamtwirtschaftliche Wachstum vorantreibt und von denen anregende Impulse für die Entwicklung der übrigen Sektoren ausgehen. Diesem Ansatz liegt die Vorstellung zugrunde, dass wirtschaftliches Wachstum per se ein ungleichgewichtiger Prozess ist, der manche Sektoren stärker, manche weniger und manche gar nicht erfasst.[202]

Die Berücksichtigung sektoraler Unterschiede in den Produktionsbedingungen einer Volkswirtschaft finden sich bereits bei den vorklassischen Ökonomen, so zum Beispiel im „Tableau Economique" von François Quesnay, in dem sektorale Differenzierungen erstmals auch theoretisch analysiert werden. Entsprechend den Umständen der Zeit sieht Quesnay allein in den landwirtschaftlichen Tätigkeiten die Quelle gesellschaftlichen Reichtums und wirtschaftlicher Entwicklung, während er Handels- und Gewerbetätigkeiten als ökonomisch „steril" klassifiziert.[203] Auch Karl Marx hat den Gedanken einer sektoralen Disaggregation der Wirtschaft aufgegriffen und im Zusammenhang mit seiner Analyse der einfachen und der erweiterten Reproduktion die Gesamtwirtschaft in einen Produktionsbereich für Konsumgüter und einen für Produktionsgüter unterteilt.[204] Ähnliche Unterscheidungen werden auch von nicht-marxistischen Autoren vorgenommen, so zum Beispiel von Walther G. Hoffmann, der für die Analyse des Industrialisierungsprozesses des 19. Jahrhunderts in ähnlicher Weise Konsumgüterindustrien von Kapitalgüterindustrien unterscheidet und ihr quantitatives Verhält-

---

[202] Albert O. Hirschman, Die Strategie der wirtschaftlichen Entwicklung, Stuttgart 1967, S. 47; Ernst Venten, „Balanced Growth" und „Unbalanced Growth" als operationale Entwicklungsstrategien unterschiedlicher Entwicklungsstadien, Diss. Bochum 1969.

[203] Alfred E. Ott und Harald Winkel, Geschichte der theoretischen Volkswirtschaftslehre, S. 29f.

[204] Karl Marx, Das Kapital. Kritik der politischen Ökonomie, Bd. 1, Berlin 1973, S. 591 ff.; Ernest Mandel, Marxistische Wirtschaftstheorie, Bd. 1, Frankfurt a. M. 1968, S. 372–389.

nis zueinander als Maßstab für den ökonomischen Entwicklungsstand einer Volkswirtschaft verwendet.[205]

1.1   Sektortheorie und sektoraler Strukturwandel

Weiter oben, im Abschnitt II.2 dieser Abhandlung, wurde Industrialisierung im Kern als eine Veränderung der inneren Struktur einer Volkswirtschaft definiert. Dieser Definition liegt die Vorstellung zugrunde, dass eine Volkswirtschaft in verschiedene Hauptsektoren unterteilt werden kann. Hierbei werden üblicherweise unterschieden: der *primäre Sektor*, in dem die Urgewinnung unmittelbar aus den natürlichen Ressourcen erfolgt und der die Land- und Forstwirtschaft, die Fischerei und gelegentlich auch den Bergbau umfasst, daneben der *sekundäre Sektor*, in dem die in der Urproduktion gewonnenen Stoffe verarbeitet und in eine Vielzahl gewerblicher Erzeugnisse umgewandelt werden, und schließlich der *tertiäre Sektor*, der sich der Verteilung von gewerblichen Produkten und der Herstellung von immateriellen Produkten (Dienstleistungen) widmet.[206]

In Deutschland und zahlreichen vergleichbaren europäischen Ländern fand in den letzten 200 Jahren ein dramatischer sektoraler Strukturwandel statt, der sich auf die Zusammensetzung der Wertschöpfung dieser Volkswirtschaften auswirkte. Zu Beginn des 19. Jahrhunderts hatte die Landwirtschaft noch in nahezu allen europäischen Ländern den mit Abstand größten Anteil an der Gesamtwertschöpfung. Mit der Industrialisierung stieg die gewerbliche Produktion überproportional an und verdrängte den Agrarsektor im Laufe eines Jahrhunderts aus seiner dominierenden Position, obwohl auch die ländliche Produktion absolut betrachtet weiter wuchs. Eng mit der Expansion des sekundären Sektors verknüpft war die Entfaltung des tertiären Sektors, der dann in zahlreichen hoch entwickelten Volkswirtschaften ab der Mitte des 20. Jahrhunderts den größten Beitrag zur Wertschöpfung leistete.

Wird die Wertschöpfung als Maßstab für die gesamtwirtschaftliche Bedeutung der drei Sektoren herangezogen, so lässt sich feststellen, dass in Deutschland inzwischen der tertiäre Sektor dominiert. 1990 wies der primäre Sektor lediglich einen Anteil von 1,8 v.H. an der gesamten Wertschöpfung auf, das produzierende Ge-

---

[205]   Walther G. Hoffmann, Stadien und Typen der Industrialisierung, Jena 1931, S. 13.

[206]   Toni Pierenkemper, Gewerbe und Industrie im 19. und 20. Jahrhundert.

werbe trug mit 40,2 v.H. zur Wertschöpfung bei, und die öffentlichen und privaten Dienstleistungen hatten mit 58 v.H. bereits den größten Anteil an der Wertschöpfung gewonnen. Diese sektorale Verteilung der Produktion erscheint nicht untypisch für fortgeschrittene Industriegesellschaften.

In Deutschland wurde der tertiäre Sektor in den 1970er Jahren zur dominierenden Kraft, was sich anhand der Entwicklung der Erwerbstätigkeit in den drei Sektoren veranschaulichen lässt, die in der Tabelle 22 dargestellt wird.

Tabelle 22: Die Entwicklung der sektoralen Erwerbstätigkeit in Deutschland, 1882–2002 (in v.H.)

Jahr	Land- und Forstwirtschaft	Produzierendes Gewerbe	Öffentliche und Private Dienstleistungen
Deutsches Reich			
1882	48,3	31,8	19,9
1907	37,6	37,6	24,8
1925	30,3	42,3	27,4
1939	25,0	40,8	34,4
Bundesrepublik Deutschland			
1949	26,1	40,0	33,9
1950	23,1	44,5	32,1
1969	9,9	47,4	42,7
1990	3,4	40,0	56,6
2002	2,5	27,9	69,6

Quellen: Toni Pierenkemper, Wirtschaftssoziologie. Eine problemorientierte Einführung, Köln 1980, S. 236; für 1990: Institut der Deutschen Wirtschaft, Zahlen zur wirtschaftlichen Entwicklung der Bundesrepublik Deutschland, Köln 1991, Tab. 8; für 2002 dass., Zahlen zur wirtschaftlichen Entwicklung der Bundesrepublik Deutschland, Köln 2003, Tab. 1.

Der mit dem Industrialisierungsprozess einhergehende sektorale Strukturwandel fand bereits in den 1930er Jahren verstärkt Eingang in die wissenschaftliche Diskussion, als es darum ging, die britischen Dominions in Australien und Neuseeland aus ihrer starken Bindung an die landwirtschaftliche Produktion für das Mutterland zu lösen.[207] Die in diesem Zusammenhang gewonnenen Erkenntnisse wurden nach dem Zweiten Weltkrieg aufgegriffen und zur Formulierung der so-

---

[207] Allan G. B. Fisher, Production, Primary, Secondary and Tertiary, in: The Economic Record 15 (1939), H. 28, S. 24–38.

genannten „Sektortheorie" benutzt, nach der quasi gesetzmäßig mit dem Industrialisierungsprozess eine Produktionsverlagerung erfolgt, die zunächst den sekundären, später dann den tertiären Sektor überproportional wachsen lässt.[208] Neuere Untersuchungen versuchen, diesen Zusammenhang für eine Vielzahl von Volkswirtschaften (zum Teil für mehr als 100 Länder) unter Zuhilfenahme einer größeren Anzahl von Indikatoren empirisch nachzuweisen und die gewonnenen Einsichten für die Lösung der gegenwärtigen Probleme der Entwicklungsländer zu nutzen.[209] Zahlreiche Variablen bestätigen dabei den grundlegenden sektoralen Strukturwandel in allen untersuchten Ländern. Mit zunehmendem Entwicklungsstand, gemessen am Sozialprodukt pro Kopf, sinkt in diesen Ländern die Bedeutung der Landwirtschaft, und Gewerbe und Dienstleistungen gewinnen an Einfluss. Es handelt sich beim sektoralen Strukturwandel also offenbar um einen universalen Prozess.[210]

Ursache für diesen grundlegenden Strukturwandel in Wertschöpfung und Beschäftigung scheint in erster Linie die ungleichmäßige Entwicklung der Arbeitsproduktivitäten in den drei unterschiedlichen Sektoren gewesen zu sein. Es wird gemeinhin davon ausgegangen, dass die Produktivitätssteigerung im gewerblichen Sektor diejenigen in den beiden anderen Sektoren übertrifft und dass hierin eine ganz entscheidende Ursache für die sektoralen Strukturverschiebungen im Rahmen des Industrialisierungsprozesses gesehen werden kann. Demnach kommen Wachstumsunterschiede dadurch zustande, dass der technische Fortschritt aufgrund der abweichenden Produktionsbedingungen in den drei volkswirtschaftlichen Hauptsektoren unterschiedliche Wirkung entfaltet. Darüber hinaus werden sektorale Wachstumsunterschiede auch durch Veränderungen in der Struktur der gesamtwirtschaftlichen Nachfrage hervorgerufen. Bei steigenden Einkommen treten zuerst in der Nachfrage nach landwirtschaftlichen Gütern Sättigungstendenzen auf, und die gesamtwirtschaftliche Nachfrage verlagert sich auf Produkte des gewerblichen Sektors. Erst in einer Massenkonsumgesellschaft scheint auch bei gewerblichen Produkten eine zunehmende Befriedigung der Nachfrage einzutreten, so dass sich diese dann verstärkt auf private und öffentliche Dienstleistungen richtet. Die Erstellung der gewerblichen Produkte in fortgeschrittenen Industrie-

---

[208]   Colin G. Clark, The Conditions of Economic Progress, 3. Aufl., London 1957; Jean Fourastié, Die große Hoffnung des 20. Jahrhunderts, Köln 1954.

[209]   Hollis Chenery und Moshe Syrquin, Patterns of Development 1950–1983, Washington 1989.

[210]   Vgl. auch weiter oben S. 52.

gesellschaften ist zudem mit der Bereitstellung zahlreicher Dienstleistungen als Vorleistungen verbunden. Alle genannten Faktoren machen den oben aufgezeigten Strukturwandel im Rahmen des Industrialisierungsprozesses höchst plausibel.

Dennoch erscheinen Zweifel an der Allgemeingültigkeit des geschilderten Musters des sektoralen Strukturwandels angezeigt. Bislang hat die Industrie in keinem Land der außereuropäischen Welt jemals eine derartige Dominanz errungen wie in den europäischen Kernländern. Vielmehr scheint auch ein direkter Übergang von der Agrargesellschaft hin zur Dienstleistungsgesellschaft möglich zu sein.[211] Lediglich in den europäischen Volkswirtschaften hat die Beschäftigung des industriellen Sektors diejenige der übrigen Sektoren zumindest zeitweise dominiert. In anderen Weltregionen, z.B. in Kanada, Australien und selbst in Japan, überstiegen die Beschäftigungsanteile des tertiären Sektors bereits seit dem späten 19. Jahrhundert die Anteile der Industrie bzw. des Gewerbes. Gleiches gilt spätestens seit 1870 für die USA.[212] Selbst im klassischen Fall Großbritanniens lässt sich der eindeutige Weg von einer industriell geprägten Gesellschaft hin zu einer hochindustriellen Dienstleistungsgesellschaft mit einiger Berechtigung in Frage stellen. Es steigt dort nämlich weniger der Anteil der persönlichen Dienstleistungen am Endverbrauch der Konsumenten, sondern vielmehr erhöht sich der Konsum von Industrieprodukten, mit deren Hilfe zahlreiche Dienstleistungen von den privaten Haushalten zunehmend selbst erstellt werden.[213] Vielleicht befinden wir uns deshalb weniger auf dem Weg in eine Dienstleistungsgesellschaft, sondern vielmehr auf dem Weg in eine Selbstbedienungsgesellschaft.

1.2   Führungssektoren im Industrialisierungsprozess

Der Industrialisierungsprozess führt aber nicht nur zu einer Schwerpunktverlagerung zwischen den drei genannten Hauptsektoren einer Volkswirtschaft, sondern vor allem der Industriesektor selbst ist wegen seiner inneren Dynamik von starken

---

[211]   Hartmut Kaelble, Auf dem Weg zu einer europäischen Gesellschaft. Eine Sozialgeschichte Westeuropas 1880-1980, München 1987, S. 25-30.

[212]   Zu den Daten vgl. Hartmut Kaelble, Was Prometheus Most Unbound in Europe? The Labour Force in Europe During the Late XIXth and XXth Centuries, in: Journal of European Economic History 18 (1989), S. 65-104. In Japan war zum Beispiel das Verhältnis zwischen "Industrie" und "Service" im Jahre 1872 5:10 Prozentpunkte, 1900 14:16 Prozentpunkte und 1920 21:24 Prozentpunkte. Ähnlich in den anderen genannten Staaten.

[213]   Jonathan Gershuny, Die Ökonomie der nachindustriellen Gesellschaft. Produktion und Verbrauch von Dienstleistungen, Frankfurt a. M. 1981.

Strukturverwerfungen geprägt. Hier sind es wiederum nur einzelne Branchen und Wirtschaftszweige, die das Wachstum vorantreiben, während andere nur mittelbar oder gar nicht betroffen sind.

Diese Erkenntnis hat sich Walt W. Rostow in seinem Konzept der Führungssektoren zu eigen gemacht.[214] Dabei bezieht er sich auf Simon Kuznets, der im Rahmen einer Pionierstudie gezeigt hat, dass die Einführung technischer Neuerungen in einem Wirtschaftszweig zu einem überproportionalen Wachstum dieser Branche bei sinkenden Preisen ihrer Produkte führt.[215] Wichtig erscheint Rostow vor allem die Beobachtung, dass die verschiedenen industriellen Bereiche mit unterschiedlichen Wachstumsraten expandieren, ein Sachverhalt, der bei einer Gesamtbetrachtung des Industriesektors aufgrund des hohen Abstraktionsniveaus verloren geht. Deshalb plädiert er dafür, einzelne Wirtschaftszweige separat zu untersuchen, die Verknüpfungen zwischen ihnen zu berücksichtigen und ihre technologischen, ökonomischen und unternehmerischen Eigenarten im historischen Kontext zu würdigen.

Aus diesen Überlegungen entwickelte Rostow das Konzept der Führungssektoren. Demnach kann beschleunigtes Wachstum in einem Wirtschaftszweig auf drei unterschiedlichen Wegen die Entwicklung der Gesamtwirtschaft beeinflussen: *Erstens* treten sogenannte backward effects (Rückkopplungen) auf, wenn ein stark wachsender Sektor Nachfrage nach Vorprodukten aus anderen Sektoren entfaltet. *Zweitens* entstehen lateral effects (Seitwärtskopplungen) dadurch, dass sich zusätzliche Sektoren (Infrastruktur, Dienstleistungen) an einen überdurchschnittlich stark wachsenden Sektor anlagern. *Drittens* sind forward effects (Vorwärtskopplungen) zu beobachten, da das Wachstum eines Sektors die Ausgangsbedingungen für das Wachstum anderer Sektoren durch die Bereitstellung neuer und/oder billigerer Inputs verbessert. Diese drei Formen sektoraler Verkoppelung führen dazu, dass von den stark wachsenden Führungssektoren kräftige Impulse für gesamtwirtschaftliches Wachstum ausgehen, was die analytische Berücksichtigung von Führungssektoren im Wachstumsprozess nahe legt.

---

[214]   Walt W. Rostow, Stadien wirtschaftlichen Wachstums, S. 70-76 und Ders., Leading Sectors and the Take-off, in: Ders. (Hg.), The Economics of Take-Off into Sustained Growth. Proceedings of a Conference held by the International Economic Association, London u. a. 1963, S. 1-21.

[215]   Simon Kuznets, Secular Movements in Production and Prices. Their Nature and their Bearing upon Cyclical Fluctuations, Boston 1930.

Gemäß diesem Konzept industrieller Führungssektoren lässt sich die Industrielle Revolution in Großbritannien als eine Abfolge von überproportionalen Wachstumsprozessen in bestimmten Industriesektoren interpretieren. Am Anfang der industriellen Entwicklung stand zweifellos die Baumwollindustrie.[216] In dieser Branche wurden erste technologische Innovationen vorgenommen, die beachtliche Veränderungen der Produktionsweise zur Folge hatten. Zu nennen sind die „spinning Jenny" von James Hargreaves (1764/70), die „water frame" von Richard Arkwright (1769) und die „mule" von Samuel Crompton (1779), die alle zu einer außerordentlichen Produktionssteigerung bei der Herstellung von Baumwollgarnen beitrugen. Entsprechend war es dann auch der Markt für Baumwollprodukte, der als erster auf die gewachsene Nachfrage mit dramatisch sinkenden Preisen reagierte.[217]

Bald darauf wiederholte sich diese expansive Entwicklung in der Eisenindustrie. Auch dort wurden wesentliche technologische Innovationen realisiert, so entwickelte Abraham Darby zum Beispiel bereits im 18. Jahrhundert das Erschmelzen von Roheisen durch Koks, und Henry Cort erfand 1783 ein Verfahren der Schmiedeeisenherstellung durch Puddeln und Walzen. Die Eisenindustrie war durch vielfältige Beziehungen mit den übrigen industriellen Wachstumssektoren verknüpft.[218] So fragte die Textilindustrie beispielsweise Maschinen aus Eisen nach, und auch der Steinkohlenbergbau fungierte als Nachfrager von Eisenprodukten, während er zugleich durch die verbesserten Abbaumethoden für die Eisenindustrie Rohstoffe zu niedrigeren Preisen bereitstellen konnte. Ähnliche Wechselwirkungen ergaben sich zwischen der Eisenproduktion und der Dampfmaschinenherstellung bzw. dem Maschinenbau.

Schließlich sind die Neuerungen im Verkehrssystem zu nennen, wenn auch die Eisenbahnen in England möglicherweise nicht ganz so wichtig waren wie ge-

---

[216]   Phyllis Deane, Die Baumwollindustrie, in: Rudolf Braun u. a. (Hg.), Industrielle Revolution. Wirtschaftliche Aspekte (Neue Wissenschaftliche Bibliothek Geschichte, Bd. 50), Köln, Berlin 1972, S. 343–355.

[217]   Genauer hierzu im Überblick Toni Pierenkemper, Umstrittene Revolutionen, S. 21-26.

[218]   David Landes, Der entfesselte Prometheus, S. 83 ff.

legentlich angenommen wird.[219] Hier spielte der bereits früher erfolgte Ausbau eines Kanalsystems offenbar eine bedeutendere Rolle.[220]

Vor dem Hintergrund der englischen und ähnlichen Erfahrungen in anderen Ländern definiert Rostow Führungssektoren durch folgende fünf Merkmale: *Erstens* führt eine technologische Innovation in diesem Sektor zur Herausbildung einer neuen sektoralen Produktionsfunktion. *Zweitens* kommt es zu einem überdurchschnittlichen Wachstum des Sektors, das mit einer Vergrößerung der Betriebe einhergeht. *Drittens* weist der betroffene Sektor ein für die Gesamtwirtschaft bedeutsames Gewicht auf. *Viertens* gehen von dem überdurchschnittlichen Wachstum des Sektors Ausbreitungseffekte aus, die sich auf die Entwicklungsperspektiven anderer Sektoren auswirken. *Fünftens* besteht aufgrund optimistischer Wachstumseinschätzungen die Tendenz zur Schaffung von Überkapazitäten.[221] Mit Hilfe dieser Konzeption sektoralen Wachstums lässt sich auch die Industrialisierung in Deutschland analysieren, und es können interessante Einblicke in die innere Dynamik des Wachstumsprozesses gewonnen werden.[222]

Sektorale Analysen des deutschen Wirtschaftswachstums im 19. Jahrhundert zeigen, dass die Baumwollindustrie vor allem angesichts ihrer untergeordneten Bedeutung für den Inlandsmarkt in Deutschland kaum als Führungssektor gelten kann. Vielmehr bildete die Schwerindustrie, vor allem der Steinkohlenbergbau und die Eisenindustrie, in enger Verkopplung mit dem Aufbau des Eisenbahnsystems einen Komplex untereinander abhängiger Wachstumssektoren. Wenn überhaupt, dann scheint es der Eisenbahnbau gewesen zu sein, dem hier ein gewisser Vorrang einzuräumen wäre. Der Zusammenhang zwischen den verschiedenen Teilen dieses schwerindustriellen Wachstumskomplexes lässt sich anhand einer Verflechtungsmatrix – einer sogenannten Input-Output-Tabelle – quantitativ

---

[219] Brian R. Mitchell, Eisenbahnbau und Wirtschaftswachstum im Vereinigten Königreich, in: Rudolf Braun u. a. (Hg.), Industrielle Revolution – Wirtschaftliche Aspekte (Neue Wissenschaftliche Bibliothek Geschichte, Bd. 50), Köln, Berlin 1972, S. 356-374.

[220] Paul Mantoux, The Industrial Revolution in the Eighteenth Century. An Outline of the Beginnings of the Modern Factory System in England, London 1961, S. 131.

[221] Walt W. Rostow, Stadien wirtschaftlichen Wachstums, S. 75f.

[222] Insbesondere drei Arbeiten sind hier zu nennen: Günter Kirchhain, Das Wachstum der deutschen Baumwollindustrie im 19. Jahrhundert: Eine historische Modellstudie zur empirischen Wachstumsforschung, New York 1977 (zugl. Diss. Münster 1973), S. 241 ff; Carl-Ludwig Holtfrerich, Quantitative Wirtschaftsgeschichte des Ruhrkohlenbergbaus, S. 155 ff; Rainer Fremdling, Eisenbahnen und deutsches Wirtschaftswachstum 1840-1879. Ein Beitrag zur Entwicklungstheorie und zur Theorie der Infrastruktur, 2. erw. Aufl., Dortmund 1985.

bestimmen.[223] In einer solchen Matrix werden die gegenseitigen Lieferbeziehungen zwischen den untersuchten Sektoren aufgeführt. Für die 1860er Jahre lassen sich zwischen den drei Sektoren des schwerindustriellen Führungssektorenkomplexes, den Eisenbahnen, der Eisenindustrie und dem Steinkohlenbergbau folgende Lieferverflechtungen grob abschätzen.[224]

Tabelle 23: Lieferverflechtungen innerhalb der Führungssektoren der deutschen Industrialisierung in den 1860er Jahren (in v.H. des jeweiligen Gesamtverbrauchs der Sektoren)

Lieferungen von\an	Eisenbahnen	Steinkohlen-bergbau	Eisenindustrie
Eisenbahnen	?	25	?
Steinkohlenberg-bau	3	7	30
Eisenindustrie	27	?	92[225]

Quelle: Vereinfachte Darstellung nach Rainer Fremdling, Modernisierung und Wachstum der Schwerindustrie in Deutschland, 1830–1860, in: Geschichte und Gesellschaft 5 (1979), S. 201-227, hier S. 224.

Es zeigt sich, dass es vor allem die Lieferungen innerhalb der Schwerindustrie sowie zwischen der Schwerindustrie und dem Eisenbahnsektor waren, die neben der immer noch bedeutsamen, aber abnehmenden Nachfrage der Landwirtschaft nach Eisen einen Großteil der frühindustriellen Produktion in Preußen bzw. Deutschland beanspruchten.

2. Region und Industrialisierung: die räumliche Struktur des Industrialisierungsprozesses

Eine sektorale Differenzierung des wirtschaftlichen Wachstums lässt sich in aktuellen wie auch in historischen Arbeiten über die Industrialisierung häufiger finden, seltener wird jedoch eine Differenzierung hinsichtlich unterschiedlich wachsender Regionen vorgenommen. Allenfalls wird vereinzelt darauf hingewiesen, dass sich Volkswirtschaften nicht global an allen Standorten gleichermaßen ent-

---

[223] Rainer Fremdling, Modernisierung und Wachstum der Schwerindustrie in Deutschland, 1830–1860, in: Geschichte und Gesellschaft 5 (1979), S. 201-227.

[224] Genauere Zahlen und auch solche für die 1840er und 1850er Jahre bei Rainer Fremdling, Modernisierung und Wachstum der Schwerindustrie in Deutschland, insbes. S. 224.

[225] Dieser hohe Anteil ergibt sich, weil der Großteil der Hochofenproduktion von der Eisenindustrie zur Weiterverarbeitung zu Stahl und Maschinen selbst nachgefragt wurde.

wickeln, sondern dies zunächst lediglich in einigen wenigen Kernregionen geschieht, von denen aus dann der Industrialisierungsprozess im günstigsten Falle in zahlreiche weitere Regionen diffundiert. Demnach sind es also anfangs meist nur eng begrenzte Regionen, die industrialisiert werden, andere mehr, andere weniger und manch andere gar nicht. Die Perspektive einer regionalen Differenzierung wirtschaftlichen Wachstums und gesellschaftlicher Entwicklung hat sich in der wirtschaftshistorischen Diskussion daher als zunehmend fruchtbar erwiesen.[226]

2.1 Regionale ökonomische Differenzierungen

Den Ausgangspunkt einer wissenschaftlichen Beschäftigung mit ökonomischen Raumstrukturen bildet die Standortlehre der landwirtschaftlichen Produktion. Deren Begründer Johann Heinrich von Thünen entwickelte bereits Anfang des 19. Jahrhunderts ein „reines", d.h. spekulatives, nicht empirisch fundiertes Modell einer kreisförmigen Anordnung der verschiedenen Bereiche der landwirtschaftlichen Produktion um Nachfragekerne (Thünensche Ringe) gemäß der relativen Transportkosten der landwirtschaftlichen Produkte. Auf der Grundlage dieses Modells wurde zu Beginn des 20. Jahrhunderts eine industrielle Standorttheorie als Transportkostentheorie entwickelt. Eine Erweiterung dieser Standorttheorie zu einer umfassenderen Raumwirtschaftstheorie gelang jedoch erst nach einer deutlichen Erweiterung des Analysezusammenhangs durch die Aufnahme weiterer Erklärungsvariablen. Derartige Modelle zeichnen sich allerdings durch ein außerordentlich hohes Abstraktionsniveau aus, das ihre Anwendung für empirische, insbesondere aber für historische Analysen schwierig macht. Außerdem sind sie zumeist lediglich statisch bzw. komparativ-statisch konzipiert und vernachlässigen daher den v.a. für historische Betrachtungen besonders interessierenden Aspekt des ökonomischen Wachstums.[227]

Für eine empirisch-historische Analyse ökonomischer Raumstrukturen wurden daher schon früh außerhalb der ökonomischen Raumwirtschaftstheorie eigene

---

[226] Vgl. dazu Toni Pierenkemper, Zum regionalen Ansatz in der Wirtschaftsgeschichte, in: Ulrich Heß u.a. (Hg.), Unternehmen im regionalen und lokalen Raum 1750-2000, Leipzig 2004, S.19-34.

[227] Rainer Fremdling, Toni Pierenkemper und Richard H. Tilly, Regionale Differenzierung in Deutschland als Schwerpunkt wirtschaftshistorischer Forschung, in: Rainer Fremdling und Richard H. Tilly (Hg.), Industrialisierung und Raum. Studien zur regionalen Differenzierung im Deutschland des 19. Jahrhunderts, Stuttgart 1979, S. 9–26.

Ansätze entwickelt, die angesichts der Komplexität der lokalen Verhältnisse und der zahlreichen zu berücksichtigenden Einflussfaktoren recht vielfältig sind. Bereits vor Jahrzehnten wurde darauf hingewiesen, dass wirtschaftliche Entwicklung sich in eigentümlichen Raumstrukturen vollzieht, die sich nicht an politischen Grenzen orientierten, so dass eine Bewertung der Industrialisierung als ein Produkt frühneuzeitlicher staatlicher Entwicklungspolitik in die Irre führt. Industrialisierung erscheint vielmehr u.a. als ein eigentümliches regionales Phänomen, dessen Ausbreitung nicht an den nationalen Grenzen halt macht, innerhalb der Nationalstaaten aber auch nicht alle Regionen in gleicher Weise erfasst. Diese Sichtweise der Industrialisierung ist in erster Linie von Sidney Pollard konzipiert und später immer wieder hervorgehoben worden.

Epochemachend war vor allem sein Aufsatz „Industrialization and European Economy" von 1973, dessen Überlegungen Pollard in dem größeren Werk „Peaceful Conquest" aus dem Jahre 1981 weitergeführt hat.[228] Hier wird der Gedanke einer regionalen Differenzierung des Industrialisierungsprozesses dahingehend präzisiert, dass es eigentlich lediglich eng begrenzte Regionen sind, die als Träger des ökonomischen Wachstums anzusehen und deshalb genauer zu untersuchen sind. Industrialisierung breitet sich demnach durch die Übertragung von Entwicklungsimpulsen von einer Region auf eine andere aus und die Chronologie der Industrialisierung wird deshalb wesentlich geprägt durch die Stellung der Regionen innerhalb der Gesamtentwicklung einerseits und im Rahmen einer europäischen Ökonomie über die Staatsgrenzen hinweg andererseits.

Diese Sichtweise steht im Gegensatz zur klassischen nationalstaatlichen Betrachtungsweise des Industrialisierungsprozesses, eine Sichtweise, die trotz ihrer vielfältigen Verwendung in der Literatur den Nationalstaat als regionale Bezugsgröße zur Analyse des Industrialisierungsprozesses problematisch erscheinen lässt. Einerseits erweist sich das Konzept einer *National*wirtschaft nämlich als zu weit, weil sich die Industrialisierung von Anfang an zwar auch innerhalb nationalstaatlicher Grenzen vollzog, sich dort jedoch nicht flächendeckend ausbreitete, sondern sich auf einige wenige Regionen, „Führungsregionen", konzentrierte. Nicht „Preußen" oder gar ganz „Deutschland" industrialisierte sich zur Mitte des 19. Jahrhunderts, sondern nur wenige kleine Regionen in diesen Territorien, vor

---

[228] Sidney Pollard, Industrialization and the European Economy, in: Economic History Review, 2. Serie, 26 (1973), H. 4, S. 636–648; ders., Peaceful Conquest.

allem in Sachsen, Oberschlesien, Brandenburg, im Rheinland und in Westfalen. Daher bildet nicht der Nationalstaat, den es ja auf deutschem Territorium zu dieser Zeit noch gar nicht gab, sondern die Region die „wesentliche operative territoriale Einheit für die Industrialisierung".[229] Andererseits erweist sich das Konzept des Nationalstaates für die Analyse von Industrialisierungsprozessen häufig als zu eng, denn bei der Industrialisierung handelte es sich schon sehr früh um ein grenzüberschreitendes, internationales Phänomen.

Der Aufschwung der englischen Eisenindustrie im 18. Jahrhundert erfolgte zum Beispiel im wesentlichen als Prozess der Importsubstitution russischen und schwedischen Eisens und strahlte dann, nach erfolgreicher Implementierung in England, auf die Entwicklung der schwerindustriellen Zentren des Kontinents aus. Dies lässt sich zunächst in Belgien, dann in Preußen und Frankreich beobachten. Auch in diesen Ländern waren es wiederum nur einzelne Regionen, nicht die gesamten Staaten, die mit den englischen Eisenzentren in spezifischer Weise verbunden waren. Einen groben Überblick über die Industrieregionen des 19. Jahrhunderts bietet Karte 1, die Kohlenlagerstätten und Industriestandorte in Zentraleuropa für das Jahr 1875 abbildet. Natürlich müsste man in den einzelnen Ländern noch genauer hinsehen und die einzelnen Industrieregionen präzisieren und gegeneinander abgrenzen. Doch als erster Eindruck lässt sich die Feststellung treffen, dass Europa um 1875 alles andere als flächendeckend industrialisiert war und dass die industriefreien „weißen" Flecken das Bild noch deutlich dominierten.

---

[229] Ebd., S. 636–648.

Karte 1: Industrieregionen Mittel- und Westeuropas 1875

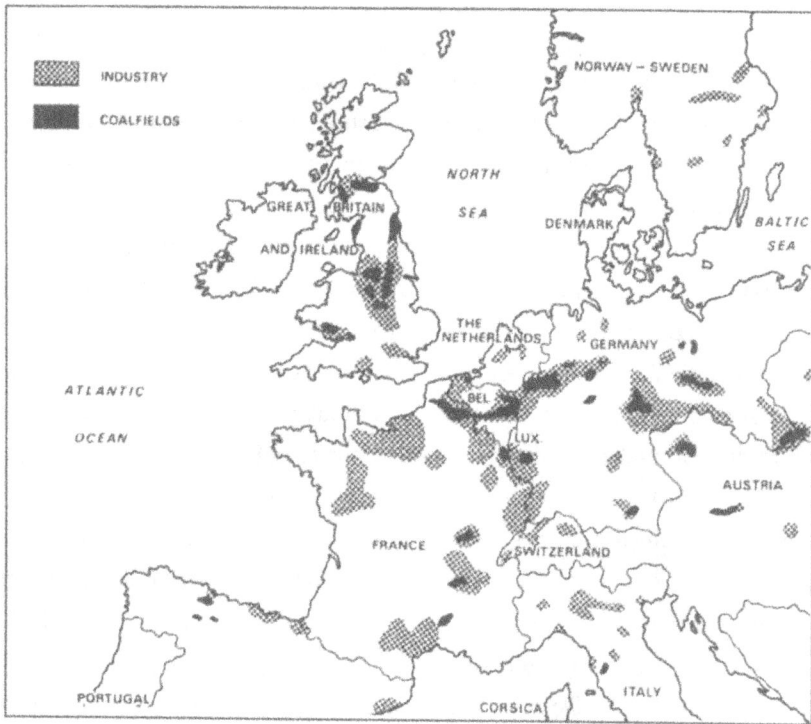

Quelle: Sidney Pollard, Peaceful Conquest. The Industrialization of Europe 1760-1970, Oxford 1981, nach S. XII.

Der Nationalstaat fand im 19. Jahrhundert allenfalls über die nationale Zoll-politik als intervenierende Variable Eingang in diesen komplexen Prozess des internationalen Austausches zwischen Regionen. Nicht die Nationalstaaten, son-dern die „europäische Ökonomie" bestimmte also bereits in einer frühen Phase die Bedingungen der Industrialisierung des 19. Jahrhunderts.

Die wichtigsten methodischen Orientierungspunkte einer regionalen Analyse des Industrialisierungsprozesses lassen sich nach Pollard kurz wie folgt umrei-ßen:[230] *Erstens* sind Regionen in der Phase der Industrialisierung „funktional" zu betrachten, zum einen im Hinblick auf ihre externen Agglomerationsvorteile für

---

[230]   Sidney Pollard., Einleitung, in: Ders. (Hg.), Region und Industrialisierung. Studien zur Rolle der Region in der Wirtschaftsgeschichte der letzten zwei Jahrhunderte, Göttingen 1980, S. 11-21.

die Gesamtwirtschaft, und zum anderen auch hinsichtlich der wachsenden Differenzen im Vergleich zur Entwicklung anderer Regionen. Diese beiden Effekte neigen dazu, sich gegenseitig zu verstärken und haben deshalb gravierende Folgen für die Gesamtentwicklung einer Volkswirtschaft. *Zweitens* sind die Beziehungen der Regionen zum Um- und Hinterland wichtig, da sie für ihre Expansion auf die regionalen Märkte angewiesen sind, um Arbeitskräfte, Lebensmittel und Rohstoffe zu beziehen. *Drittens* ist der Austausch mit anderen Entwicklungsregionen von entscheidender Bedeutung, da sich nur so internationale Märkte entfalten und Kopplungseffekte zwischen den verschiedenen Industrieregionen zum Tragen kommen können.

Bei der konkreten Umsetzung eines derartigen Forschungsansatzes treten eine Reihe von Problemen auf, von deren Lösung ganz entscheidend der Ertrag einer historischen Untersuchung abhängt.[231] Ein erstes Grundproblem stellt sich hinsichtlich einer sachgerechten Abgrenzung von *Regionen*. In der empirischen Arbeit muss wegen der Verfügbarkeit der Daten häufig auf Verwaltungsregionen zurückgegriffen werden, denn nur für diese stehen, wenn auch im 19. Jahrhundert nur sehr begrenzt, empirische Informationen zur Verfügung. Da sich aber Verwaltungsregionen in ihrer Ausdehnung nur selten mit ökonomisch relevanten Regionen decken, befindet sich der Forscher in einem Dilemma, das er pragmatisch durch die Um- und Neugruppierung möglichst kleiner Verwaltungseinheiten zu überwinden suchen kann, um so zu einer hinsichtlich seiner Fragestellung einigermaßen homogenen Region zu gelangen. Während des 19. Jahrhunderts wurden zudem die ökonomisch relevanten Daten häufig gar nicht erhoben oder sind nur bruchstückhaft überliefert, so dass sich als ein zweites Hauptproblem die Wahl eines geeigneten *Indikators* zur Messung des Grades des regionalen Wachstums und der regionalen Industrialisierung ergibt. Weil entsprechende ökonomische Kerngrößen, wie zum Beispiel das Pro-Kopf-Einkommen oder die Wertschöpfung für die einzelnen Regionen, nicht zur Verfügung stehen, muss häufig auf die Verwendung von Hilfsgrößen zurückgegriffen werden. Prinzipiell bieten sich dabei zahlreiche Möglichkeiten, die von den einzelnen Forschern zum Teil in origineller Weise genutzt wurden. Diese Hilfsgrößen können sich entweder am regionalen

---

[231] Hubert Kiesewetter, Erklärungshypothesen zur regionalen Industrialisierung in Deutschland im 19. Jahrhundert, in: Vierteljahrschrift für Sozial- und Wirtschaftsgeschichte 67 (1980), H. 3, S. 305-333.

Output oder an verschiedenen Größen des regionalen Inputs orientieren. Häufig finden dabei Lohnsätze, Ausgaben für bestimmte Güter und Dienste, Beschäftigungsvolumina oder die Kapitalbildung Verwendung. Über die Qualität und Zuverlässigkeit derartiger Hilfsindikatoren kann keine generelle Aussage gemacht werden, sie muss sich in der praktischen Arbeit des Forschers bewähren.

Noch dringlicher als die angeführten Probleme der Abgrenzung der Untersuchungsregion und der Verfügbarkeit von Daten erscheint die Beantwortung der Frage nach den Ursachen regionaler Entwicklungsunterschiede. Der *Erklärung* regionalen Wachstums kommt innerhalb des regionalen Ansatzes in der Industrialisierungsforschung eine entscheidende Bedeutung zu. Hier, bei der Bereitstellung entsprechender Erklärungsmodelle, bestehen nach wie vor große Forschungsdefizite. Bis auf den Versuch, die Entwicklungschancen von Regionen auf deren „Exportbasis", d.h. auf deren Möglichkeiten, mit anderen Regionen in Austausch zu treten, oder auf die unterschiedlichen regionalen Produktivitätsentwicklungen im Sinne der „Drei-Sektoren-Theorie" zurückzuführen, lässt sich in der relevanten Literatur nur wenig finden. Diese Erklärungsansätze lassen hingegen mehr Fragen offen als sie zu beantworten in der Lage sind, weshalb konkrete Untersuchungen zur regionalen Industrialisierung sehr häufig nicht auf elaborierte Modelle sondern auf ad-hoc-Hypothesen zurückgreifen müssen.

Innerhalb der deutschen wirtschaftshistorischen Forschung ist der im Konzept der regionalen Industrialisierung so stark betonte Aspekt internationaler Vergleiche zwischen Industrieregionen deutlich unterbelichtet geblieben. In Deutschland sind überwiegend Untersuchungen über regionale Differenzen im Rahmen des gesamtwirtschaftlichen Entwicklungsmusters betrieben worden.[232] nicht regionale Wachstumsanalysen für kleinere Regionen. Im Rahmen einer allgemeinen Betrachtung ökonomischer Entwicklungsunterschiede in Preußen im 19. Jahrhundert hat Knut Borchardt bereits 1965 die These genauer untersucht, ob sich im Zuge der Industrialisierung auch in Deutschland ein regionales Wohlstandsgefälle erst gebildet oder ob sich ein im Königreich Preußen bereits bestehendes Gefälle lediglich verstärkt habe. Aufgrund mangelnder Daten hinsichtlich des regionalen Pro-Kopf-Einkommens benutzt Borchardt in seinem Ansatz als Ersatzindikatoren

---

[232] Knut Borchardt, Regionale Wachstumsdifferenzierung in Deutschland im 19. Jahrhundert unter besonderer Berücksichtigung des West-Ost-Gefälles, in: Ders., Wachstum, Krisen, Handlungsspielräume der Wirtschaftspolitik. Studien zur Wirtschaftsgeschichte des 19. und 20. Jahrhunderts, Göttingen 1982, S. 42–59.

für den Wohlstand in den verschiedenen zu untersuchenden Regionen die Arztdichte und die Anzahl der höheren Schüler in den einzelnen preußischen Provinzen. Wegen der für das Jahr 1913 engen Korrelation mit der Höhe des Einkommens erscheinen ihm diese Größen für die vorausgehende Zeit als brauchbare Ersatzindikatoren. Als Ergebnis zeichnet sich ein seit 1825 stabiles oder sogar wachsendes West-Ost-Gefälle zwischen den preußischen Provinzen ab, dessen Ursache
Borchardt in der unterschiedlichen Dichte in der Verteilung des Gewerbes zwischen den preußischen Provinzen vermutet.

Nicht nur für Preußen, sondern für Deutschland insgesamt, versucht Thomas
J. Orsagh die Entwicklung regionaler Einkommensunterschiede vom Ende des 19.
bis zur Mitte des 20. Jahrhunderts zu bestimmen.[233] Als Untersuchungseinheiten
definiert er dabei für das Kaiserreich zehn bzw. fünfzig Regionen, die er aus der
Zusammenführung benachbarter mittlerer Verwaltungseinheiten (zum Beispiel
preußische Regierungsbezirke, sächsische Kreishauptmannschaften, württember-
gische Kreise) gewinnt. Wegen des Fehlens entsprechender regionaler Einkommensdaten greift er auf sektorale Beschäftigtenanteile zurück, die er für die
gebildeten Regionen aus den Berufszählungen von 1882, 1895 und 1907 gewinnt.[234] Als Ergebnis kann festgehalten werden, dass im 19. Jahrhundert insgesamt eine beachtliche regionale ökonomische Differenzierung in Deutschland zu
beobachten war und dass die Schwerpunkte der frühen deutschen Industrialisierung in den mittleren und südlichen Gebieten lagen, von wo aus sich dann später
regionale Strukturverschiebungen zugunsten des Ruhrgebiets und des Berliner
Raums ergaben. Die Ursache dieses regionalen Differenzierungsprozesses bildete
nach Meinung des Autors die Verschiedenartigkeit der gewerblichen Entwicklung
in den untersuchten Regionen.

Eine Arbeit von Helmut Hesse knüpft unmittelbar an die vorgenannten Untersuchungen an und versucht erstmals, durch die Verwendung regional disaggre-
gierter Einkommensdaten den Umfang der regionalen ökonomischen Differenzierung in Preußen im 19. Jahrhundert zu bestimmen.[235] Er verwendet dabei die un-

---

[233] Thomas J. Orsagh, The Probable Geographic Distribution of German Income, 1882–1963, in:
Zeitschrift für die gesamte Staatswissenschaft 124 (1968), S. 280-311.

[234] Eine zeitliche Ausdehnung der Untersuchung bis 1963 stützt sich auf Daten über die west-
deutschen Bundesländer für 1950 und 1963.

[235] Helmut Hesse, Die Entwicklung der regionalen Einkommensdifferenzen im Wachstumsprozess der deutschen Wirtschaft vor 1913, in: Wolfram Fischer (Hg.), Beiträge zu

gewogenen Einkommen verschiedener Beschäftigtengruppen (Volksschullehrer, Waldarbeiter, Maurer) und bestimmt jeweils deren regionale Streuung zwischen den preußischen Provinzen durch die Berechnung eines Variationskoeffizienten. Die Entwicklung der verschiedenen regionalen Variationskoeffizienten lässt vermuten, dass im Verlauf der deutschen Industrialisierung das regionale Entwicklungsgefälle zunächst wuchs, wie auch Borchardt festgestellt hat, dann aber nach 1880 eine Umkehr hin zu einer zunehmenden Konvergenz zu beobachten gewesen sei. Die Ursache dieser später auftretenden Annäherung der regionalen Entwicklungsniveaus wird dabei in einer zunehmenden Konkurrenz der Regionen um die knappen Produktionsfaktoren gesehen, die durch den Ausbau des Verkehrssystems seit der Mitte des 19. Jahrhunderts ermöglicht wurde.

In einer größeren Arbeit gelang es schließlich Frank B. Tipton, die weitgehend bereits zuvor formulierten Thesen über die regionale Verteilung der deutschen Industrialisierung im 19. Jahrhundert zu bestätigen.[236] Er verwendet als Maß den Grad der Spezialisierung der Beschäftigten auf industrielle Berufe und unterscheidet insgesamt 32 Regionen (preußische Provinzen, deutsche Einzelstaaten) im Deutschen Reich. Als Ursache der von ihm ab 1860 verstärkt beobachteten regionalen Differenzen sieht er die Verteilung des Gewerbes im Raum an.

Eine Gegenüberstellung der vier wichtigsten Untersuchungen des regionalen Industrialisierungsprozesses in Deutschland im 19. Jahrhundert, wie sie in Tabelle 24 versucht wurde, ermöglicht einen Vergleich der Ansätze und offenbart zugleich deren methodische Unzulänglichkeiten. Die hier zugrunde liegende gesamtwirtschaftlich orientierte Betrachtungsweise, die Preußen, das gesamte Reichsgebiet oder die Bundesrepublik Deutschland im Hinblick auf die regionale ökonomische Strukturierung zu erfassen sucht, führt zwangsläufig zu einer völlig unzureichenden Regionenbildung, die insgesamt viel zu grobschlächtig erscheint um für interne Differenzierungen Raum zu bieten. So werden zum Beispiel bei Tipton ganz Bayern (ohne die Rheinpfalz) und die „Ruhr" (bestehend aus dem Regierungsbezirk Düsseldorf und dem Regierungsbezirk Arnsberg) als zwei Regionen angesehen. Diese Definition der „Ruhr"-Region vernachlässigt z.B. einer-

---

Wirtschaftswachstum und Wirtschaftsstruktur im 16. und 19. Jahrhundert, Berlin 1971, S. 261-279.

[236] Frank B. Tipton, Regional Variations in the Economic Development of Germany in the Nineteenth Century, Middletown 1976.

seits wichtige Teile des rheinisch-westfälischen Industriegebiets, die im Regierungsbezirk Münster liegen, erfasst andererseits jedoch ganz anders strukturierte Gegenden am Niederrhein und im Bergischen Land. Ähnlich inhomogen erscheint eine Wirtschaftsregion „Bayern" angesichts der vielfältigen, unterschiedlich stark strukturierten Teilregionen.

Tabelle 24: Übersicht über empirische Untersuchungen zur regionalen ökonomischen Differenzierung in Deutschland im 19. Jahrhundert

Autor	Untersuchungsregion		Indikator	Ursachen	Tendenz-vermutung
Borchardt (1965)	Preußen	Provinzen	Angaben (Arztdichte, Schüler-zahl)	Verteilung	Divergenz
Orsagh (1968)	Deutsch-land	10 Regionen (auf Basis der Regierungsbe-zirke)	Beschäftigte der Hauptsektoren	Veränderungen in der Beschäfti-gung (Wande-rung)	
Hesse (1971)	Preußen	Provinzen	Variationskoeffizient ausgewählter Ein-kommen	Konkurrenz der Faktoren	erst Divergenz, dann Konver-genz
Tipton (1976)	Deutsch-land	32 Regionen (auf Basis der Regierungsbe-zirke)	Industriebeschäftigte (Spezialisierung)	Gewicht der Industrie	bis 1860 keine Differenzierung

Quelle: Eigene Zusammenstellung.

Darüber hinaus wird ein schwerwiegender Mangel an quantitativen empirischen Daten offenbar, die es ermöglichen würden, Differenzen der Industrialisierung auf eine oder wenige Variable zu begrenzen. Häufig ist man daher gezwungen, Hilfsgrößen wie die „Arztdichte" (Borchardt), die „sektorale Beschäftigungsstruktur" (Orsagh) oder „berufliche Spezialisierung" (Tipton) für das eigentlich Gemeinte, nämlich Einkommensdifferenzen, zu verwenden. Dies erscheint besonders problematisch angesichts der Tatsache, dass verschiedene Arbeiten ausdrücklich darauf hinweisen, dass Erwerbsstrukturen nicht ohne weiteres das Wohlstandsniveau widerspiegeln. Die Verwendung zusätzlicher, auch qualitativer Daten verbietet jedoch schlichtweg die Menge an Informationen, die bei einer derart weitgreifenden Analyse erforderlich wäre. Als das wesentlichste Defizit dieser Forschungsansätze erscheint aber, dass die Ursachen der regionalen Differenzen nicht zum eigentlichen Thema erhoben werden, sondern dass ihre Existenz lediglich konstatiert und mehr oder weniger hinreichend beschrieben, aber nicht erklärt wird. Eine Analyse der Ursachen, die über die Auflistung einer Reihe zwar wichtiger, aber in der Gesamtbetrachtung unzureichend bleibender Ursachenkomplexe hinausgeht, scheint im Rahmen eines solchen globalen Ansatzes auch gar nicht möglich zu sein, weil diese eine wesentlich detailliertere und kleinräumigere Vorgehensweise erforderlich macht, also die ökonomische Analyse des Wachstums kleinerer Regionen genauer in den Blick nimmt.[237]

2.2 Regionale Industrialisierung

Zu einer solchen kleinräumlich orientierten Analyse des ökonomischen Entwicklungsprozesses[238] bieten Ansätze und Arbeiten der traditionellen Landesgeschichte eher Anknüpfungspunkte. Auf die Fruchtbarkeit eines derartigen Vorgehens wurde schon früh hingewiesen.[239] Allerdings bleibt die Landesgeschichte, trotz aller Öffnung gegenüber der Wirtschaftsgeschichte, in ihren methodischen Ansätzen einigen traditionellen Vorbehalten verhaftet, die eine Nutzung ihrer Forschungsergebnisse im Kontext der Wirtschaftsgeschichte erschweren. Die Landesgeschichtsschreibung sieht nämlich zumeist doch in den deutschen Einzelstaaten die eigentlichen Objekte der regionalen Industrialisierung und dementsprechend in der Industriepolitik dieser Staaten eine wichtige entwicklungsfördernde Determinante. In dieser Perspektive erscheint die Industrialisierung Deutschlands dann eng mit dem Staat bzw. den deutschen Einzelstaaten verbunden. Diese Sichtweise wird in der Wirtschaftsgeschichtsschreibung heute jedoch zunehmend kritisch hinterfragt und durch eine Betrachtung ergänzt oder ersetzt, die der privaten Initiative und den Marktkräften mehr Raum gewährt und ein alternatives Regionenkonzept vertritt. Landesgrenzen decken sich ja ebenso wie die Grenzen der Nationalstaaten nur in den seltensten Fällen mit den Grenzen von Industrie- bzw.

---

[237] Als vorbildliche Studie dieser Art neuerdings Ralf Banken, Die Industrialisierung der Saarregion 1815-1914, Bd. 1: Die Frühindustrialisierung 1815-1850, Stuttgart 2000 und Bd. 2: Take-Off und Hochindustrialisierung 1850-1914, Stuttgart 2003 sowie Klemens Skibicki, Industrie im oberschlesischen Fürstentum Pless im 18. und 19. Jahrhundert, Stuttgart 2002.

[238] Zu einer von den Ausführungen im folgenden Absatz abweichenden Einschätzung vgl. Hubert Kiesewetter, Region und Industrie in Europa 1815-1995 (Grundzüge der modernen Wirtschaftsgeschichte, Bd. 2), Stuttgart 2000.

[239] Erich Maschke, Industrialisierungsgeschichte und Landesgeschichte, in: Blätter für deutsche Landesgeschichte 103 (1967), S. 71–84.

Gewerberäumen, so dass in einer an politischen Territorien orientierten Landesgeschichtsschreibung das Problem einer adäquaten Bildung von ökonomischen Regionen nicht gelöst erscheint.

Ein gewichtiges Argument für die Heranziehung landesgeschichtlicher Untersuchungen bietet jedoch die Quellenlage. Wirtschaftshistorisch relevante Quellen sind häufig nur auf der Ebene von Territorien, Ländern und deren Verwaltungseinheiten greifbar. Anknüpfend an landesgeschichtliche Ansätze gibt es eine Reihe von Arbeiten, die ganz gezielt die ökonomischen Verhältnisse kleinerer Regionen beschreiben und sich durch eine derart enge räumliche Begrenzung die Möglichkeit eröffnen, sowohl eine große Zahl ökonomischer Variablen in den Untersuchungszusammenhang mit einzubeziehen als auch eine detaillierte Ursachenanalyse betreiben zu können. Von der älteren landesgeschichtlichen Forschung unterscheidet sich diese Vorgehensweise vor allem dadurch, dass nicht die Totalität landestypischer Merkwürdigkeiten erfasst werden soll, sondern, ausgehend von einem stringenten Konzept der Industrialisierung, spezifische ökonomische Sachverhalte zum Gegenstand der Untersuchung gemacht werden. Gleichwohl lassen sich in diesem Zusammenhang auch zahlreiche Ergebnisse der landeskundlichen Forschungen nutzbringend verwenden, dies um so mehr, weil auch dort neuerdings verstärkt systematische Bezugspunkte für die Deskription gesucht werden. Auf der Basis des reichen Bestandes an Studien über einzelne Regionen und regionale Gewerbe ist Karl Heinrich Kaufhold beispielsweise in der Lage, für die frühe Neuzeit im deutschen Raum immerhin 39 verschiedene Gewerbelandschaften zu identifizieren und ihre Eigentümlichkeiten knapp zu umreißen.[240] Jede dieser Regionen wäre einer vertiefenden Analyse würdig.

Solche Arbeiten, die sich der detaillierten Analyse begrenzter Regionen und/oder ihrer Gewerbezweige widmen, finden sich allerdings häufiger.[241] Derartige Arbeiten, die sich lediglich auf die Untersuchung einer einzelnen Region und

---

[240] Karl Heinrich Kaufhold, Gewerbelandschaften in der frühen Neuzeit (1650-1800), in: Hans Pohl (Hg.), Gewerbe- und Industrielandschaften vom Spätmittelalter bis ins 20. Jahrhundert, Stuttgart 1986, S. 112-202.

[241] So beispielsweise die klassische Untersuchung von Alfred Zimmermann über „Blüthe und Verfall des Leinengewerbes in Schlesien" aus dem Jahre 1885 oder in jüngerer Zeit die Studie über Bayern von Eckart Schremmer (Die Wirtschaft Bayerns. Vom hohen Mittelalter bis zum Beginn der Industrialisierung. Bergbau – Gewerbe – Handel, München 1970), sowie die Ausführungen über die Industrialisierung Sachsens von Hubert Kiesewetter (Industrialisierung und Landwirtschaft. Sachsens Stellung im regionalen Industrialisierungsprozess Deutschlands im 19. Jahrhundert, Köln 1988).

ihrer spezifischen Entwicklungsbedingungen beschränken, verzichten jedoch auf den produktivsten und zukunftsweisendsten Schritt dieses Forschungsansatzes, nämlich auf den Vergleich ähnlich strukturierter Regionen.[242] Diesen Schritt hat Herbert Kisch schon früh vollzogen, als er, aufbauend auf seine Untersuchungen zum rheinischen Textilgewerbe, die Textilindustrie des Rheinlandes mit der Schlesiens verglich.[243] Auch Wolfram Fischer hat bereits zeitig einen ähnlichen Versuch unternommen, als er, angelehnt an die Hoffmannsche Konzeption der Stadien und Typen der Industrialisierung, Sachsen mit Rheinland-Westfalen verglich, um neue Erkenntnisse über die Ursachen regionaler Industrialisierung zu gewinnen.[244] In den letzten Jahren haben solche komparativen regionalen Industrialisierungsstudien, die unter anderem in einigen Sammelbänden[245] publiziert wurden, eine größere Verbreitung gefunden. In einem detaillierten Vergleich zwischen zwei oder mehreren wohldefinierten und ähnlich strukturierten Regionen lässt sich m. E. erst die Reichhaltigkeit des regionalen Ansatzes für die Geschichte der Industrialisierung voll erschließen. Dabei kann zunächst vom Vergleich weniger, zentraler Wirtschaftsbereiche ausgegangen werden, um dann schrittweise weitere Sachverhalte und Erklärungszusammenhänge mit in die Betrachtung einzubeziehen.

Insbesondere für die Industrialisierung Großbritanniens erweist sich der regionale Ansatz als äußerst ergiebig, wenn er zum Vergleich der vorindustriellen gewerblichen Regionen mit den regionalen Zentren der Industrialisierung herangezogen wird.[246] Es zeigt sich dabei, dass auch die vorindustriellen Strukturen keineswegs starr waren, sondern eine beachtliche Dynamik aufwiesen. Gleich-

---

[242] Vgl. dazu neuerdings Toni Pierenkemper (Hg.), Die Industrialisierung europäischer Montanregionen im 19. Jahrhundert, Stuttgart 2002.

[243] Herbert Kisch, Die Textilgewerbe in Schlesien und im Rheinland. Eine vergleichende Studie zur Industrialisierung, in: Peter Kriedte, Hans Medick und Jürgen Schlumbohm (Hg.), Industrialisierung vor der Industrialisierung, Göttingen 1980, S. 350-386.

[244] Wolfram Fischer, „Stadien und Typen" der Industrialisierung in Deutschland. Zum Problem ihrer regionalen Differenzierung, in: Ders., Wirtschaft und Gesellschaft im Zeitalter der Industrialisierung, Göttingen 1972, S. 464-473.

[245] Vgl. dazu Rainer Fremdling und Richard H. Tilly (Hg.), Industrialisierung und Raum; Sidney Pollard (Hg.), Region und Industrialisierung. Studien zur Rolle der Region in der Wirtschaftsgeschichte der letzten zwei Jahrhunderte, Göttingen 1980; Hubert Kiesewetter und Rainer Fremdling (Hg.), Staat, Region und Industrialisierung, Ostfildern 1985 sowie Rainer Schulze (Hg.), Industrieregionen im Umbruch. Historische Voraussetzungen und Verlaufsmuster des regionalen Strukturwandels im europäischen Vergleich, Essen 1993.

[246] Sidney Pollard, Peaceful Conquest, S. 8 ff.

wohl bildete sich zwischen 1760 und 1790 in England auch ein neues System regionaler Industriezentren heraus, das die Basis für die weitere Industrialisierung Großbritanniens bildete. Cornwall entwickelte sich beispielsweise auf der Basis einer traditionellen Zinn- und Kupferindustrie. Die steigende Nachfrage nach Bergbauprodukten führte den dort seit der Antike betriebenen Metallerzbergbau zu neuer Blüte, die bis zur Mitte des 19. Jahrhunderts andauerte. In Shropshire hingegen ermöglichten Kohle- und Eisenerzvorkommen lediglich einen kurzen Boom, der nur bis zum Jahre 1815 anhielt und danach aufgrund der schlechten Transportmöglichkeiten an Dynamik deutlich verlor. Das benachbarte South Staffordshire verfügte ebenfalls über Kohle- und Eisenerzvorkommen, jedoch entwickelten sich dort ein gutes Transportsystem und ein kommerzielles Zentrum (Birmingham), so dass sich die Region zwischen 1810 und 1830 als führendes Eisenproduktionsgebiet etablieren konnte. North Wales erlebte ebenfalls einen industriellen Aufschwung, der auf Kohle-, Eisen- und Kupfervorkommen sowie billiger Wasserkraft einerseits, und auf den geringen Löhnen sowie einer guten Verkehrsanbindung andererseits basierte. Dieser kurze Boom kam jedoch schon 1820 zu einem Ende. Derbyshire bildete ein traditionelles Zentrum des Textilgewerbes, in dem erste Neuerungen innerhalb der Baumwollverarbeitung eingeführt wurden. Die räumliche Nähe zu den Abnehmern der Strick- und Wirkwarenherstellung wirkte sich dort positiv aus. Bald verlor dieses county jedoch die Führungsrolle an das aufstrebende Lancashire, das sich sehr bald zum klassischen Zentrum der Baumwollindustrie entwickelte. Ähnlich verlief die Entwicklung in der West Riding of Yorkshire. Die Tyneside verdankt ihren wirtschaftlichen Aufschwung der Kohle, die von dort bereits seit Jahrhunderten verschifft wurde. Clydeside hatte neben einer beachtlichen Textiltradition ebenfalls Eisen- und Kohlevorkommen vorzuweisen, und in Glasgow bestand eine sehr frühe Chemieindustrie. London entwickelte sich ebenfalls zu einem beachtlichen industriellen Zentrum, gestützt auf die Nahrungs- und Genussmittelindustrien, die Exportgüterindustrien sowie auf Transport-, Finanz- und Versicherungsdienstleistungen.

Dieses englische System von Industrieregionen, wie es sich in der frühen Industrialisierung herausgebildet hatte, blieb während des gesamten 19. Jahrhunderts in ständiger Bewegung und veranschaulicht deutlich, dass die rasche und erfolgreiche Industrialisierung Großbritanniens weitgehend auf relativ wenige Schlüsselregionen begrenzt blieb. Die Ursachen dieses regionalen Strukturwandels lassen sich für die einzelnen Regionen durchaus auch separat und im Einzelnen analysieren. Sidney Pollard zeigt dies z.B. anhand der Entwicklung in Clyde-side, Tyneside und Lancashire.[247]

Karte 2: Zentren der frühen Industrialisierung in England

Quelle: Eigene Darstellung.

Auch innerhalb Deutschlands lassen sich Regionen finden, die eine ähnliche Wirtschaftsstruktur aufweisen und daher sinnvoll miteinander verglichen werden können, so zum Beispiel die schwerindustriellen Zentren an Saar, Ruhr und Oder,

---

[247]   Ders., Betrachtungen zur Dynamik britischer Industrieregionen.

die jeweils ein ganz eigentümliches Entwicklungsmuster aufweisen.[248] Oberschlesien vollzog den Schritt in die Industriewirtschaft, aufbauend auf einem alten Eisengewerbe, schon früher als das Ruhrgebiet und hatte deshalb im rapiden technischen Wandel ab der Mitte des 19. Jahrhunderts mit den Nachteilen der technischen Rückständigkeit des Vorreiters zu kämpfen. Zwar war zunächst die Finanzierung der schwerindustriellen Unternehmen in Oberschlesien weniger schwierig, weil die beteiligten adeligen Großgrundbesitzer[249] dabei auf ihr Feudalvermögen zurückgreifen konnten, doch erwies sich diese Besitzstruktur später als Nachteil, als die privaten Vermögen zur Finanzierung nicht mehr ausreichten und die neuen Finanzierungsformen, anders als bei der Konkurrenz an der Ruhr, nur zögernd adaptiert wurden. Aufgrund der starken Bindung der oberschlesischen Industrie an die Eisenherstellung, die auch von Seiten des Staates forciert worden war, und angesichts der Inhomogenität der dort gefertigten Eisenprodukte hatten die oberschlesischen Industriellen später weitaus größere Schwierigkeiten als die auf den Steinkohlebergbau spezialisierten Ruhrindustriellen, in problematischen Konjunktursituationen eine Absatzstabilisierung durch Kartellbildung zu bewerkstelligen. Auch die geographische Lage der beiden Industriezentren hatte bedeutende Konsequenzen für den jeweiligen Verlauf des Industrialisierungsprozesses und trug zur Herausbildung spezifischer Industrialisierungsmuster bei. Oberschlesien lag ungünstig „am Ende des Reichs" (Goethe) und hatte daher mit Absatz- und Rohstoffbezugsproblemen zu kämpfen, während die Ruhrregion in der Nähe der Verbrauchszentren gelegen war.

Unterschiede lassen sich auch in der Struktur der Unternehmerschaft erkennen.[250] In Oberschlesien waren Manager weit weniger verbreitet als an der Ruhr, wo Kapitalgesellschaften das Bild bestimmten. Im oberschlesischen Industriege-

---

[248] Toni Pierenkemper, Struktur und Entwicklung der Schwerindustrie in Oberschlesien und im westfälischen Ruhrgebiet, 1852-1913, in: Zeitschrift für Unternehmensgeschichte 24 (1979), H. 2, S. 1-28.

[249] Waclaw Dlugoborski, Die Schlesischen Magnaten in der frühen Phase der Industrialisierung Oberschlesiens, in: Toni Pierenkemper (Hg.), Industriegeschichte Oberschlesiens im 19. Jahrhundert, Wiesbaden 1997, S. 107-128; Jürgen Laubner, Zwischen Industrie und Landwirtschaft. Die oberschlesischen Magnaten – aristokratische Anpassungsfähigkeit und „Krisenbewältigung", in: Heinz Reif (Hg.), Ostelbische Agrargesellschaft im Kaiserreich und in der Weimarer Republik, Berlin 1994, S. 251-266 und Toni Pierenkemper, Unternehmeraristokraten in Schlesien, in: Elisabeth Fehrenbach (Hg.), Adel und Bürgertum in Deutschland 1770-1848, München 1994, S. 129-157.

[250] Toni Pierenkemper, Entrepreneurs in Heavy Industry: Upper Silesia and the Westphalian Ruhr Region 1852 to 1913, in: Business History Review 53 (1979), S. 65-78.

biet überwogen demgegenüber Magnaten und Beamte; Beamte auch deshalb, weil ein beachtlicher Teil der Schwerindustrie bis weit ins 19. Jahrhundert hinein in staatlicher Regie betrieben wurde. In beiden Regionen war die Unternehmerschaft allerdings eher bodenständig, in Oberschlesien noch mehr als an der Ruhr, wo auch ein merklicher Zugang von außerhalb, teilweise sogar aus dem Ausland, zu verzeichnen war. Im Hinblick auf ihre soziale Stellung war die Unternehmerschaft in beiden Regionen den oberen Gesellschaftsschichten zuzuordnen. In Oberschlesien gehörte ein beachtlicher Teil dem Adel an.[251] Die Unternehmer waren gut ausgebildet und betätigten sich auch im öffentlichen Leben, wobei die oberschlesischen Industriellen tendenziell stärker im Verbandswesen tätig waren. Zwischen den jeweiligen Besonderheiten der sozialen Struktur der Unternehmerschaft und den spezifischen industriellen Entwicklungsmustern lassen sich daher unschwer Zusammenhänge vermuten, zum Beispiel hinsichtlich der bevorzugten Rechtsformen, der Finanzierungsweisen und der Risikobereitschaft. Derartige Eigentümlichkeiten lassen sich auch an der Saar beobachten.[252]

3. Zur zeitlichen Struktur des Wirtschaftswachstums: Zeitpunkt, Dauer und Verlauf des Industrialisierungsprozesses

Mehrfach wurde bereits darauf hingewiesen, dass auch in vorindustriellen Zeiten durchaus Phasen einer beschleunigten ökonomischen Entwicklung zu beobachten waren. Doch waren die Expansionsmöglichkeiten der traditionellen Gesellschaften durch die natürlichen Grenzen ihres Produktionspotentials beschränkt, und auf merkliche Aufschwünge mussten daher zwangsläufig wieder Abschwünge folgen, sobald das Produktionspotential ausgeschöpft war.[253] In einer derartig langfristigen Perspektive hat Wilhelm Abel im Zusammenhang mit der Dezimierung der Bevölkerung im späten Mittelalter von einer schweren Agrarkrise in Mitteleuropa gesprochen, die die Agrarpreise als Ausdruck für die Entlohnung des Faktors

---

[251] Hartmut Berghoff, Adel und Industriekapitalismus im Deutschen Kaiserreich – Abstoßungskräfte und Annäherungstendenzen zweier Lebenswelten, in: Heinz Reif (Hg.), Adel und Bürgertum in Deutschland, Bd. 1: Entwicklungslinien und Wendepunkte im 19. Jahrhundert, Berlin 2000, S. 233-271, hier insb. S. 252-255.

[252] Vgl. dazu Ralf Banken, Die Industrialisierung der Saarregion.

[253] Walt W. Rostow, Industrialization and economic growth, in: Fernand Braudel (Hg.), First International Conference of Economic History: Contributions – Communications, Stockholm, August 1960, Paris u. a. 1960, S. 17-34.

„Boden" deutlich verfallen ließ und demgegenüber zu einem Anstieg der Einkommen des Faktors „Arbeit", der gewerblichen Löhne führte.[254] Eine besondere Bedeutung für diese Entwicklung kommt sicherlich der Beulenpest zu, die zwischen 1348 und 1350 die Bevölkerung Europas um etwa ein Drittel reduzierte. Die Wirkung der großen Pest wäre aber bei weitem nicht so gravierend gewesen, wenn nicht eine Zeit enormer Bevölkerungsausdehnung, einhergehend mit einer Intensivierung des Agraranbaus und einer Verschlechterung der Versorgungslage, diesem Ereignis vorausgegangen wäre. Die Dezimierung der Bevölkerung durch die Pest schuf nun für die Überlebenden wiederum einen erweiterten Ernährungsspielraum.[255] Gelegentlich wird die damalige Ernährungslage sogar als „üppig" charakterisiert. Jedoch führte schon im 16. Jahrhundert ein erneutes Bevölkerungswachstum wiederum zu einem Anstieg der Nahrungsmittelpreise und damit zu einer Verschlechterung der Lebenssituation für die Mehrheit der Menschen. Aus dieser Perspektive scheint also das relative Knappheitsverhältnis zwischen den beiden volkswirtschaftlichen Hauptfaktoren Boden und Arbeitskraft bzw. Bevölkerung ganz wesentlich das Auf und Ab der Wirtschaft und der Lebensverhältnisse zu bestimmen. Die Bevölkerungsbewegung kann daher als für die Dynamik des gesamten Systems vor der Industrialisierung als entscheidend angesehen werden.

Eine ganz ähnliche Sichtweise kommt auch bei Le Roy Ladurie zum Ausdruck, der im großen Agrarzyklus zwischen 1500 und 1700 vier Phasen der Bevölkerungsentwicklung und des damit verbundenen Versorgungsniveaus identifiziert: Den Niedrigstand der Bevölkerung am Ende des 15. Jahrhunderts als eine erste Phase, dann eine Periode des Aufschwungs beginnend um 1490/1500 als zweite Phase gefolgt von einer dritten Phase der vollen Entfaltung der Bevölkerung nach 1600, und schließlich als vierte und letzte Phase die Periode des Rückflutens der Bevölkerungswelle mit einem erneuten Niedrigstand um 1675/80.[256] Der Umschwung der Bevölkerungsentwicklung und die Ursache für den erneuten Niedergang der Wirtschaft wird von ihm durch die Unfähigkeit des ökonomischen Systems zur Steigerung der Produktivität, d.h. durch eine systemimmanente technologische Schwäche, begründet. Der Aufschwung um 1490/1500 zerbrach wie

---

[254] Wilhelm Abel, Stufen der Ernährung. Eine historische Skizze, Göttingen 1981.

[255] Zu einer ökonomischen Analyse dieses Zusammenhangs vgl. Axel Börsch-Supan und Reinhold Schnabel, Volkswirtschaft in fünfzehn Fällen, S. 3-16.

[256] Emanuel Le Roy Ladurie, Die Bauern des Languedoc, Stuttgart 1983, S. 318–326.

alle vorausgegangenen langfristigen Verbesserungen der Lebensverhältnisse an der Schranke der gegebenen Faktorausstattung und der unveränderten, durch die bäuerliche Produktionsstruktur bedingten Grenze der Produktivitätssteigerung. Diese Grenze wurde erst in der Industriellen Revolution durchstoßen. Doch dieser Durchbruch erfolgte keinesfalls voraussetzungslos und blieb trotz aller technologischen Innovationen auch eng verknüpft mit der Expansion und der Intensivierung der Nutzung der traditionellen Produktionsfaktoren Boden und Arbeit.[257]

3.1   Protoindustrialisierung als Vorbedingung?

In einigen europäischen Regionen (Oberitalien, Flandern) war die Herstellung von Textilien schon seit der frühen Neuzeit längst zum wichtigsten Erwerbszweig der ländlichen Bevölkerung geworden. Nur ein Bruchteil z.B. der Flandrischen Leinenproduktion des 18. Jahrhunderts wurde in der Region selbst verbraucht, der überwiegende Teil wurde nach Spanien und in die amerikanischen Kolonien exportiert.[258] Die Leinwandherstellung bot der wachsenden ländlichen Bevölkerung eine Alternative zur schlecht bezahlten Tätigkeit als Knechte oder Mägde in der Landwirtschaft oder zur Unterbeschäftigung. Die verarmte ländliche Bevölkerung wandte sich in der Frühen Neuzeit verstärkt gewerblichen Nebentätigkeiten zu und schuf sich auf diese Weise trotz unzureichender Bodenausstattung eine Basis zur Subsistenz und Reproduktion. Nicht nur in Flandern, sondern auch in zahlreichen anderen Teilen Europas kam es im 18. Jahrhundert zu einer gewerblichen Verdichtung ländlicher Regionen, in denen die Bevölkerung auf nebenerwerblicher Basis Gewerbeprodukte für internationale Märkte herstellte.[259] Dieser Prozess wird in Anlehnung an Franklin F. Mendels als „Protoindustrialisierung" bezeichnet.[260]

---

[257]   Vgl. dazu auch die Ausführungen zur Rolle der Landwirtschaft im Entwicklungsprozess weiter oben auf S.66-73.

[258]   Franklin F. Mendels, Landwirtschaft und bäuerliches Gewerbe in Flandern im 18. Jahrhundert, in: Peter Kriedte, Hans Medick und Jürgen Schlumbohm (Hg.), Industrialisierung vor der Industrialisierung. Gewerbliche Warenproduktion auf dem Land in der Formationsperiode des Kapitalismus, Göttingen 1977, S. 325-349.

[259]   Im Überblick dazu Markus Cerman und Sheilagh C. Ogilvie (Hg.), Protoindustrialisierung in Europa: Industrielle Produktion vor dem Fabrikzeitalter, Wien 1994 und Toni Pierenkemper, Gewerbe und Industrie im 19. und 20. Jahrhundert, S. 51-58.

[260]   Peter Kriedte, Hans Medick und Jürgen Schlumbohm (Hg.), Industrialisierung vor der Industrialisierung.

Eigentümlich an der beobachteten Entwicklung ist, dass die landwirtschaftlich verwurzelten Produzenten nun im Rahmen ihrer „Familienwirtschaft" ein Verhaltensmuster an den Tag legten, in dem die Konsuminteressen der Haushalte und nicht die Profitinteressen von Produzenten den Arbeitseinsatz bestimmten, so dass bei steigenden Preisen und Einkommen wegen einer Orientierung an „auskömmlichen" Einkommen der Arbeitseinsatz reduziert, bei sinkenden Löhnen jedoch paradoxerweise der Arbeitseinsatz erhöht wurde. Zudem stellte wegen der Möglichkeit der Mitarbeit von Kindern bei der Gewerbeproduktion eine erhöhte Kinderzahl ein Mittel zur kurzfristigen Erhöhung des Familieneinkommens dar, was allerdings langfristig zu steigenden Bevölkerungszahlen und sinkenden Löhnen führen musste. Das protoindustrielle Produktionssystem war dementsprechend höchst instabil. Es war zudem einerseits noch in der lokalen Landwirtschaft verwurzelt, andererseits jedoch bestand bereits eine enge Verbindung mit den internationalen Märkten für Gewerbeprodukte. Die traditionelle Arbeitsteilung zwischen Stadt und Land wurde damit weitgehend überwunden, und dieses System förderte entscheidend die gewerbliche Durchdringung ländlicher Regionen.

In diesem Sinne erscheint die Protoindustrialisierung lediglich als ein Durchgangsstadium auf dem Weg zur Etablierung des Fabriksystems im Rahmen der eigentlichen Industrialisierung. Gerade die im demo-ökonomischen System der protoindustriellen Gesellschaft angelegte Tendenz zur Überbevölkerung führte ja mehr oder weniger zwangsläufig in die Malthusianische Bevölkerungskatastrophe und „erzwang" auf diese Weise quasi eine kapitalistische Industrialisierung. Allerdings erscheint dieser Zusammenhang nicht als eindeutig. Er gilt nur für eine erste und frühe, durch die Textilindustrie geprägte Phase der industriellen Entwicklung.[261] Eine später einsetzende Industrialisierung, wie zum Beispiel die auf der Schwerindustrie aufbauende Industrialisierung Deutschlands, kann anhand dieses Konzeptes nicht erklärt werden. Deshalb erscheinen spätere Industrialisierungserfolge auch ohne das Vorstadium einer Protoindustrialisierungsphase möglich. Außerdem bleibt festzuhalten, dass nicht alle protoindustriell geprägten Regionen den Weg in eine erfolgreiche kapitalistische Industrialisierung fanden, sondern zum Teil einer Deindustrialisierung anheim fielen.

---

[261] John K. Walton, Proto-Industrialization and the First Industrial Revolution. The Case of Lancashire, in: Rainer Schulze (Hg.), Industrieregionen im Umbruch. Historische Voraussetzungen und Verlaufsmuster des regionalen Strukturwandels im europäischen Vergleich, Essen 1993, S. 66-95.

Dennoch wurden eine Reihe von Voraussetzungen für eine kapitalistische Industrialisierung auch bereits im protoindustriellen System angelegt. Eine wachsende Bevölkerung bildete trotz der noch vorhandenen Einbindung in die Familienwirtschaft ein latentes Arbeitskräftepotential, das im Rahmen der Industrialisierung nutzbringend eingesetzt werden konnte. Verleger und Händler wurden durch die Akkumulation von Kapital zu potentiellen kapitalistischen Unternehmern. Es wurden bereits wichtige organisatorische Vorleistungen für die folgende Industrialisierung erbracht, unter anderem die Erprobung neuer Produktionsformen wie zum Beispiel des Verlagssystems und die Verbreitung marktmäßiger Beziehungen. Darüber hinaus schufen steigende gewerbliche Einkommen die Voraussetzungen für Effizienzsteigerungen in der Landwirtschaft.

Insgesamt kann die protoindustrielle Entwicklung durchaus als ein möglicher, wenn auch nicht als der einzige Weg zu einer erfolgreichen Industrialisierung gesehen werden. Damit stellt sich die Frage nach weiteren Vorbedingungen für eine erfolgreiche Industrialisierung sowie nach der zeitlichen Dauer dieses Prozesses, von dem doch zumindest in seiner Frühphase angenommen wird, dass er sich abrupt und mit revolutionärem Elan versehen ausgebreitet habe, um schließlich in historisch einzigartiger Weise die traditionellen Schranken ökonomischen Wachstums zu durchbrechen.

3.2 Zum „Take-Off"-Konzept

Walt W. Rostow hat in seinem epochemachenden Werk „Stadien wirtschaftlichen Wachstums" sowohl den revolutionären Charakter des Industrialisierungsprozesses als auch dessen Anbindung an bestimmte historische Voraussetzungen ausführlich zu würdigen gesucht.[262] Bei der Darstellung und Analyse des Industrialisierungsprozesses bedient sich Rostow des Stadienschemas, eines in den Sozialwissenschaften weit verbreiteten methodischen Ansatzes. Schon im Historischen Materialismus wurde ein derartiges Denkschema verwendet, wenn im Verlauf der Menschheitsgeschichte zwischen Urgesellschaft, Sklavenhaltergesellschaft, Feudalismus, Kapitalismus und Sozialismus/Kommunismus unterschieden wird.[263] Die Vorstellung von der gesellschaftlichen Entwicklung als Abfolge bestimmter

---

[262] Walt W. Rostow, Stadien wirtschaftlichen Wachstums.

[263] Autorenkollektiv, Einführung in den dialektischen und historischen Materialismus, Berlin 1971, S. 333–343.

Entwicklungsstufen blieb durchaus nicht nur marxistischen Analysen vorbehalten. Bereits in der Historischen Schule der deutschen Nationalökonomie finden sich vergleichbare Ansätze, wie beispielsweise die Vorstellungen Bruno Hildebrands (1812–1878) hinsichtlich der Entwicklung ökonomischer Tauschformen als Wirtschaftsstufen, beginnend mit der Naturalwirtschaft, über die Geldwirtschaft hin zur Kreditwirtschaft. Eine Weiterführung dieses Gedankens stellt Gustav Schmollers Wirtschaftsstufenlehre dar, die fünf Wirtschaftsformen unterscheidet: die geschlossene Hauswirtschaft, die Dorfwirtschaft, die Stadtwirtschaft, die Territorialwirtschaft und die Staatswirtschaft.[264]

Auch Wirtschaftshistoriker bedienen sich gelegentlich dieser Methode, so zum Beispiel Walther G. Hoffmann, der das quantitative Verhältnis der Produktion von Kapital- und Konsumgütern als Maßstab für den Industrialisierungsgrad eines Landes heranzieht und innerhalb der Entwicklung der einzelnen Länder drei Stufen der Veränderung im Verhältnis dieser beiden Produktionsbereiche identifiziert. Laut Hoffmann lässt sich in einer ersten, vorindustriellen Phase eine ganz klare Dominanz des Konsumgütersektors ausmachen. Das Verhältnis seiner Produktion gegenüber der des Kapitalgütersektors beträgt dabei etwa 5:1 bis 4:1. Die Industrialisierung führt dann zunächst zu einem relativen Wachstum des Kapitalgütersektors und im Laufe einer zweiten Stufe zu einer Annäherung des Umfanges der Produktion der beiden Sektoren. Auf der dritten Entwicklungsstufe stellt sich dann ein ausgewogenes Verhältnis der beiden Sektoren ein.[265]

An diese Tradition knüpft auch Rostow an, indem er die wirtschaftliche Entwicklung der modernen Industriestaaten in fünf Stadien unterteilt. Das erste Entwicklungsstadium bildet demnach die traditionelle Gesellschaft, in der die Wirtschaftsstruktur durch die überragende Bedeutung der Landwirtschaft geprägt ist und deren Expansionsmöglichkeiten durch die Grenzen der Natur beschränkt sind. In einer zweiten Phase der Entwicklung sieht Rostow die Voraussetzungen zum wirtschaftlichen Aufstieg heranreifen. Dabei unterscheidet er zwischen den traditionellen Gesellschaften, in denen ein grundsätzlicher Bruch mit der überkommenen Gesellschaftsstruktur nötig erscheint, und den sogenannten „frei geborenen" Staaten, wie zum Beispiel den USA und Australien, wo dieses nicht nötig war. In dieser zweiten Phase sind viele Wege gangbar, so könnte hier unter anderem ein

---

[264] Harald Winkel, Die deutsche Nationalökonomie im 19. Jahrhundert, Darmstadt 1977, S. 96 und 105.

[265] Walther G. Hoffmann, Stadien und Typen der Industrialisierung.

Entwicklungsgang über die Phase der Protoindustrialisierung exemplarisch erörtert werden. Als grundsätzliches Problem dieser zweiten Entwicklungsstufe erweist sich die Erzielung eines landwirtschaftlichen Überschusses über den unmittelbaren Verbrauch und seine Verwendung zur Akkumulation von Sachkapital, insbesondere im Bereich der Infrastruktur. Daneben ist die Entstehung neuer kapitalistischer Eliten zu beobachten sowie eine Orientierung der gesellschaftlichen Entscheidungen am Ziel des wirtschaftlichen Fortschritts.

Werden diese Probleme sachgerecht gelöst, so kann sich in einer dritten Phase der Entwicklung ein kräftiger Anstoß für ein starkes Wirtschaftswachstum ergeben: das Stadium des sogenannten „Take-Off" ist erreicht. Die entscheidenden Merkmale dieser dritten Entwicklungsstufe sind: erstens ein Anstieg der gesamtwirtschaftlichen Investitionsquote von unter fünf auf über zehn Prozent, zweitens das Vorhandensein von industriellen Führungssektoren mit entsprechenden Ausbreitungseffekten und drittens die Bereitstellung der notwendigen infrastrukturellen und institutionellen Rahmenbedingungen (z.B. Kapital, Unternehmertalente) für einen dauerhaften Aufschwung. Nach Auffassung Rostows ist es sinnvoll, einen relativ kurzen Zeitraum als Durchbruch zur Industrialisierung zu bezeichnen, gleich dem Moment des Abhebens eines Flugzeuges beim Start („Take-Off"). Danach bleibt das Wirtschaftswachstum dauerhaft erhalten, und die Investitionsquote verharrt notwendigerweise auf einem wesentlich erhöhten Niveau im Vergleich zur vorindustriellen Periode. In diesem Sinne stellt das dritte Stadium wirtschaftlichen Wachstums tatsächlich einen revolutionären Übergang dar.[266] Versuche einer empirischen zeitlichen Bestimmung der Dauer dieser Aufstiegsphase für verschiedene Länder kommen zu recht unterschiedlichen Ergebnissen.

---

[266] Walt W. Rostow, Die Phase des Take-Off, in: Wolfgang Zapf (Hg.), Theorien des sozialen Wandels, 3. Aufl., Köln u.a. 1971, S. 286–311. Im Überblick auch Toni Pierenkemper, Gewerbe und Industrie im 19. und 20. Jahrhundert, S. 58-61.

Tabelle 25: Daten für den Take-Off verschiedener Länder nach Rostow

Land	Take-Off Periode	Dauer in Jahren
England	1783–1802	20
Frankreich	1830–1860	31
Belgien	1833–1860	28
USA	1843–1860	18
Deutschland	1850–1873	24
Schweden	1868–1890	23
Japan	1878–1900	23
Russland	1890–1914	25
Kanada	1896–1914	19
Argentinien	1935–....	
Türkei	1937–....	
Indien	1952–....	
China	1952–....	

Quelle: Walt W. Rostow, Stadien wirtschaftlichen Wachstums. Eine Alternative zur marxistischen Entwicklungstheorie, 2. Aufl., Göttingen 1967, S. 56.

Eindeutig erscheint, zumindest für die ersten der angeführten Länder, die Begrenzung des Take-off auf einen relativ kurzen Zeitraum. Für die später startenden Länder wie beispielsweise Russland ist das schon nicht mehr so eindeutig der Fall, und für die letzten der angeführten Staaten ist es überhaupt fraglich, ob sie das Stadium des Take-Off bereits durchlaufen haben. Eine neuere, graphische Darstellung Rostows legt ähnliche Zweifel nahe und nährt die später anzuführende Kritik an dem von ihm entwickelten Schema.

Schaubild 17: Datierung der Stadien des wirtschaftlichen Wachstums für verschiedene Länder (1780-1960)

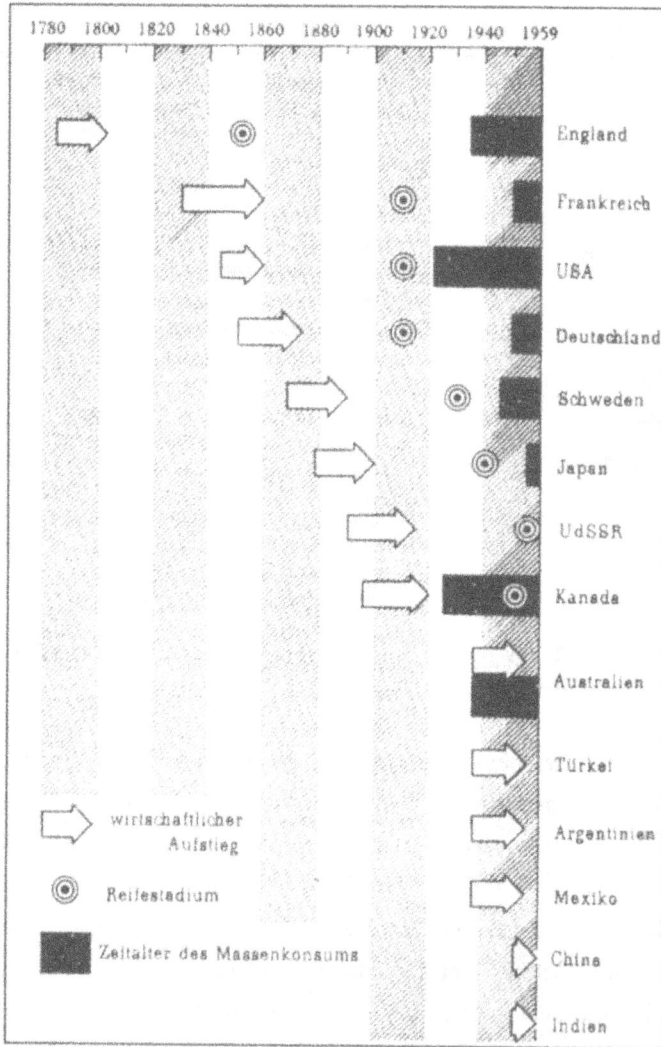

Quelle: Walt W. Rostow, Stadien wirtschaftlichen Wachstums. Eine Alternative zur marxistischen Entwicklungstheorie, 2. Aufl., Göttingen 1967, S. 14.

Nach einer erfolgreich durchschrittenen Phase des wirtschaftlichen Aufschwungs folgt im Rostowschen Entwicklungsschema das vierte Stadium, die Entwicklung zur Reife. In diesem Stadium gelingt es, moderne Techniken umfassend in der Produktion einzusetzen und die verfügbaren Ressourcen effizient zu nutzen. Die Struktur der Wirtschaft wird dabei tiefgreifend verändert. Neue Berufe und Berufsgruppen entstehen und organisieren sich in Verbänden, und auch die Unternehmen schließen sich zu Monopolen, Trusts und Kartellen zusammen. Industrielle Arbeit und neue Lebensformen finden weitgehende Verbreitung und produzieren neue Formen der „Entfremdung". Als bisheriges Endstadium des industriellen Wachstumsprozesses stellt sich schließlich in den fortschrittlichsten Ländern als fünftes Stadium das Zeitalter des Massenkonsums ein, das diesen Ländern vielfältige neue Optionen eröffnet. Der gestiegene Wohlstand und die gewachsene Effizienz des ökonomischen Systems können nun zur nationalistischen oder imperialistischen Expansion, zum Ausbau des Wohlfahrtsstaates oder zur Begründung einer „Gesellschaft im Überfluss"[267] genutzt werden.

Die Rostowsche Stadientheorie, so einleuchtend und anschaulich sie auch erscheinen mag, ist in der wissenschaftlichen Diskussion schwerwiegender Kritik unterzogen worden. Die angeführten Argumente lassen sich in zwei Hauptkritikpunkten zusammenfassen.[268] Erstens erscheint die Stadientheorie logisch inkonsistent. Es handelt sich nicht um eine Analyse eindeutig definierter Sachverhalte, sondern um eine impressionistische Beschreibung beobachtbarer Trends. Die einzelnen Stadien sind nicht deterministisch miteinander verknüpft, sie folgen nicht logisch aufeinander. Auch die notwendigen Vorbedingungen zum entscheidenden „Take-Off" sind vom Ergebnis her definiert (Steigerung der Investitionsquote auf über 10 v.H.) und haben daher aus sich heraus keine Erklärungskraft. Zweitens ist das Konzept empirisch unzutreffend. In der historischen Wirklichkeit ist eine kurze, dramatische Beschleunigung der gesamtwirtschaftlichen Wachstumsrate selten aufzufinden. Vielmehr erscheint der Durchbruch zur Industriewirtschaft als das Ergebnis eines langen, allmählichen Expansionsprozesses.[269] Darüber hinaus zeigt jedes Land in seiner historischen Entwicklung ein eigentümliches Entwicklungsprofil, so dass es problematisch ist, den Industrialisierungsprozess einheitlich als Abfolge der geschilderten fünf Stadien zu interpretieren. Gerade diese Kritik an der empirischen Gültigkeit der Rostowschen Stadien hat sich in der Forschung als außerordentlich produktiv erwiesen. Sowohl die Frage nach den Vorbedingungen

---

[267] Vgl. dazu John Kenneth Galbraith, Gesellschaft im Überfluss, München 1959.

[268] Andreas Paulsen, Zur theoretischen Bestimmbarkeit der Rostowschen „Stadien", in: Wilhelm Abel u.a. (Hg.), Wirtschaft, Geschichte und Wirtschaftsgeschichte. Festschrift zum 65. Geburtstag von Friedrich Lütge, Stuttgart 1966, S. 306-324.

[269] Vgl. dazu Greame Donald Snooks, Great Waves of Economic Change und Eric L. Jones, Growth Recurring. Economic Change in World History, Oxford 1988.

des wirtschaftlichen Aufschwungs und der Dauer dieses Vorbereitungsprozesses als auch das Problem der Vielfalt der Wege zur Industriewirtschaft sind ausführlich diskutiert worden.

3.3   Vorbedingungen und Kontinuitäten

Bereits Rostow hat früh auf die zentrale Bedeutung der Schaffung der Vorbedingungen für den industriellen Durchbruch hingewiesen.[270] Insbesondere scheinen ihm fünf Merkmale wichtig, durch deren enge Verknüpfung der Übergang von der traditionellen zur modernen Gesellschaft forciert und damit ein dauerhaftes Wirtschaftswachstum möglich gemacht wird. Erforderlich ist die Verbreitung einer Fortschrittsgläubigkeit als psychologische Voraussetzung zur Beherrschung und Gestaltung der Welt im Sinne Newtons sowie die Entwicklung neuer Formen des Unternehmertums mit Risikobereitschaft und Gewinnstreben. Weiterhin sind das Auftreten neuer industrieller Sektoren mit Kopplungseffekten sowie Effizienzsteigerungen innerhalb der nicht-industriellen Sektoren (Landwirtschaft, Außenhandel) zur Mobilisierung neuer ökonomischer Ressourcen notwendig. Einen weiteren entscheidenden Faktor stellt laut Rostow die Durchsetzung neuer sozialer Verhaltensweisen, zum Beispiel hinsichtlich des generativen Verhaltens, dar. Doch auch diese Aufzählung von Merkmalen erscheint wiederum nicht logisch stringent sondern eher illustrativ. Überdies handelt es sich bei einigen der genannten Merkmale weniger um Vorbedingungen als um Elemente des Take-Off selbst, so zum Beispiel die Herausbildung von Führungssektoren. Eine Klärung der Voraussetzungen und der Übergangsproblematik scheint mit diesem Ansatz daher nur schwer möglich.

Simon Kuznets hat demgegenüber versucht, gerade auch die Vorbedingungen der Industrialisierung verstärkt in das Bewusstsein der Forscher zu rücken. Dabei hat er vor allem die ökonomischen Elemente dieser Vorbedingungen gegenüber gesellschaftlichen Veränderungen stärker betont.

Kuznets betrachtete ganz im oben dargelegten Sinne als das entscheidende Kriterium der Industrialisierung das überproportionale Wachstum des Anteils des industriellen Sektors an der gesamtwirtschaftlichen Wertschöpfung. Es lassen sich nun eine Reihe ökonomischer Voraussetzungen benennen, die diesen sektoralen

---

[270]   Walt W. Rostow, Industrialization and Economic Growth, S. 24ff.

Strukturwandel entscheidend beeinflussen.[271] *Erstens* muss die Effizienz der nicht-industriellen Sektoren erhöht werden, um ökonomische Ressourcen für den Auf- und Ausbau der Industrie zu mobilisieren. Dies betrifft vor allem die Landwirtschaft, die, wie weiter oben in Teil II.1 ausgeführt, in vorindustriellen Gesellschaften häufig mehr als 80 v.H. der Beschäftigungsmöglichkeiten bietet und einen entsprechend großen Anteil zur Wertschöpfung beiträgt. Die expansiven Effekte eines prosperierenden Agrarsektors äußern sich vor allem in einer steigenden Nachfrage nach Industrieprodukten und in der Freisetzung von Arbeitskräften, die dann von der wachsenden Industrie aufgenommen werden. Darüber hinaus können auch im traditionellen Transport- und Kommunikationswesen zahlreiche Vorleistungen für die Entwicklung der Industrie erbracht werden. *Zweitens* ist eine Ausweitung des Angebots an produktiven Faktoren, insbesondere an Arbeit und Kapital, erforderlich. Auch hierzu wurde weiter oben in Teil II.2 und II.3 wichtiges gesagt. Die Ausdehnung des Arbeitskräftepotentials speist sich quantitativ aus dem Bevölkerungswachstum und aus der Freisetzung zuvor in der Landwirtschaft beschäftigter Arbeitskräfte. Darüber hinaus spielt aber auch eine Veränderung der Qualität des Arbeitsangebots eine bedeutsame Rolle. Nicht nur die Anforderungen an technische Kenntnisse und Fähigkeiten wandeln sich, sondern auch neue Werthaltungen, wie strenge Arbeitsdisziplin, Pünktlichkeit etc. werden gefordert. Überdies verändern sich die Anforderungen an die Kapitalbildung in entscheidender Weise, da neue, risikoreichere Investitionen eine erhöhte Mobilität und Risikobereitschaft der Kapitaleigentümer erforderlich machen. *Drittens* hängen die Absatzchancen der Industrie ganz entscheidend von der Entwicklung der Güternachfrage ab. Hier spielen neue Konsumbedürfnisse[272] und die gestiegene Kaufkraft der nicht-industriellen Sektoren im Inland sowie die Chancen für den Export ins Ausland eine große Rolle. Viertens können die geschilderten Prozesse nur dann ablaufen, wenn sich Menschen finden, die diese auch organisieren und leiten. Strukturwandel und Wachstum vollziehen sich also nicht auto-

---

[271] Simon Kuznets, Die wirtschaftlichen Vorbedingungen der Industrialisierung, in: Rudolf Braun u. a. (Hg.), Industrielle Revolution – Wirtschaftliche Aspekte (Neue Wissenschaftliche Bibliothek Geschichte, Bd. 50), Köln, Berlin 1972, S. 17-34.

[272] Vgl. dazu insbesondere Neil McKendrick, John Brewer und J. H. Plumb, The Birth of the Consumer Society: the commercialization of eighteenth-century England, London 1982 und John Brewer und Roy Porter (Hg.), Consumption and the World of goods, London 1993 sowie für Deutschland Wolfgang König, Auf dem Weg in die Konsumgesellschaft, Tübingen 1993 und ders., Geschichte der Konsumgesellschaft, Stuttgart 2000.

matisch, losgelöst von den Menschen, sondern es ist eine aktive Gestaltung durch wirtschaftlich handelnde Personen, vor allem durch Unternehmer, erforderlich. Das Entstehen dieser Personengruppe, einer modernen Unternehmerschaft, und die Herausbildung eines gruppenspezifischen neuen Verhaltensmusters erscheint für einen industriellen Aufschwung ebenfalls unerlässlich.

Zusammengenommen stellen diese vier Vorbedingungen für den Industrialisierungsprozess nicht viel mehr als eine Selbstverständlichkeit, eine „Binsenweisheit" hinsichtlich der Generierung von industriellem Wachstum dar: neue Ressourcen müssen verfügbar sein und in der Industrie genutzt werden! Darüber hinaus muss eine entsprechende Nachfrage für die neuen Produkte existieren und ein angemessener institutioneller Rahmen muss gegeben sein, damit dieser Prozess sich vollziehen kann. Fraglich bleibt jedoch, in welcher Verknüpfung und Sequenz die verschiedenen Elemente dieses Entwicklungsprozesses wirken und welches Gewicht den einzelnen Faktoren im Zeitverlauf zukommt. Dies zu bestimmen bleibt im jeweiligen konkreten Fall der wirtschaftshistorischen Forschung vorbehalten. Dabei bleibt auch die Frage unbeantwortet, ob ein solches allgemeines Muster ökonomischer Vorbedingungen in der Vielfalt der historischen Entwicklungen überhaupt vorfindbar ist. Gleiche Sachverhalte, so zum Beispiel die Existenz privater Geschäftsbanken, können in unterschiedlichen historischen Situationen ganz verschiedene ökonomische Wirkungen zeitigen, wie auch unterschiedliche ökonomische Arrangements möglicherweise einen identischen Effekt hervorrufen können. Zudem stellt sich die Frage, ob mit einer Beschränkung auf die Betrachtung ausschließlich ökonomischer Vorbedingungen die politischen, sozialen und kulturellen Vorbedingungen der Industrialisierung nicht unzulässigerweise ausgeblendet werden.

3.4 Variationen im zeitlichen Muster

Insbesondere einer Substitution verschiedener ökonomischer Vorbedingungen durch alternative Arrangements und den daraus resultierenden unterschiedlichen Mustern der Industrialisierung hat Alexander Gerschenkron seine Aufmerksamkeit gewidmet.

Anders als Kuznets wandte sich Gerschenkron in seiner Kritik am Stadienkonzept von Rostow nicht gegen dessen Vorstellung der Existenz eines allgemeinen, einheitlichen Industrialisierungsmusters. Vielmehr richteten sich seine Zweifel auf die Unterstellung einer Abfolge festgelegter Stufen und auf die vorgebliche Uniformität des Entwicklungsganges. Gerschenkron sah in der Industrialisierung vielmehr eine Vielzahl möglicher Abweichungen von dem einheitlichen Grundmodell, eine Variation eines universellen Musters. Entsprechend lässt sich das Gerschenkronsche Konzept als Modell der Variation eines einheitlichen Industrialisierungsmusters in Abhängigkeit von dem Grad der relativen Rückständigkeit der Volkswirtschaft interpretieren.[273] Aus seiner Sicht ergeben sich unabweisbare Unterschiede im Tempo und Charakter der Industrialisierung fortgeschrittener und rückständiger Länder. In den rückständigen Ländern ist es vor allem die Diskrepanz zwischen der vorfindbaren Realität und den andernorts bereits praktizierten Möglichkeiten, die einen Anreiz zur Suche nach neuen Wegen zu einer raschen Überwindung der Rückständigkeit gibt, während die fortgeschrittenen Länder nach immer neuen Lösungen Ausschau halten müssen.

In der europäischen Industrialisierungsgeschichte offenbart sich angesichts der unterschiedlichen Ausgangsbedingungen eine bemerkenswerte Anzahl von Varianten des allgemeinen Musters.[274] Beispielsweise zeigen sich hinsichtlich der Rolle der privaten Banken bei der Mobilisierung des Industriekapitals deutliche Differenzen. In England vollzog sich die Industrialisierung weitgehend ohne die Hilfe der Banken, während in Frankreich reine Finanzierungsbanken zur Unterstützung der Industrie entstanden. In Deutschland übernahm hier hingegen der neue Typus der Universalbanken wichtige Aufgaben. Ähnliches lässt sich auch hinsichtlich der Rolle des Staates sagen, der vor allem in Russland zum Hauptantriebsfaktor der Industrialisierung wurde.[275] Darüber hinaus lassen sich ebenfalls bemerkenswerte Unterschiede in der jeweils dominierenden ökonomischen Doktrin feststellen: In England war der Liberalismus, in Deutschland der Nationalismus und in der Sowjetunion der Marxismus vorherrschend.

Insbesondere aus dem Vergleich der Industrialisierungsverläufe Großbritanniens, Deutschlands und Russlands hat Gerschenkron ein aus sieben Elementen

---

[273] Alexander Gerschenkron, Wirtschaftliche Rückständigkeit in historischer Perspektive, in: Rudolf Braun u.a. (Hg.), Industrielle Revolution – Wirtschaftliche Aspekte (Neue Wissenschaftliche Bibliothek Geschichte, Bd. 50), Köln 1976, S. 59-78.

[274] Zu diesem Ansatz vgl. Richard Sylla und Gianni Toniolo (Hg.), Patterns of European Industrialization. The Nineteenth Century, London 1991.

[275] Zu den unterschiedlichen Entwicklungsmustern vgl. Toni Pierenkemper, Umstrittene Revolutionen.

bestehendes, geordnetes „System" der schrittweisen Abweichungen entwickelt.[276]
Erstens erfolgt demnach der Industrialisierungsprozess desto schneller, je rückständiger ein Land ist. Dadurch ergibt sich ein stärkerer, nach oben gerichteter,
Knick in der Wachstumskurve, und die Dauer des „great spurts" erweist sich als
etwas länger. *Zweitens* beruht der Industrialisierungsprozess von weniger entwickelten Volkswirtschaften vermehrt auf der Ausweitung der Produktion von Kapitalgütern gegenüber einer Erhöhung der Konsumgüterproduktion bei den „early
starters". *Drittens* entstehen bei der Industrialisierung vergleichsweise rückständiger Volkswirtschaften größere Unternehmens- und Produktionseinheiten. *Viertens*
muss mit zunehmender Rückständigkeit eines Landes der laufende Konsum der
Bevölkerung stärker eingeschränkt werden als das in früheren Phasen nötig wäre.
Fünftens werden die Wachstumsbeiträge der Landwirtschaft desto unbedeutender
je rückständiger eine Volkswirtschaft vor Beginn der Industrialisierung war.
Sechstens werden neue institutionelle Arrangements für die Generierung industrieller Entwicklung immer wichtiger. *Siebtens* wächst mit zunehmender Rückständigkeit die Bedeutung von Ideologien zur Rechtfertigung der Industrialisierung, weil deren soziale Kosten immer schwerwiegender zu Buche schlagen.

Tabelle 26: Variationen im Muster der europäischen Industrialisierung (Großbritannien, Deutschland und Russland im 19. Jahrhundert)

Element	Land		
	Großbritannien	Deutschland	Russland
Produktions-bereich	Konsumgüter	Produktionsgüter	Produktionsgüter
Kapital-mobilisierung	Selbstfinanzierung der Unternehmen	Banken	Staat (Haushalt)
Integration der Industrie	gering	stark	sehr stark
Wachstumsrate	mäßig (3-6 v.H.)	hoch (5-8 v.H.)	sehr hoch (6-10 v.H.)

Quelle: Eigene Darstellung.

---

[276]   Richard Sylla und Gianni Toniolo (Hg.), Patterns of European Industrialization, S. 5.

Die Entwicklung der europäischen Volkswirtschaften im 19. Jahrhundert bildet ein gutes Exempel für derartige Variationen des Industrialisierungsprozesses hinsichtlich des Grades der relativen Rückständigkeit zwischen den einzelnen Ländern. Ein Vergleich zwischen Großbritannien, Deutschland und Russland im Hinblick auf vier zentrale Elemente der industriellen Entwicklung bietet das Bild, das Tabelle 26 zeigt.

Diese Beobachtungen lassen sich im Sinne Gerschenkrons als Substitution der fehlenden Vorbedingungen zur Industrialisierung im Rostowschen Schema interpretieren.[277] Damit relativiert sich zugleich der Begriff der Vorbedingungen, die nun nicht mehr als notwendige Voraussetzungen im Sinne logischer Kausalität, sondern allenfalls als historische, variable Vorbedingungen eines konkreten Entwicklungsverlaufs zu verstehen sind.

Ein weiterer Gedanke Gerschenkrons erscheint in diesem Zusammenhang erwähnenswert, die Vorstellung nämlich, dass relative ökonomische Rückständigkeit nicht nur Nachteile mit sich bringt, sondern sich auch als vorteilhaft erweisen kann. Es gibt demnach also auch „Vorteile der Rückständigkeit"![278] Derartige Vorteile können sich beispielsweise im technologischen Bereich ergeben, indem kostspielige Erprobungen, Umwege in der Fortentwicklung sowie „Kinderkrankheiten" von Technologien des Pionierlandes bzw. einer Pionierbranche vermieden werden können. Den Nachahmern bleiben Entwicklungskosten erspart, und sie vermögen so Fehler und Sackgassen technologischer Entwicklungen zu vermeiden. Auch im Bereich der sozialen Institutionen lassen sich aus der Rückständigkeit Vorteile gewinnen, zum Beispiel durch die Möglichkeit, unternehmerische Talente und technisches Wissen zu importieren, technische Ingeniösität durch den Ausbau des Bildungssystems zu kompensieren[279] und daraus längerfristig Vorteile zu ziehen. Die potentielle Realisierung von Vorteilen der Rückständigkeit kann jedoch nicht darüber hinwegtäuschen, dass vor allem schwerwiegende Nachteile mit der ökonomischen Rückständigkeit verbunden sind und dass

---

[277] Alexander Gerschenkron, Die Vorbedingungen der Europäischen Industrialisierungen im 19. Jahrhundert, in: Wolfram Fischer (Hg.), Wirtschafts- und sozialgeschichtliche Probleme der frühen Industrialisierung, Berlin 1968, S. 21-28.

[278] Peter Lundgreen, Bildung und Wirtschaftswachstum im Industrialisierungsprozess des 19. Jahrhunderts. Methodische Ansätze, empirische Studien und internationale Vergleiche, Berlin 1973.

[279] Dies wird z.B. gelegentlich für den deutschen Fall konstatiert. Vgl. dazu weiter oben in II.4 S. 110-113

allein eine Bilanz der Vor- und Nachteile ausschlaggebend für die Entwicklungschancen eines Landes ist.

Die Entwicklung Deutschlands im 19. Jahrhundert wird häufig geradezu als
das Paradebeispiel für eine rasche Industrialisierung durch die Ausschöpfung der
Vorteile der Rückständigkeit zitiert. Die rasche und durchgreifende Industrialisierung dieses „erfolgreichen Spätkömmlings" erfolgte unter geschickter Substitution der englischen Vorgaben. Der deutsche Weg war geprägt durch die Suche
nach kostengünstigen Ersatzbedingungen. Statt einer Konzentration auf den Außenhandel erfolgte eine Weiterentwicklung des Binnenmarktes, an die Stelle einer
Ausdehnung der Konsumgüterproduktion trat die verstärkte Herstellung von Kapitalgütern, und die institutionelle Lenkung der Kapitalmobilisierung wurde durch
Banken anstelle eines dezentralen Kreditsystems durchgeführt. Außerdem war die
deutsche Industrialisierung eher durch staatliche Interventionen als durch die Er-
richtung eines liberalen „laissez-faire" Systems gekennzeichnet.[280]

4. Zu den institutionellen Rahmenbedingungen

„Institutions matter", diese Ansicht ist mittlerweile sowohl im Bereich der neueren ökonomischen Theorie als auch in der Wirtschaftsgeschichte weit verbreitet.[281] Diese Erkenntnis erscheint aus Sicht der Wirtschaftsgeschichte weit weniger erstaunlich als aus Sicht der ökonomischen Theorie. Denn bereits im 19. Jahrhundert haben Institutionen und institutioneller Wandel in den Forschungen der
Historischen Schule der deutschen Nationalökonomie eine bedeutende Rolle ge-
spielt. Diese Denkrichtung hatte sich aus der Kritik an der klassischen Ökonomie
heraus entwickelt. Deren Menschenbild des „homo oeconomicus"[282] wurde als
wirklichkeitsfremd angesehen, und demgegenüber wurde die Bedeutsamkeit au-
ßer- und überökonomischer Elemente wie Sitte, Volkstum, Gewohnheit und
Rechtstradition, kurz: Institutionen, für die Erklärung ökonomischer Sachverhalte

---

[280] Richard H. Tilly, Vom Zollverein zum Industriestaat.

[281] Rudolf Richter, Sichtweise und Fragestellungen der Neuen Institutionenökonomik, in: Zeitschrift für Wirtschafts- und Sozialwissenschaften 110 (1990), H. 4, S. 571–591; Wolfram Fischer, Was heißt und zu welchem Ende studiert man Wirtschafts- und Sozialgeschichte?, in:
Heinz Maier-Leibnitz (Hg.), Zeugen des Wissens, Mainz 1986, S. 633–668.

[282] Zu einer grundlegenden Auseinandersetzung mit dieser Denkfigur: Gebhard Kirchgässner,
Homo oeconomicus, Tübingen 1991.

hervorgehoben.[283] Gerade die Vertreter der jüngeren Historischen Schule haben sich intensiv mit den Institutionen beschäftigt, so etwa Gustav Schmoller, der Institutionen zur Regulierung gesellschaftlicher Erscheinungen und sozialer Ungleichheit geradezu in das Zentrum seiner Theorie rückte.[284] Folgende Feststellung Schmollers könnte ebenso von den modernen Vertretern der Institutionenökonomik getroffen worden sein:

„Eigentumsrecht ist der Inbegriff von rechtlichen Regeln, welche die Nutzungsbefugnisse und -verbote der Personen und sozialen Organe untereinander in bezug auf die materiellen Rechte der Außenwelt festsetzen."[285]

Ebenso ist die Schule der amerikanischen Institutionalisten zu erwähnen, die sich um 1900 entwickelte und sich insbesondere durch eine Übertragung des Gedankens einer institutionellen Dynamik auf andere Gebiete der Gesellschaft und ihre Wissenschaften (Psychologie, Soziologie, Anthropologie usw.) auszeichnete.[286]

Mit dem sogenannten „Property-Rights-Ansatz" erfolgte zunächst eine erste methodische Neuorientierung. Nicht mehr ökonomische Güter wurden als Hauptgegenstand der ökonomischen Theoriebildung betrachtet, sondern der „Property-Rights-Ansatz" rückte die Verfügungsrechte über eben solche Güter in den Mittelpunkt. Das ist aber nicht dasselbe! Gegenstand der traditionellen ökonomischen Analyse sind Güter, ihre Mengen und ihre Preise. Ein Auto stellt zum Beispiel ein solches „knappes" Gut dar, dessen Wert durch seinen Preis ausgedrückt wird. Dieser scheint den Institutionenökonomen aber nur ein unzureichender Ausdruck für den Nutzen des Gutes „Auto" zu sein, da auch zahlreiche institutionelle Regelungen, wie beispielsweise Steuervorschriften, Verkehrsregelungen, Tempolimits

---

[283] Horst Feldmann, Eine institutionalistische Revolution. Zur dogmenhistorischen Bedeutung der modernen Institutionenökonomik (Volkswirtschaftliche Schriften, Heft 448), Berlin 1995; Harald Winkel, Die deutsche Nationalökonomie, S. 84.

[284] Gustav Schmoller, Grundriss der allgemeinen Volkswirtschaftslehre, München, Leipzig 1923, S. 59-76.

[285] Ebenda, S. 424. Ähnliche Betrachtungen finden sich in der modernen Institutionenökonomik, so zum Beispiel bei Michael Hutter, Die Gestaltung der Property Rights als Mittel gesellschaftlich-wirtschaftlicher Allokation, Göttingen 1979, S. 72 ff.

[286] Antonio Montaner, Art. Institutionalismus, in: Handwörterbuch der Sozialwissenschaften, Bd. 5, Stuttgart u.a. 1956, S. 294-297.

oder Parkplatzregelungen, den Nutzen beeinflussen. Die Property-Rights-Theorie versucht, die Bedeutung derartiger Regelungen für den Umgang der Individuen mit ökonomischen Gütern im Hinblick auf ihren Nutzen zu thematisieren.[287]

Die Ausgestaltung der Beziehungen zwischen Gütern und Individuen wie auch zwischen den Individuen selbst erfolgt durch gesellschaftliche Arrangements, die als Institutionen bezeichnet werden können. Solche Institutionen sind zahlreich und vielfältig und decken das weite Spektrum z. B. zwischen der Ehe und der Straßenverkehrsordnung ab. Solche Institutionen entstehen aber nicht von selbst, sondern ihr Auf- und Ausbau sowie ihre Aufrechterhaltung ist mit sogenannten „Transaktionskosten" verbunden, die auf sehr unterschiedliche Weise aufgebracht und verteilt werden können. Darüber hinaus ist es für die Ökonomie entscheidend, dass auch die Ausgestaltung der Verfügungsrechte die Allokation und Nutzung von wirtschaftlichen Gütern (Ressourcen) beeinflusst. Die zur Auswahl stehenden institutionellen Arrangements sind hinsichtlich der Ressourcenallokation und -nutzung unterschiedlich effizient, und es wird die mit den geringsten gesellschaftlichen Kosten verbundene Lösung gesucht. Für Investitionsentscheidungen macht es eben einen gewaltigen Unterschied, ob man mit einem funktionierenden Rechtssystem oder mit mafiösen Strukturen zu rechnen hat.

Hier tritt nun auch wieder die Wirtschaftsgeschichte auf den Plan, gibt sie doch anschaulich Kunde von Veränderungen in der Ressourcennutzung, vom institutionellen Wandel und seinen Kosten.[288] Auf dieser Basis kann sich ein neues Verständnis dafür entwickeln, warum nur in einem kleinen Teil der Welt die Schwelle zum materiellen Überfluss mit der Industrialisierung überschritten werden konnte.[289] Dabei wird einem institutionellen Rearrangement eine große Bedeutung für die industrielle Entwicklung beigemessen, insbesondere in der frühen Phase der Entwicklung der Neudefinition von Verfügungsrechten an Grund und Boden, die eine marktwirtschaftliche Steuerung der traditionellen Ressourcen (Land, Arbeit) ermöglichte und eine private, individuelle Verfügung über Boden

---

[287]   Knut Borchardt, Der „Property-Rights-Ansatz" in der Wirtschaftsgeschichte – Zeichen für eine systematische Neuorientierung des Faches?, in: Jürgen Kocka (Hg.), Theorien in der Praxis des Historikers, Forschungsbeispiele und ihre Diskussion (Geschichte und Gesellschaft Sonderheft 3), Göttingen 1977, S. 140-156.

[288]   Clemens Wischermann, Der Property-Rights-Ansatz und die „neue" Wirtschaftsgeschichte, in: Geschichte und Gesellschaft 19 (1993), S. 239-258.

[289]   Douglass C. North und Robert Paul Thomas, The Rise of the Western World. A New Economic History, Cambridge 1973.

und Arbeitskraft begründete. Auch dieses Thema ist bereits von den Vertretern der Historischen Schule ausführlich diskutiert worden. So schreibt Adolph Wagner zum Beispiel:

„... Privateigentum erscheint insofern in der That als Vorbedingung des intensiveren Bodenbaus.“[290]

Die Herausbildung neuer Verfügungsrechte lässt sich als ein lang andauernder, vielfältiger, in Etappen fortschreitender Entwicklungsprozess beschreiben, der zu immer effizienteren Formen der Allokation der gesellschaftlichen Ressourcen führt. Bevölkerungszunahme, Städtewachstum, Ausweitung des Handels und Ausbau staatlicher Institutionen zwangen bereits im Mittelalter das System der Grundherrschaft zur Anpassung und führte zum Eindringen marktwirtschaftlicher Elemente in die überkommende feudale Ordnung.[291] Weitere Etappen dieser Kommerzialisierung und marktwirtschaftlichen Durchdringung der Landwirtschaft stellen die englischen Einhegungen in der Frühen Neuzeit, die preußischen Agrarreformen zu Beginn des 19. Jahrhunderts und die Agrarreformen der Gegenwart in Ländern der Dritten Welt dar.

Es lassen sich zahlreiche weitere historische Beispiele für die produktivitätssteigernde Wirkung neuer gesellschaftlicher Arrangements anführen. So wurde beispielsweise in den USA die traditionelle Auffassung in Frage gestellt, nach der die Befreiung der Sklaven ein emanzipatorischer politischer Akt gewesen sei und es wurde demgegenüber gezeigt, dass das Sklavensystem an seinen eigenen Widersprüchen, insbesondere der geringen Produktivität der Sklavenarbeit, zerbrochen ist.[292] Auch die Entstehung der Lohnarbeit in den europäischen Industrieländern kann unter dem Gesichtspunkt des institutionellen Wandels diskutiert werden. Überhaupt lässt sich die gesamte Industrialisierungsgeschichte Deutschlands im 19. Jahrhundert als Abfolge institutioneller Neuerungen und institutionellen Wandels schildern.[293] Einzelne Etappen dieses Entwicklungsprozesses wurden in

---

[290] Adolph Wagner, Die Abschaffung des privaten Grundeigentums, Leipzig 1870, S. 32.

[291] Douglass C. North und Robert Paul Thomas, The Rise and Fall of the Manorial System: A Theoretical Model, in: Journal of Economic History 31 (1971), H. 3, S. 777–803. Vgl. dazu auch Oliver Volckart, Zur Transformation der mittelalterlichen Wirtschaftsordnung, in: Vierteljahrschrift für Sozial- und Wirtschaftsgeschichte 88 (2001), H. 3, S. 281-310.

[292] Robert W. Fogel und Stanley L. Engerman, Time on the Cross: The Economics of American Negro Slavery, New York 1989.

[293] Umfassend dazu Clemens Wischermann und Anne Nieberding, Die Institutionelle Revolution.

der Historiographie bereits ausführlich dargestellt, andere harren noch einer vertiefenden Untersuchung. Die preußische Reformgesetzgebung, insbesondere die Agrar- und Gewerbereformen zu Beginn des 19. Jahrhunderts haben so z.B. einen breiten Widerhall in der Forschungsliteratur gefunden.[294]

Auch die Vereinheitlichung des deutschen Zollwesens bildet bereits seit einhundertfünfzig Jahren ein zentrales Thema in der historischen Debatte. Von großer Bedeutung für die Bemühungen um ein einheitliches Zollsystem war dabei das Preußische Zollgesetz vom 26. Mai 1818, das für diesen Bundesstaat erstmals die Einführung eines einheitlichen Grenzzollsystems vorsah.[295] Damit wurde ein Weg eingeschlagen, der in weiteren Schritten und mit einigen Umwegen zur zollpolitischen Einheit „Kleindeutschlands" führte und möglicherweise auch die politische Einigung Deutschlands entscheidend vorangebracht hat. Ähnliches lässt sich auch zur Vereinheitlichung des Geld- und Münzwesens sagen.[296] Nach dem Wiener Kongress im Jahr 1815 blieb in Deutschland zunächst noch ein völlig zersplittertes Geldwesen bestehen. Erst der Zollvereinsvertrag von 1834 sah eine Vereinheitlichung des Münzsystems vor, die, durch verschiedene Münzkonventionen vorangetrieben, schließlich nach der deutschen Einigung 1871 auch weitgehend erreicht wurde. Ähnliches lässt sich für das Verkehrswesen, die Handelspolitik und viele andere Bereiche berichten.

Bei den angeführten Neuerungen war es vor allem der Staat, der mehr und mehr in das Zentrum der Entwicklung trat. Deshalb erscheint es mehr als verständlich, wenn in diesem Zusammenhang auch die Bedeutung des staatlichen Handelns für die Generierung wirtschaftlichen Wachstums zunehmend thematisiert wurde. Dies gilt sowohl für die neuere Wirtschaftsgeschichtsschreibung als auch für die neue Institutionenökonomie, bei der die Theorie des „public choice", d.h. die Untersuchung der Effizienz alternativer staatlicher Institutionen, ebenfalls eine große Rolle spielt. Für die Industrialisierungsgeschichte Deutschlands lassen sich dabei beispielhaft zwei wichtige Bereiche anführen, in denen ein institutio-

---

[294] Ernst Klein, Von der Reform zur Restauration. Finanzpolitik und Reformgesetzgebung des preußischen Staatskanzlers Karl August von Hardenberg, Berlin 1965 und Christof Dipper, Die Bauernbefreiung in Deutschland 1790-1850, Stuttgart 1980.

[295] Hans-Werner Hahn, Geschichte des Deutschen Zollvereins, Göttingen 1984, S. 20.

[296] Carl-Ludwig Holtfrerich, The monetary unification process in 19th-century Germany. Relevance and lessons for Europe today, in: Marcello de Cecco und Alberto Giovannini (Hg.), A European Central Bank? Perspectives on monetary unification after ten years of the EMS, Cambridge 1989, S. 216-241.

nelles Rearrangement von Seiten des Staates entscheidend zum wirtschaftlichen Fortschritt beigetragen hat – nämlich bei der Reformierung der Bergordnung im späten 18. und frühen 19. Jahrhundert und bei der Entwicklung einer effizienten Unternehmensverfassung.[297]

Der Bergbau im preußischen Rheinland und in Westfalen konnte bereits auf eine lange Tradition zurückblicken, ehe am Ende des 18. Jahrhunderts eine staatliche Bergbauverwaltung installiert wurde. 1756/57 hatte der erfahrene Bergbaufachmann Johann Friedrich Heintzmann[298] für die preußischen Besitzungen im Westen bereits eine neue Bergordnung entworfen, die 1766 als „Revidierte Bergordnung für das Herzogtum Cleve, Fürstentum Moers und die Grafschaft Mark" in Kraft trat und in den genannten Territorien das sogenannte Direktionsprinzip begründete. Das Direktionsprinzip unterwarf die privaten Bergbautreibenden (Gewerke) einer strengen Aufsicht durch das staatliche Bergbauamt: Fördermengen, Preise, Kapitalnachschüsse und Gewinne (Ausbeute) wurden staatlicherseits festgelegt, so dass für eine kapitalistische Unternehmertätigkeit nur wenig Raum blieb. Gegenüber der bis dahin angeblich vorherrschenden „Lodderwirtschaft" im Bergbau[299] schienen die frühen Reformen durchaus segensreich, und die Verhältnisse wurden durch das Wirken des Freiherrn vom Stein, der von 1784 bis 1796 Leiter des märkischen Bergamtes in Wetter war, noch weiter vorangetrieben. Die im frühen 19. Jahrhundert in die preußische Monarchie eingegliederten Gebiete an Rhein und Ruhr verfügten auch nach der Angliederung an Preußen weiterhin über bergbauliche Sonderrechte, so dass noch bis weit ins 19. Jahrhundert hinein allein die Provinz Westfalen einem Flickenteppich mit unterschiedlichem Bergrecht glich. Die regionale Ausdehnung des Bergbaus und die Erhöhung seiner Absatzmengen machten jedoch eine Vereinheitlichung und Revision der Verhältnisse unabdingbar, und es kam zu einer lang anhaltenden Debatte mit zahlreichen Petitionen und Gegenvorschlägen über die Einführung eines neuen Bergrechts. Nach einer ersten Beteiligung der privaten Eigentümer an der Geschäftsführung der

---

[297] Clemens Wischermann, Preußischer Staat und westfälische Unternehmer zwischen Spätmerkantilismus und Liberalismus, Köln 1992, S. 193ff. und S. 255ff.

[298] Vgl. dazu Hans Breil, Friedrich August Alexander Eversmann und die industriell-technologische Entwicklung vornehmlich in Preußen bis zum Ausgang der napoleonischen Ära, Diss. Hamburg 1977

[299] Zu dieser, später von den Bergbeamten vertretenen Sichtweise vormoderner Abbauverhältnisse vgl. stark modifizierend Michael Fessner, Steinkohle und Salz. Der lange Weg zum industriellen Ruhrrevier, Bochum 1998, S. 12-14.

Bergwerke und der Aufweichung des strengen Direktionsprinzips in der alltäglichen Praxis, wurde erst mit dem Miteigentümergesetz vom 12. Mai 1851 endgültig eine selbständige Geschäftsführung durch die Eigentümer ermöglicht. Die letzten Hemmnisse bezüglich der knappschaftlichen Arbeitsverhältnisse wurden
durch das Freizügigkeitsgesetz vom 21. Mai 1860 beseitigt, und das Allgemeine
Preußische Berggesetz vom 24. Juni 1864 bildete schließlich den Schlusspunkt
der Liberalisierung der preußischen Bergverfassung. Der Kapitalismus hatte erst
damit umfassend auch im Bergbau seinen Einzug gehalten.[300]

Nicht viel anders stellte sich die Entwicklung der Unternehmensverfassung
und der Wettbewerbsordnung im Gewerbe dar. Galt zu Beginn des 19. Jahrhunderts noch eine allgemeine Konzessionspflicht für Fabriken gemäß §§ 410 und
411 des Allgemeinen Preußischen Landrechts (ALR) von 1794, so suchte die
staatliche Gewerbeförderung bald nach neuen Wegen. „Gewerbefreiheit" wurde
gefordert, und mit der Aktiengesellschaft fand eine Schlüsselinnovation Verbreitung, die gemäß dem preußischen Aktiengesetz von 1843 zunächst noch an eine
Konzessionierung gebunden war, dann allmählich mit dem Allgemeinen
Handelsgesetzbuch von 1862 (Umgehung der Konzession durch die Rechtsform
der KG a.A.) und schließlich durch das Aktiengesetz vom 11. Juni 1870 endgültig
den Weg zu einer Normativregelung fand. Parallel dazu fand auch die allgemeine
Gewerbefreiheit im Handelsgesetz ihren Niederschlag. Somit erweisen sich
zahlreiche institutionelle Neuerungen, insbesondere solche des 18. und 19.
Jahrhunderts, als wichtige Voraussetzungen dafür, dass das System der
produktiven Faktoren einer Volkswirtschaft in neuer, effizienter Weise genutzt
werden konnte und damit entscheidend zu Wachstums- und Wohlstandsmehrung
beitrug.

---

[300] Carl-Ludwig Holtfrerich, Quantitative Wirtschaftsgeschichte des Ruhrkohlenbergbaus, S. 26-
30.

V. Schluss

Die Grundgedanken dieser Einführung in das Verständnis unseres gegenwärtigen Wirtschaftslebens sind relativ einfach. Den Ausgangspunkt der Überlegungen bildet die Feststellung, dass wir in den westlichen Industriegesellschaften uns heute eines Reichtums erfreuen, der sowohl in historischer Perspektive wie auch im Gegenwartsvergleich mit anderen Weltregionen als außerordentlich zu bezeichnen ist. Dass dieser Reichtum nicht einfach zu bemessen ist und möglicherweise unterschiedlich bewertet werden kann, bleibt von dieser allgemeinen Feststellung unberührt. Dies sollte aus den Ausführungen zu den Messkonzepten und den Quellen unseres historischen Wissens deutlich geworden sein.

Die Hauptursache für die ungeheure Reichtumsvermehrung innerhalb der westlichen Welt in den letzten zweihundert Jahren sehe ich darin, dass es den Menschen hier bei uns gelungen ist, sich der gegebenen Ressourcen in immer effizienterer Weise zu bedienen und sie zur Generierung gesellschaftlicher Wohlfahrt zu nutzen. Dazu zählen die Gaben der Natur, Boden und natürliche Rohstoffe, wie auch die Qualität und Ingeniösität des menschlichen Arbeitsvermögens selbst. Letzteres hat auch dazu geführt, dass man sich zunehmend neuer Hilfsmittel (Kapitalgüter) bediente und diese mit den Naturgaben arbeitsteilig kombinierte. Ja, diese Fähigkeit zu immer neuen, effizienteren Kombinationen entwickelt sich selbst zu einer eigenständigen Produktivkraft (technologischer Fortschritt), und auch die Vorteile der Arbeitsteilung und des internationalen Austauschs (Außenwirtschaft) lassen sich in ähnlicher Weise als Produktionsfaktor ansehen. Möglicherweise ließen sich noch weitere wesentliche Produktionsfaktoren, z.B. Wissen, analytisch unterscheiden, doch aus pragmatischen Erwägungen bleiben in diesem Band die Erörterungen auf die fünf genannten begrenzt, die in Anlehnung an Kategorien der ökonomischen Theorie in lediglich heuristischer Weise im Sinne einer Produktionsfunktion untereinander und mit dem Ergebnis der Wohlstandsgenerierung verknüpft werden. Eine analytische, explizite Ausformulierung einer derartigen Produktionsfunktion ist natürlich unmöglich.

Die historischen Eigentümlichkeiten der fünf hier hervorgehobenen Produktionsfaktoren werden vornehmlich für das deutsche Beispiel im 19. Jahrhundert dargestellt. Die natürlichen Ressourcen, der Boden, verweisen einmal auf die Bedeutung der Landwirtschaft gerade auch für die Entwicklung der gewerblichen Wirtschaft in den Frühphasen der Industrialisierung. Trotz eines relativen Bedeutungsverlusts blieb ja auch der Agrarsektor in den Industrieländern bis heute auf einem Expansionspfad und bediente sich dabei sogar zunehmend „industrieller" Fertigungsweisen. Das enorme Bevölkerungswachstum in Europa seit dem 18. Jahrhundert trug ebenfalls entscheidend zu Wirtschaftswachstum und Industrialisierung bei. Denn einerseits erhöhte es den sozialen Druck, aus der Malthusianischen Armutsfalle zu entkommen, andererseits entfachte die Bevölkerungsdynamik neue Nachfrage nach mehr und neuen Produkten und schuf zugleich ein wachsendes Arbeitsangebot, um diesen Bedürfnissen gerecht werden zu können.

Neben diese beiden traditionellen „quasi"-natürlichen Produktionsfaktoren trat bald ein dritter Faktor, die Kapitalbildung, die vor allem dazu beitrug, die Effizienz und die Produktivität des neu entstehenden Wirtschaftssystems, des Industriekapitalismus, zu befördern. Die Formen der Kapitalbildung waren außerordentlich vielfältig und ebenso waren es diejenigen seiner Finanzierung. Neue Institutionen wurden geschaffen, der Fabrikbetrieb, die Kreditbanken, u.ä.m. In den Fabriken hielt die Maschinerie Einzug: Dampfmaschinen als Antriebskräfte, Steinkohlen als neue Energiequellen, Eisen und Stahl als neue Materialien erlangten weite Verbreitung und lösten das „hölzerne Zeitalter" und tierische Energien ab. Auch der räumliche Horizont des Wirtschaftslebens erweiterte sich. Nicht nur Stadt und Land mit ihrer Arbeitsteilung zwischen Gewerbe- und Agrarproduktion im lokalen Austausch, sondern umfassende, ja weltweite Beziehungen zwischen Nationalwirtschaften entfalten sich. Und nicht nur Güter, auch Geld und Kapital, ja sogar Menschen wurden zum Medium des Austauschs in einer ersten Phase der Globalisierung im 19. Jahrhundert.

Diese Betrachtung der Wohlfahrtsmehrung der westlichen Industriegesellschaften im 19. Jahrhundert kann natürlich nur eine erste, vorläufige Annäherung an das komplexe Thema bieten. Deshalb werden in einem weiteren Teil des Bandes einige Differenzierungen hinsichtlich der holzschnittartigen Sicht der Dinge geboten. Zunächst einmal gilt es hervorzuheben, dass auch Industriegesellschaften nicht über eine homogene Wirtschaftsstruktur verfügen, sondern vielfältige Differenzierungen nach Sektoren, Branchen, Unternehmen, ja gelegentlich Unternehmensteilen, angemessen erscheinen. Dies lässt sich im Hinblick auf die unterschiedliche Entwicklung der volkswirtschaftlichen Hauptsektoren (Landwirtschaft, Gewerbe, Dienstleistungen) aber auch innerhalb der Branchen des industriellen Sektors verdeutlichen. Ähnliches kann auch für die räumliche Struktur einer Volkswirtschaft gezeigt werden. Dort finden sich zahlreiche Regionen, die in den gesamtwirtschaftlichen Entwicklungsprozess in unterschiedlicher Weise eingebunden sind.

Auch zeigt sich im Zeitverlauf, dass in den westlichen Industriegesellschaften der Prozess der Wohlstandsmehrung keinesfalls stetig verlaufen ist. Abweichend vom langfristigen Trend gibt es Boomphasen, Wachstumsschwächen und gelegentlich sogar tief greifende Krisen, die eine genauere Betrachtung des Beginns, des Verlaufs und der Dauer des Industrialisierungsprozesses angemessen erscheinen lassen. Hier werden im Zeitverlauf unterschiedliche Produktionsregime sichtbar, bis sich schließlich das Industriesystem als erfolgreichste Lösung, jedoch durchaus mit möglichen nationalen Eigenarten, durchsetzen kann. Schließlich ist auch der Blick noch kurz auf die Rahmenbedingungen industriellen Wachstums zu richten, die hier aus pragmatischen Gründen nicht in die nähere Betrachtung einbezogen, sondern als gegebener Datenkranz vorausgesetzt worden sind. Dies muss keineswegs so sein und gerade die neueren Ansätze der modernen Institutionenökonomik weisen Wege, auf welche Weise man institutionelle Arrangements mit in die ökonomische Analyse einbeziehen kann. Dies konnte und sollte in einem Einführungstext jedoch nicht geschehen.[301] Hier ging es zunächst nur um die einfach-komplexe Frage danach, wie wir reich wurden. Zu deren Beantwortung einige Anregungen gegeben zu haben, war der Sinn meines Unterfangens.

---

[301] Neuerdings Clemens Wischermann und Anne Nieberding, Die institutionelle Revolution.

VI. Verzeichnis der Schaubilder und Tabellen

VII. Literaturverzeichnis

ABEL, Wilhelm, Massenarmut und Hungerkrisen im vorindustriellen Deutschland, Göttingen 1972

ABEL, Wilhelm, Massenarmut und Hungerkrisen im vorindustriellen Europa. Versuch einer Synopsis, Hamburg 1974

ABEL, Wilhelm, Stufen der Ernährung. Eine historische Skizze, Göttingen 1981

ABELSHAUSER, Werner, FAUST, Anselm und PETZINA, Dietmar, Sozialgeschichtliches Arbeitsbuch III, Materialien zur Statistik des Deutschen Reiches 1914-1945, München 1978

ABELSHAUSER, Werner, Umbruch und Persistenz. Das deutsche Produktionsregime in historischer Perspektive, in: Geschichte und Gesellschaft 27 (2001), S. 503-523

AMBROSIUS, Gerold und HUBBARD, William H., Sozial- und Wirtschaftsgeschichte Europas im 20. Jahrhundert, München 1986

AMBROSIUS, Gerold, PLUMPE, Werner und PETZINA, Dietmar (Hg.), Moderne Wirtschaftsgeschichte. Eine Einführung für Historiker und Ökonomen, München 1996

ARMENGAUD, André, Die Bevölkerung Europas von 1700-1914, in: Carlo M. Cipolla und Knut Borchardt (Hg.), Bevölkerungsgeschichte Europas. Mittelalter bis Neuzeit, München 1971, S. 123-179

AUTORENKOLLEKTIV, Einführung in den dialektischen und historischen Materialismus, Berlin 1971

BAAR, Lothar, Die Berliner Industrie in der industriellen Revolution, Berlin (Ost) 1966

BADE, Klaus J., Vom Auswanderungsland zum Einwanderungsland 1880-1918, Berlin 1983

BAIROCH, Paul, Die Landwirtschaft und die Industrielle Revolution 1700–1914, in: Carlo M. Cipolla und Knut Borchardt (Hg.), Europäische Wirtschaftsgeschichte, Bd. 3: Die Industrielle Revolution, Stuttgart, New York 1976, S. 297-332

BALLERSTEDT, Eike u.a., SPES-Indikatorentableau, in: Soziale Welt. Zeitschrift für sozialwissenschaftliche Forschung und Praxis 4/1977, S. 424–465

BANKEN, Ralf, Die Industrialisierung der Saarregion 1815-1914, Bd. 1: Die Frühindustrialisierung, Stuttgart 2000

BANKEN, Ralf, Die Industrialisierung der Saarregion 1815-1914, Bd. 2: Take-Off und Hochindustrialisierung, Stuttgart 2003

BARTLING, Hartwig und LUZIUS, Franz, Grundzüge der Volkswirtschaftslehre. Einführung in die Wirtschaftstheorie und Wirtschaftspolitik, 13. Aufl., München 2000

BATTENBERG, Friedrich, Obrigkeitliche Sozialpolitik und Gesetzgebung. Einige Gedanken zu mittelrheinischen Bettel- und Almosenordnungen des 16. Jahrhunderts, in: Zeitschrift für historische Forschung 18 (1991), S. 33-70

BECKER, Egon und WAGNER, Bernd, Ökonomie der Bildung, Frankfurt a. M. 1977

BECKER, Gary S., Zur neuen Theorie des Konsumentenverhaltens, in: Ders., Der ökonomische Ansatz zur Erklärung des menschlichen Verhaltens, 2. Aufl., Tübingen 1993, S.145-166

BEGON, Sabine, De jure hospitalium. Das Recht des deutschen Spitals im 17. Jahrhundert unter Berücksichtigung der Abhandlungen von Ahasver Fritsch und Wolfgang Adam Lauterbach, Marburg 2002

BERG, Maxine und HUDSON, Pat, Rehabilitating the Industrial Revolution, in: Economic History Review, 2. Serie, 45 (1992), S. 24-50

BERGER-SCHMITT, Human Development Report 1998. Neuer Armutsindex und Indexentwicklung seit 1990, in: Informationsdienst Soziale Indikatoren 21 (1999), S. 14-15

BERGHOFF, Hartmut, Adel und Industriekapitalismus im Deutschen Kaiserreich – Abstoßungskräfte und Annäherungstendenzen zweier Lebenswelten, in: Heinz Reif (Hg.), Adel und Bürgertum in Deutschland, Bd. 1: Entwicklungslinien und Wendepunkte im 19. Jahrhundert, Berlin 2000, S. 233-271

BETHGE, Sabine, Struktur der öffentlichen Armenpflege in Bayern und Württemberg zwischen 1770 und 1870 im Spiegel der Armengesetze und -verordnungen, Konstanz 1992

BEUTIN, Ludwig, Einführung in die Wirtschaftsgeschichte, Köln 1958

BLAUG, Mark, Systematische Theoriegeschichte der Ökonomie, Bd. 1: Vom Merkantilismus zu Ricardo, München 1971

BÖRSCH-SUPAN, Axel und SCHNABEL, Reinhold, Volkswirtschaft in fünfzehn Fällen. Studien in angewandter Mikro- und Makroökonomie, Wiesbaden 1998

BONDI, Gerhard, Deutschlands Außenhandel 1815-1870, Berlin (Ost) 1958

BORCHARDT, Knut, Zur Frage des Kapitalmangels in der ersten Hälfte des 19. Jahrhunderts in Deutschland, in: Jahrbücher für Nationalökonomie und Statistik 173 (1961), S. 401–421

BORCHARDT, Knut, Zum Problem der Erziehungs- und Ausbildungsinvestitionen im 19. Jahrhundert, in: Beiträge zur Wirtschafts- und Stadtgeschichte. Festschrift für Hektor Ammann, Wiesbaden 1965, S. 380-392

BORCHARDT, Knut, Europas Wirtschaftsgeschichte – ein Modell für Entwicklungsländer?, Stuttgart 1967

BORCHARDT, Knut, Die Industrielle Revolution in Deutschland, München 1972

BORCHARDT, Knut, Der „Property-Rights-Ansatz" in der Wirtschaftsgeschichte. Zeichen einer systematischen Neuorientierung des Faches?, in: Jürgen Kocka (Hg.), Theorien in der Praxis des Historikers. Forschungsbeispiele und ihre Diskussion (Geschichte und Gesellschaft, Sonderheft 3), Göttingen 1977, S. 140-156

BORCHARDT, Knut, Grundriss der deutschen Wirtschaftsgeschichte, Göttingen 1978

BORCHARDT, Knut, Regionale Wachstumsdifferenzierung in Deutschland im 19. Jahrhundert unter besonderer Berücksichtigung des West-Ost-Gefälles, in: Ders., Wachstum, Krisen, Handlungsspielräume der Wirtschaftspolitik. Studien zur Wirtschaftsgeschichte des 19. und 20. Jahrhunderts, Göttingen 1982, S. 42–59

BORCHARDT, Knut, Trend, Zyklus, Strukturbrüche, Zufälle: Was bestimmte die deutsche Wirtschaftsgeschichte des 20. Jahrhunderts?, in: Ders., Wachstum, Krisen, Handlungsspielräume der Wirtschaftspolitik. Studien zur Wirtschaftsgeschichte des 19. und 20. Jahrhunderts, Göttingen 1982, S. 100-124

BORCHARDT, Knut, Globalisierung aus historischer Perspektive (Sitzungsberichte der Bayerischen Akademie der Wissenschaften Jg. 2001, H.2), München 2001

BORN, Karl Erich (Hg.), Moderne Deutsche Wirtschaftsgeschichte (Neue Wissenschaftliche Bibliothek Geschichte, Bd. 12), Köln, Berlin 1966

BOSERUP, Mogens, Agrarstruktur und Take-off, in: Rudolf Braun u. a. (Hg.), Industrielle Revolution – Wirtschaftliche Aspekte (Neue Wissenschaftliche Bibliothek Geschichte, Bd. 50), Köln, Berlin 1972, S. 309-330

BREIL, Hans, Friedrich August Alexander Eversmann und die industriell-technologische Entwicklung vornehmlich in Preußen bis zum Ausgang der napoleonischen Ära, Diss. Hamburg 1977

BREWER, John und PORTER, Roy (Hg.), Consumption and the World of Goods, London 1993

BROSE, Eric Dorn, The Politics of Technological Change in Prussia. Out of Shadow of Antiquity, 1809-1848, Princeton, N. J. 1993

BUCHHEIM, Christoph, Industrielle Revolutionen. Langfristige Wirtschaftsentwicklung in Großbritannien, Europa und in Übersee, München 1994

BUCHHEIM, Christoph, Einführung in die Wirtschaftsgeschichte, München 1997

CAMERON, Rondo, The Industrial Revolution, a Misnomer, in: Jürgen Schneider (Hg.), Wirtschaftskräfte und Wirtschaftswege. Festschrift für Hermann Kellenbenz, Bd. 5 (Beiträge zur Wirtschaftsgeschichte Bd. 8), Stuttgart 1981, S. 367-376

CAMERON, Rondo, Geschichte der Weltwirtschaft, 2 Bde., Stuttgart 1991-1992

CERMAN, Markus und OGILVIE, Sheilagh C. (Hg.), Protoindustrialisierung in Europa: Industrielle Produktion vor dem Fabrikzeitalter, Wien 1994

CHAMBERS, Jonathan D. und MINGAY, Gordon E., The Agricultural Revolution 1750–1880, London 1966

CHENERY, Hollis B. und SYRQUIN, Moshe, Patterns of Development 1950–1970, Oxford 1975

CHENERY, Hollis B. und SYRQUIN, Moshe, Patterns of Development 1950–1983, Washington 1989

CIPOLLA, Carlo M, Die Industrielle Revolution in der Weltgeschichte, in: Ders. und Knut Borchardt (Hg.), Europäische Wirtschaftsgeschichte, Bd. 3: Die Industrielle Revolution, Stuttgart 1976, S. 1-10

CIPOLLA, Carlo M., Before the Industrial Revolution. European Society and Economy, 1000–1700, 2. Aufl., London 1980

CIPOLLA, Carlo M., Between two Cultures. An Introduction to Economic History, New York 1992

CLARK, Colin G., The Conditions of Economic Progress, 3. Aufl., London 1957

CONRAD, Johannes, Lebenserinnerungen. Aus seinem Nachlass herausgegeben von Else Kesten-Conrad (als Manuskript gedruckt) 1917

CONZE, Werner, Vom "Pöbel" zum "Proletariat". Sozialgeschichtliche Voraussetzungen für den Sozialismus in Deutschland, in: Vierteljahrschrift für Sozial- und Wirtschaftsgeschichte 41 (1954), S. 333-364

COSTA, Dora. L. und STECKEL, Richard H., Long-Term Trends in Health, Welfare, and Economic Growth in the United States, in: Richard H. Steckel und Roderick Floud (Hg.), Health and Welfare during Industrialization, Chicago, London 1997, S. 47-89

COYM, Peter, Unternehmensfinanzierung im frühen 19. Jahrhundert – dargestellt am Beispiel der Rheinprovinz und Westfalens, Diss. Hamburg 1971

CRAFTS, Nick F. R., British Economic Growth during the Industrial Revolution, Oxford 1985

CRAFTS, Nick F. R. und HARLEY, C. Knick, Output Growth and the British Industrial Revolution: a restatement of the Crafts-Harley view, in: Economic History Review, 2. Serie, 45 (1992), S. 703-730

CRAFTS, Nick F. R., Some dimensions of the „quality of life" during the British industrial revolution, in: Economic History Review, 2. Serie, 50 (1997), S. 617-639

CZOK, Karl, Leipzig – ein Zentrum besonderer Bettelbedrängnis. Arme, Bettler und Vaganten im Sachsen des 18. Jahrhunderts, in: Leipzig. Aus Vergangenheit und Gegenwart. Beiträge zur Stadtgeschichte 7 (1990), S.7ff.

DASGUPTA, P. und WEALE, M., On Measuring the Quality of Life, in: World Development 20/1 (1992), S. 119-131

DŁUGOBORSKI, Waclaw, Die Schlesischen Magnaten in der frühen Phase der Industrialisierung Oberschlesiens, in: Toni Pierenkemper (Hg.), Industriegeschichte Oberschlesiens im 19. Jahrhundert, Wiesbaden 1997, S. 107-128

DEANE, Phyllis, The First Industrial Revolution, Cambridge 1965

DEANE, Phyllis und COLE, W. A., British Economic Growth 1688-1959. Trends and Structure, 2. Aufl., Cambridge 1967

DEANE, Phyllis, Die Baumwollindustrie, in: Rudolf Braun u. a. (Hg.), Industrielle Revolution. Wirtschaftliche Aspekte (Neue Wissenschaftliche Bibliothek Geschichte, Bd. 50), Köln, Berlin 1972, S. 343–355

DENISON, Edward F., Why Growth Rates Differ: Postwar Experience in Nine Western Countries, Washington D. C. 1967

DINGES, Martin, Stadtarmut in Bordeaux (1525-1675) - Alltag, Politik, Mentalitäten (Pariser Historische Studien, Bd. 26), Bonn 1988

DIPPER, Christof, Die Bauernbefreiung in Deutschland 1790-1850, Stuttgart 1980

DIPPER, Christof, Deutsche Geschichte 1648-1789, Frankfurt 1991

DITTRICH, Erhard, Die deutschen und österreichischen Kameralisten, Darmstadt 1974

DOEGE, Michael, Armut in Preußen und Bayern (1770-1840) (Miscellanea Bavarica Monacensia, Bd. 157), München 1991

DRAKE, Michael, Editor's Introduction, in: Ders. (Hg.), Population in Industrialization, London 1969, S. 1-10

DUMKE, Rolf H., Anglo-deutscher Handel und Frühindustrialisierung in Deutschland 1822–1865, in: Geschichte und Gesellschaft 21 (1979), S. 175–200

DUMKE, Rolf H., Clio's Climacteric? Betrachtungen über Stand und Entwicklungstendenzen der Cliometrischen Wirtschaftsgeschichte, in: Vierteljahrschrift für Sozial- und Wirtschaftsgeschichte 73 (1986), H. 4, S. 457–487

DUMKE, Rolf H., The Future of Cliometric History - A European View, in: Scandinavian Economic History Review 15 (1992), H. 3, S. 3-28

ENGELS, Friedrich, Herrn Eugen Dührings Umwälzung der Wissenschaft (Anti-Dühring), in: Karl Marx und Friedrich Engels, Werke, Bd. 20, Berlin 1975, S. 5-303

ENGERMAN, Stanley L., Human Capital, Education, and Economic Growth, in: Robert W. Fogel und Stanley L. Engerman (Hg.), The Reinterpretation of American Economic History, New York 1971, S. 241-256

ENGERMAN, Stanley L., Mercantilism and overseas trade, 1700-1800, in: Roderick Floud und Donald McCloskey (Hg.), The Economic History of Britain since 1700, Bd. 1, 1700-1860, Cambridge 1994, S. 182-205

FEINSTEIN, Charles H./POLLARD, Sidney (Hg.), Studies in Capital Formation in the United Kingdom 1750–1920, Oxford 1988

FELDENKIRCHEN, Wilfried, Kinderarbeit im 19. Jahrhundert, in: Zeitschrift für Unternehmensgeschichte 26 (1981), S. 1- 41

FELDMANN, Horst, Eine institutionalistische Revolution. Zur dogmenhistorischen Bedeutung der modernen Institutionenökonomik (Volkswirtschaftliche Schriften, Heft 448), Berlin 1995

FESSNER, Michael, Steinkohle und Salz. Der lange Weg zum industriellen Ruhrrevier, Bochum 1998

FISHER, Allan G. B., Production, Primary, Secondary and Tertiary, in: The Economic Record 15 (1939), H. 28, S. 24–38

FISHER, F. J., The Sixteenth and Seventeenth Centuries: The Dark Ages in English Economic History?, in: Economica 24 (1957), H. 93, S. 2-18

FISCHER, Wolfram, Ökonomische und soziologische Aspekte der frühen Industrialisierung. Stand und Aufgaben der Forschung, in: Ders., Wirtschaft und Gesellschaft im Zeitalter der Industrialisierung, Göttingen 1972, S. 15-27

FISCHER, Wolfram, „Stadien und Typen" der Industrialisierung in Deutschland. Zum Problem ihrer regionalen Differenzierung, in: Ders., Wirtschaft und Gesellschaft im Zeitalter der Industrialisierung, Göttingen 1972, S. 464-473

FISCHER, Wolfram, Die Weltwirtschaft im 20. Jahrhundert, Göttingen 1979

FISCHER, Wolfram, Armut in der Geschichte. Erscheinungsformen und Lösungsversuche der „Sozialen Frage" in Europa seit dem Mittelalter, Göttingen 1982

FISCHER, Wolfram, Wirtschaft und Gesellschaft Europas 1850–1914, in: Ders. (Hg.), Handbuch der europäischen Wirtschafts- und Sozialgeschichte, Band 5:

Europäische Wirtschafts- und Sozialgeschichte von der Mitte des 19. Jahrhunderts bis zum 1. Weltkrieg, Stuttgart 1985, S. 1–207

FISCHER, Wolfram, Was heißt und zu welchem Ende studiert man Wirtschafts- und Sozialgeschichte?, in: Heinz Maier-Leibnitz (Hg.), Zeugen des Wissens, Mainz 1986, S. 633–668

FISCHER, Wolfram, Vom Nutzen der Wirtschaftsgeschichte, in: Scripta Mercaturae 34 (2000), H. 1, S. 26-50

FISCHER, Wolfram und BAJOR, Georg (Hg.), Die soziale Frage. Neuere Studien zur Lage der Fabrikarbeiter in den Frühphasen der Industrialisierung, Stuttgart 1967

FISCHER, Wolfram, KRENGEL, Jochen und WIETOG, Jutta, Sozialgeschichtliches Arbeitsbuch I. Materialien zur Statistik des Deutschen Bundes 1815-1870, München 1982

FLEMMING, Jens, Landwirtschaftliche Interessen und Demokratie. Ländliche Gesellschaft, Agrarverbände und Staat 1890-1925, Bonn 1978

FLOUD, Roderick und HARRIS, Bernard, Health, Height, and Welfare: Britain 1700-1980, in: Richard H. Steckel und Roderick Floud, Health and Welfare during Industrialization, Chicago, London 1997, S. 91-126

FOGEL, Robert W. und ENGERMAN, Stanley L., Time on the Cross: The Economics of American Negro Slavery, New York 1989

FOURASTIÉ, Jean, Die große Hoffnung des 20. Jahrhunderts, Köln 1954

FREMDLING, Rainer, Modernisierung und Wachstum der Schwerindustrie in Deutschland, 1830–1860, in: Geschichte und Gesellschaft 5 (1979), S. 201-227

FREMDLING, Rainer, Eisenbahnen und deutsches Wirtschaftswachstum 1840-1879. Ein Beitrag zur Entwicklungstheorie und zur Theorie der Infrastruktur, 2. erw. Aufl., Dortmund 1985

FREMDLING, Rainer, Technologischer Wandel und internationaler Handel im 18. und 19. Jahrhundert. Die Eisenindustrien in Großbritannien, Belgien, Frankreich und Deutschland, Berlin 1986

FREMDLING, Rainer, Productive Comparison between Great Britain and Germany, 1855-1913, in: Scandinavian Economic History Review 34/1 (1991)

FREMDLING, Rainer, Industrial Revolution and Scientific and Technological Progress, in: Jahrbuch für Wirtschaftsgeschichte 1997/2, S.147-168

FREMDLING, Rainer, PIERENKEMPER, Toni und TILLY, Richard H., Regionale Differenzierung in Deutschland als Schwerpunkt wirtschaftshistorischer Forschung, in: Rainer Fremdling und Richard H. Tilly (Hg.), Industrialisierung und Raum. Studien zur regionalen Differenzierung im Deutschland des 19. Jahrhunderts, Stuttgart 1979, S. 9–26

FREMDLING, Rainer und TILLY, Richard H. (Hg.), Industrialisierung und Raum. Studien zur regionalen Differenzierung im Deutschland des 19. Jahrhunderts, Stuttgart 1979

GAHLEN, Bernhard, Einige Bemerkungen zum Fortschritt der Wachstumstheorie, in: Walther G. Hoffmann (Hg.), Untersuchungen zum Wachstum der deutschen Wirtschaft, Tübingen 1971, S. 1-50

GAHLEN, Bernhard, Der Informationsgehalt der neoklassischen Wachstumstheorie für die Wirtschaftspolitik, Tübingen 1971

GALBRAITH, John Kenneth, Gesellschaft im Überfluss, München 1959

GEREMEK, Bronislaw, Geschichte der Armut. Elend und Barmherzigkeit in Europa, München 1988

GERSCHENKRON, Alexander, Economic Backwardness in Historical Perspective. A book of essays, Cambridge/Mass. 1962

GERSCHENKRON, Alexander, Die Vorbedingungen der Europäischen Industrialisierungen im 19. Jahrhundert, in: Wolfram Fischer (Hg.), Wirtschafts- und sozialgeschichtliche Probleme der frühen Industrialisierung, Berlin 1968, S. 21-28

GERSCHENKRON, Alexander, Wirtschaftliche Rückständigkeit in historischer Perspektive, in: Rudolf Braun u.a. (Hg.), Industrielle Revolution – Wirtschaftliche Aspekte (Neue Wissenschaftliche Bibliothek Geschichte, Bd. 50), Köln 1976, S. 59-78

GERSCHENKRON, Alexander, Wirtschaftliche Rückständigkeit in historischer Perspektive, in: Hans-Ulrich Wehler (Hg.), Geschichte und Ökonomie, 2. Aufl., Königstein/Ts. 1985, S. 121-139

GERSHUNY, Jonathan, Die Ökonomie der nachindustriellen Gesellschaft. Produktion und Verbrauch von Dienstleistungen, Frankfurt a. M. 1981

HAHN, Hans-Werner, Geschichte des Deutschen Zollvereins, Göttingen 1984

HAHN, Hans-Werner, Die industrielle Revolution in Deutschland, München 1998

HARDACH, Gerd, Deutschland in der Weltwirtschaft 1870-1970. Eine Einführung in die Sozial- und Wirtschaftsgeschichte, Frankfurt a. M., New York 1977

HARLEY, C. Knick, Reassessing the Industrial Revolution: A Macro View, in: Joel Mokyr (Hg.), The British Industrial Revolution. An Economic Perspective, 2. Aufl., Boulder 1999, S. 171-226

HAYAMI, Yujiro und RUTTAN, Vernon W., Agricultural Development. An International Perspective, überarb. und erw. Auflage, Baltimore 1985

HELMSTÄDTER, Ernst, Der Kapitalkoeffizient. Eine kapitaltheoretische Untersuchung, Stuttgart 1969

HELMSTÄDTER, Ernst, Wirtschaftstheorie, Bd. 1: Einführung – Dispositions-gleichgewicht – Marktgleichgewicht, München 1974

HENNING, Friedrich-Wilhelm, Die Industrialisierung in Deutschland 1800 bis 1914, 5. Aufl., Paderborn 1979

HENNING, Friedrich-Wilhelm, Handbuch der Wirtschafts- und Sozialgeschichte Deutschlands. Bd.2 Deutsche Wirtschafts- und Sozialgeschichte im 19. Jahrhundert, Paderborn 1996

HESSE, Helmut, Die Entwicklung der regionalen Einkommensdifferenzen im Wachstumsprozess der deutschen Wirtschaft vor 1913, in: Wolfram Fischer (Hg.), Beiträge zu Wirtschaftswachstum und Wirtschaftsstruktur im 16. und 19. Jahrhundert, Berlin 1971, S. 261-279

HIPPEL, Wolfgang von, Armut, Unterschichten, Randgruppen in der frühen Neuzeit (Enzyklopädie deutscher Geschichte, Bd. 34), München 1995

HIRSCHMAN, Albert O., Die Strategie der wirtschaftlichen Entwicklung, Stuttgart 1967

HOBSBAWM, Eric J., Industrie und Empire. Britische Wirtschaftsgeschichte seit 1750, 2 Bde., Frankfurt a. M. 1969 (engl. 1968)

HOFFMANN, Walther G., Stadien und Typen der Industrialisierung, Jena 1931

HOFFMANN, Walther G., Art. Industrialisierung I und II, in: Handwörterbuch der Sozialwissenschaften, Bd. 5, Stuttgart u. a. 1956, S. 224-238

HOFFMANN, Walther G., Das Wachstum der deutschen Wirtschaft seit der Mitte des 19. Jahrhunderts, Berlin u.a. 1965

HOFFMANN, Walther G., The Take-off in Germany, in: Hermann Kellenbenz u.a. (Hg.), Wirtschaftliches Wachstum im Spiegel der Wirtschaftsgeschichte, Darmstadt 1978, S. 143-170

HOFFMANN, Walther G., Der wirtschaftliche Aufstieg in Deutschland, in: Werner Abelshauser und Dietmar Petzina (Hg.), Deutsche Wirtschaftsgeschichte im Industriezeitalter. Konjunktur, Krise, Wachstum, Königstein/Ts. 1981, S. 144-168

HOFFMANN, Walther G., Wachstumstheorie und Wirtschaftsgeschichte, in: Hans-Ulrich Wehler (Hg.), Geschichte und Ökonomie, 2. Aufl., Königstein/Ts. 1985, S. 94-103

HOHORST, Gerd, Bevölkerungsentwicklung und Wirtschaftswachstum als historischer Entwicklungsprozeß demo-ökonomischer Systeme, in: Rainer Mackensen und Heinz Wewer (Hg.), Dynamik der Bevölkerungsentwicklung. Strukturen – Bedingungen – Folgen, 2. Aufl., München 1974, S. 91-118

HOHORST, Gerd, KOCKA, Jürgen und RITTER, Gerhard., Sozialgeschichtliches Arbeitsbuch II: Materialien zur Statistik des Kaiserreichs 1870-1914, München 1975

HOLTFRERICH, Carl-Ludwig, Quantitative Wirtschaftsgeschichte des Ruhrkohlenbergbaus im 19. Jahrhundert. Eine Führungssektoranalyse (Untersuchungen zur Wirtschafts-, Sozial- und Technikgeschichte, Bd. 1), Dortmund 1973

HOLTFRERICH, Carl-Ludwig, Art. Wachstum I: Wachstum der Volkswirtschaften, in: Handwörterbuch der Wirtschaftswissenschaft, Bd. 8, Stuttgart u. a. 1980, S. 413–432

HOLTFRERICH, Carl-Ludwig, The monetary unification process in 19th-century Germany. Relevance and lessons for Europe today, in: Marcello de Cecco und Alberto Giovannini (Hg.), A European Central Bank? Perspectives on monetary unification after ten years of the EMS, Cambridge 1989, S. 216-241

HUDSON, Pat, The Industrial Revolution, London 1992

HUNECKE, Volker, Überlegungen zur Geschichte der Armut im vorindustriellen Europa, in: Geschichte und Gesellschaft 9 (1983), S. 480-512

HUTTER, Michael, Die Gestaltung der Property Rights als Mittel gesellschaftlich-wirtschaftlicher Allokation, Göttingen 1979

INSTITUT der Deutschen Wirtschaft, Zahlen zur wirtschaftlichen Entwicklung
der Bundesrepublik Deutschland, Köln 1993

INSTITUT der Deutschen Wirtschaft, Zahlen zur wirtschaftlichen Entwicklung
der Bundesrepublik Deutschland, Köln 1991

JOHNSON, D. Gale, World Agriculture in Disarray, London 1973

JONES, Eric L., Growth Recurring. Economic Change in World History, Oxford
1988

JONES, Eric L., Das Wunder Europa: Umwelt, Wirtschaft und Geopolitik in der
Geschichte Europas und Asiens, Tübingen 1991

JÜTTE, Robert, Arme, Bettler, Beutelschneider. Eine Sozialgeschichte der Armut
in der Frühen Neuzeit, Weimar 2000 (engl. Poverty and Deviance in Early Modern Europe, Cambridge 1994)

KAELBLE, Hartmut, Was Prometheus Most Unbound in Europe? The Labour
Force in Europe During the Late XIXth and XXth Centuries, in: Journal of European Economic History 18 (1989), S. 65-104

KAELBLE, Hartmut, Auf dem Weg zu einer europäischen Gesellschaft. Eine Sozialgeschichte Westeuropas 1880-1980, München 1987

KAUFHOLD, Karl Heinrich, Gewerbelandschaften in der frühen Neuzeit (1650-
1800), in: Hans Pohl (Hg.), Gewerbe- und Industrielandschaften vom Spätmittelalter bis ins 20. Jahrhundert, Stuttgart 1986, S. 112-202

KELLENBENZ, Hermann und BEUTIN, Ludwig, Grundlagen des Studiums der
Wirtschaftsgeschichte, Köln 1973

KELLEY, Allen C., The Human Development Index: Handle with Care, in: Population and Development Review 17 (1991), S. 315-327

KIESEWETTER, Hubert, Erklärungshypothesen zur regionalen Industrialisierung in Deutschland im 19. Jahrhundert, in: Vierteljahrschrift für Sozial- und Wirtschaftsgeschichte 67 (1980), H. 3, S. 305-333

KIESEWETTER, Hubert, Industrialisierung und Landwirtschaft. Sachsens Stellung im regionalen Industrialisierungsprozess Deutschlands im 19. Jahrhundert, Köln 1988

KIESEWETTER, Hubert, Industrielle Revolution in Deutschland 1815-1914, Frankfurt a. M. 1989

KIESEWETTER, Hubert, Das einzigartige Europa. Zufällige und notwendige Faktoren der Industrialisierung, Göttingen 1996

KIESEWETTER, Hubert, Region und Industrie in Europa 1815-1995 (Grundzüge der modernen Wirtschaftsgeschichte, Bd. 2), Stuttgart 2000

KIESEWETTER, Hubert, Industrielle Revolution in Deutschland. Regionen als Wachstumsmotoren, Stuttgart 2004

KIESEWETTER, Hubert und FREMDLING, Rainer (Hg.), Staat, Region und Industrialisierung, Ostfildern 1985

KIRCHGÄSSNER, Gebhard, Homo oeconomicus, Tübingen 1991

KIRCHHAIN, Günter, Das Wachstum der deutschen Baumwollindustrie im 19. Jahrhundert: Eine historische Modellstudie zur empirischen Wachstumsforschung, New York 1977 (zugl. Diss. Münster 1973)

KISCH, Herbert, Die Textilgewerbe in Schlesien und im Rheinland. Eine vergleichende Studie zur Industrialisierung, in: Peter Kriedte, Hans Medick und Jürgen

Schlumbohm (Hg.), Industrialisierung vor der Industrialisierung, Göttingen 1980, S. 350-386

KLAVEREN, Jacob van, General Economic History 100 – 1760. From Roman Times to the Industrial Revolution, München 1969

KLEIN, Alexander, Armenfürsorge und Bettelbekämpfung in Vorderösterreich 1753-1806 unter besonderer Berücksichtigung der Städte Freiburg und Konstanz, Konstanz 1989

KLEIN, Ernst, Von der Reform zur Restauration. Finanzpolitik und Reformgesetzgebung des preußischen Staatskanzlers Karl August von Hardenberg, Berlin 1965

KÖLLMANN, Wolfgang, Bevölkerung in der industriellen Revolution. Studien zur Bevölkerungsgeschichte Deutschlands (Kritische Studien zur Geschichtswissenschaft 12), Göttingen 1974

KÖNIG, Wolfgang, Auf dem Weg in die Konsumgesellschaft, Tübingen 1993

KÖNIG, Wolfgang, Geschichte der Konsumgesellschaft, Stuttgart 2000

KOMLOS, John (Hg.), Stature, Living Standards and Economic Development. Essays in Anthropometric History, Chicago 1994

KOMMISSION für wirtschaftlichen und sozialen Wandel (Hg.), Wirtschaftlicher und sozialer Wandel in der Bundesrepublik Deutschland, Göttingen 1977

KOPSIDIS, Michael, Landwirtschaft im Entwicklungsprozess, in: Grundzüge der Wirtschaftsgeschichte, Bd.6 (im Erscheinen)

KREIKER, Sebastian, Armut, Schule, Obrigkeit: Armenversorgung und Schulwesen in den evangelischen Kirchenordnungen des 16. Jahrhunderts, Bielefeld 1997

KRIEDTE, Peter, Spätfeudalismus und Handelskapital. Grundlinien der europäischen Wirtschaftsgeschichte vom 16. bis zum Ausgang des 18. Jahrhunderts, Göttingen 1980

KRIEDTE, Peter, MEDICK, Hans und SCHLUMBOHM, Jürgen (Hg.), Industrialisierung vor der Industrialisierung. Gewerbliche Warenproduktion auf dem Land in der Formationsperiode des Kapitalismus, Göttingen 1977

KRUGMAN, Paul R., Die große Rezession. Was zu tun ist, damit die Weltwirtschaft nicht kippt, Frankfurt a. M., New York 1999

KUCZYNSKI, Thomas, Industrielle Revolution oder Industrialisierung?, in: Jahrbuch für Wirtschaftsgeschichte 1975/1, S. 161-174

KUCZYNSKI, Jürgen, Allgemeine Wirtschaftsgeschichte. Von der Urzeit bis zur sozialistischen Gesellschaft, 2. Aufl., Berlin 1951

KUCZYNSKI, Jürgen, Vier Revolutionen der Produktivkräfte. Theorie und Vergleiche, Berlin 1975

KURZ, Heinz D., Ökonomisches Denken in klassischer Tradition. Aufsätze zur Wirtschaftstheorie und Theoriegeschichte, Marburg 1998

KURZ, Heinz D., Wirtschaftliches Wachstum – Fetisch oder Notwendigkeit? in: Ders., Ökonomisches Denken in klassischer Tradition. Aufsätze zur Wirtschaftstheorie und Theoriegeschichte, Marburg 1998, S. 491-516

KUZNETS, Simon, Secular Movements in Production and Prices. Their Nature and their Bearing upon Cyclical Fluctuations, Boston 1930

KUZNETS, Simon, Modern Economic Growth. Rate, Structure, and Spread (Studies in Comparative Economics 7), 6. Aufl., New Haven, London 1973

KUZNETS, Simon, Die wirtschaftlichen Vorbedingungen der Industrialisierung, in: Rudolf Braun u. a. (Hg.), Industrielle Revolution – Wirtschaftliche Aspekte

(Neue Wissenschaftliche Bibliothek Geschichte, Bd. 50), Köln, Berlin 1972, S. 17-34

LAER, Hermann von, Industrialisierung und Qualität der Arbeit. Eine bildungs-ökonomische Untersuchung für das 19. Jahrhundert, New York 1977

LANDES, David S., Der entfesselte Prometheus. Technologischer Wandel und industrielle Entwicklung in Westeuropa von 1750 bis zur Gegenwart, München 1983

LANDES, David S., The Fable of the Dead Horse, or: The Industrial Revolution Revisited, in: Joel Mokyr (Hg.), The British Industrial Revolution. An Economic Perspective, Boulder u.a. 1993, S. 132-170

LANDES, David S., Wohlstand und Armut der Nationen. Warum die einen reich und die anderen arm sind, Berlin 1999

LE ROY LADURIE, Emanuel, Die Bauern des Languedoc, Stuttgart 1983

LAUBNER, Jürgen, Zwischen Industrie und Landwirtschaft. Die oberschlesi-schen Magnaten – aristokratische Anpassungsfähigkeit und „Krisenbewältigung", in: Heinz Reif (Hg.), Ostelbische Agrargesellschaft im Kaiserreich und in der Weimarer Republik, Berlin 1994, S. 251-266

LINDLAR, Ludger, Das missverstandene Wirtschaftswunder. Westdeutschland und die westeuropäische Nachkriegsprosperität, Tübingen 1997

LUNDGREEN, Peter, Bildung und Wirtschaftswachstum im Industrialisierungs-prozess des 19. Jahrhunderts. Methodische Ansätze, empirische Studien und in-ternationale Vergleiche, Berlin 1973

MACKENROTH, Gerhard, Bevölkerungslehre. Theorie, Soziologie und Statistik der Bevölkerung, Berlin u. a. 1953

MACKENSEN, Rainer, Entwicklung und Situation der Erdbevölkerung, in: Rainer Mackensen und Heinz Wewer (Hg.), Dynamik der Bevölkerungsentwicklung. Strukturen – Bedingungen – Folgen, München 1973, S. 20-39

MADDISON, Angus, The World Economy: Historical Statistics, Paris 2003

MANDEL, Ernest, Marxistische Wirtschaftstheorie, Bd. 1, Frankfurt a. M. 1968

MANTOUX, Paul, The Industrial Revolution in the Eighteenth Century. An Outline of the Beginnings of the Modern Factory System in England, London 1961

MARSCHALCK, Peter, Bevölkerungsgeschichte Deutschlands im 19. und 20. Jahrhundert, Frankfurt a. M. 1984

MARX, Karl, Das Kapital. Kritik der politischen Ökonomie, Bd. 1, Berlin 1973

MASCHKE, Erich, Industrialisierungsgeschichte und Landesgeschichte, in: Blätter für deutsche Landesgeschichte 103 (1967), S. 71–84

MATHIAS, Peter, The First Industrial Nation: An Economic History of Britain, 1700-1914, London 1969

MATHIAS, Peter, Wer entfesselte Prometheus? Naturwissenschaften und technischer Wandel von 1600 bis 1800, in: Rudolf Braun u. a. (Hg.), Industrielle Revolution – Wirtschaftliche Aspekte (Neue Wissenschaftliche Bibliothek Geschichte, Bd. 50), Köln, Berlin 1972, S. 121–138

MATIS, Herbert, Das Industriesystem. Wirtschaftswachstum und sozialer Wandel im 19. Jahrhundert, Wien 1988

MCKENDRICK, Neil, BREWER, John und PLUMB, J.H., The Birth of the Consumer Society: the commercialization of eighteenth-century England, London 1982

MEDICK, Hans, Weben und Überleben in Laichingen 1650-1900. Lokalgeschichte als allgemeine Geschichte, Göttingen 1996

MENDELS, Franklin F., Proto-industrialization: The First Phase of the Industrialization Process, in: Journal of Economic History 32 (1972), H. 1, S. 241-261

MENDELS, Franklin F., Landwirtschaft und bäuerliches Gewerbe in Flandern im 18. Jahrhundert, in: Peter Kriedte, Hans Medick und Jürgen Schlumbohm (Hg.), Industrialisierung vor der Industrialisierung. Gewerbliche Warenproduktion auf dem Land in der Formationsperiode des Kapitalismus, Göttingen 1977, S. 325-349

MEINERT, Ruth, Die Entwicklung der Arbeitszeit in der deutschen Industrie 1820-1956, Münster 1958

MENZLER, Jürgen, Die Bettelgesetzgebung des 17. und 18. Jahrhunderts im Gebiet des heutigen Landes Hessen. Dargestellt unter Berücksichtigung des Einflusses der Aufklärung für die Landgrafschaften Hessen-Kassel und Hessen-Darmstadt, die Freie Reichsstadt Frankfurt a. M. und die Fürstentümer Nassau-Oranien, Nassau-Weilburg und Nassau-Usingen, Diss. Marburg 1967

MITCHELL, Brian R., Eisenbahnbau und Wirtschaftswachstum im Vereinigten Königreich, in: Rudolf Braun u. a. (Hg.), Industrielle Revolution – Wirtschaftliche Aspekte (Neue Wissenschaftliche Bibliothek Geschichte, Bd. 50), Köln, Berlin 1972, S. 356-374

MITCHELL, Brian R., Statistischer Anhang, in: Carlo M. Cipolla und Knut Borchardt (Hg.), Europäische Wirtschaftsgeschichte, Bd. 4, Stuttgart 1976, S. 485-530

MITCHELL, Brian R., European Historical Statistics 1750-1970, London 1975

MOLLAT, Michel, Die Armen im Mittelalter, 2. Aufl., München 1987

MONTANER, Antonio, Art. Institutionalismus, in: Handwörterbuch der Sozialwissenschaften, Bd. 5, Stuttgart u.a. 1956, S. 294-297

MORRIS, Morris David, Measuring the Condition of the World's Poor. The
Physical Quality of Life Index, New York u. a. 1979

MOTTEK, Hans, Wirtschaftsgeschichte Deutschlands. Ein Grundriss, Bd. 2: Von
der Zeit der Französischen Revolution bis zur Zeit der Bismarckschen Reichsgründung, 2. Aufl., Berlin (Ost) 1971

MUSSON, Albert Edward, Einführung, in: Ders. (Hg.), Wissenschaft, Technik
und Wirtschaftswachstum im 18. Jahrhundert, Frankfurt a. M. 1977, S. 9–82

NEUMANN, Manfred, Neoklassik, in: Otmar Issing (Hg.), Geschichte der Nationalökonomie, Minden 1994, S. 255-269

NOHLEN, Dieter und NUSCHELER, Franz (Hg.), Handbuch der Dritten Welt,
Bd. 1, Hamburg 1974

NOLTE, Ernst, Marxismus und Industrielle Revolution, Stuttgart 1983

NORTH, Douglass C. und THOMAS, Robert Paul, The Rise of the Western
World. A New Economic History, Cambridge 1973

NORTH, Douglass C. und THOMAS, Robert Paul, The Rise and Fall of the Manorial System: A Theoretical Model, in: Journal of Economic History 31 (1971),
H. 3, S. 777–803

NORTH, Michael, Deutsche Wirtschaftsgeschichte. Ein Jahrtausend im Überblick, München 2000

O'BRIEN, Toni Patrick K., Introduction: Modern conceptions of the Industrial
Revolution, in: Ders. und Roland Quinault (Hg.), The Industrial Revolution and
British society, Cambridge 1993, S. 1-30

O'BRIEN, P. und KEYDER, C., Economic Growth in Britain and France 1780-1914. Two Paths to the Twentieth Century, London 1978

ORSAGH, Thomas J., The Probable Geographic Distribution of German Income, 1882–1963, in: Zeitschrift für die gesamte Staatswissenschaft 124 (1968), S. 280-311

OTT, Alfred E. und WINKEL, Harald, Geschichte der theoretischen Volkswirtschaftslehre, Göttingen 1985

PAULSEN, Andreas, Zur theoretischen Bestimmbarkeit der Rostowschen „Stadien", in: Wilhelm Abel u.a. (Hg.), Wirtschaft, Geschichte und Wirtschaftsgeschichte. Festschrift zum 65. Geburtstag von Friedrich Lütge, Stuttgart 1966, S. 306-324

PERKINS, J. A., The Agricultural Revolution in Germany 1850-1914, in: Journal of European Economic History 10 (1981), H. 1, S. 71-118

PIERENKEMPER, Toni, Entrepreneurs in Heavy Industry: Upper Silesia and the Westphalian Ruhr Region 1852 to 1913, in: Business History Review 53 (1979), S. 65-78

PIERENKEMPER, Toni, Struktur und Entwicklung der Schwerindustrie in Oberschlesien und im westfälischen Ruhrgebiet, 1852-1913, in: Zeitschrift für Unternehmensgeschichte 24 (1979), H. 2, S. 1-28

PIERENKEMPER, Toni, Wirtschaftssoziologie. Eine problemorientierte Einführung mit einem Kompendium wirtschaftssoziologischer Fachbegriffe, Köln 1980

PIERENKEMPER, Toni, Englische Agrarrevolution und preußisch-deutsche Agrarreformen in vergleichender Perspektive, in: Ders. (Hg.), Landwirtschaft und industrielle Entwicklung. Zur ökonomischen Bedeutung von Bauernbefreiung, Agrarreform u. Agrarrevolution, Stuttgart 1989, S. 7-25

PIERENKEMPER, Toni, Der Agrarsektor in der vorindustriellen Gesellschaft. Einige Bemerkungen zur preußischen Entwicklung, 1815–1830, aus produktionstheoretischer Sicht, in: Zeitschrift für Agrargeschichte und Agrarsoziologie 37 (1989), S. 168–186

PIERENKEMPER, Toni, Der Agrarsektor im Entwicklungsprozess. Einige theoretische Vorüberlegungen, in: Ders. (Hg.), Landwirtschaft und industrielle Entwicklung. Zur ökonomischen Bedeutung von Bauernbefreiung, Agrarreform und Agrarrevolution, Stuttgart 1989, S. 121–138

PIERENKEMPER, Toni, Zur Finanzierung von industriellen Unternehmensgründungen im 19. Jahrhundert – mit einigen Bemerkungen über die Bedeutung der Familie, in: Dietmar Petzina (Hg.), Zur Geschichte der Unternehmensfinanzierung, Berlin 1990, S. 69–97

PIERENKEMPER, Toni, Haushaltsrechnungen in der historischen Wirtschafts- und Sozialforschung – Ein Überblick, in: Ders. (Hg.), Zur Ökonomik des privaten Haushalts. Haushaltsrechnungen als Quellen historischer Wirtschafts- und Sozialforschung, Frankfurt a. M., New York 1991, S. 13–33

PIERENKEMPER, Toni, Gewerbe und Industrie im 19. und 20. Jahrhundert (Enzyklopädie deutscher Geschichte, Bd. 29), München 1994

PIERENKEMPER, Toni, Unternehmeraristokraten in Schlesien, in: Elisabeth Fehrenbach (Hg.), Adel und Bürgertum in Deutschland 1770-1848, München 1994, S. 129-157

PIERENKEMPER, Toni, Gebunden an zwei Kulturen. Zum Standort der modernen Wirtschaftsgeschichte im Spektrum der Wissenschaften, in: Jahrbuch für Wirtschaftsgeschichte 1995/2, S. 163–176

PIERENKEMPER, Toni, Umstrittene Revolutionen. Industrialisierung im 19. Jahrhundert, Frankfurt a. M. 1996

PIERENKEMPER, Toni, Wirtschaftsgeschichte, in: Hans-Jürgen Goertz (Hg.), Geschichte. Ein Grundkurs, Reinbek bei Hamburg 1998, S. 362-378

PIERENKEMPER, Toni, Wirtschaftsgeschichte, in: Christoph Cornelißen (Hg.), Geschichtswissenschaften. Eine Einführung, Frankfurt a. M. 2000, S. 194–205

PIERENKEMPER, Toni, (Hg.), Die Industrialisierung europäischer Montanregionen im 19. Jahrhundert, Stuttgart 2002

PIERENKEMPER, Toni und TILLY, Richard H., The German Economy During the Nineteenth Century, New York 2004

PIERENKEMPER, Toni, Wirtschaftsgeschichte und Wirtschaftswissenschaften, in: Günther Schulz (Hg.), Sozial- und Wirtschaftsgeschichte. Arbeitsgebiete, Probleme, Perspektiven. 100 Jahre Vierteljahrschrift für Sozial- und Wirtschaftsgeschichte, Stuttgart 2004, S. 577-597

PIERENKEMPER, Toni, Zum regionalen Ansatz in der Wirtschaftsgeschichte, in: Ulrich Heß u.a. (Hg.), Unternehmen im regionalen und lokalen Raum 1750-2000, Leipzig 2004, S.19-34.

POHL, Manfred, Deutscher Kapitalexport im 19. Jahrhundert, Frankfurt a. M. 1977

POLLARD, Sidney, Fixed Capital in the Industrial Revolution in Britain, in: Journal of Economic History 24 (1964), H. 3, S. 299-314

POLLARD, Sidney, The Genesis of Modern Management. A Study of the Industrial Revolution in Great Britain, London 1965

POLLARD, Sidney, Die Fabrikdisziplin in der industriellen Revolution, in: Wolfram Fischer und Georg Bajor (Hg.), Die soziale Frage. Neuere Studien zur Lage der Fabrikarbeiter in den Frühphasen der Industrialisierung, Stuttgart 1967, S. 159-185

POLLARD, Sidney, Industrialization and the European Economy, in: Economic History Review, 2. Serie, 26 (1973), H. 4, S. 636–648

POLLARD, Sidney (Hg.), Region und Industrialisierung. Studien zur Rolle der Region in der Wirtschaftsgeschichte der letzten zwei Jahrhunderte, Göttingen 1980

POLLARD, Sidney, Einleitung, in: Ders. (Hg.), Region und Industrialisierung. Studien zur Rolle der Region in der Wirtschaftsgeschichte der letzten zwei Jahrhunderte, Göttingen 1980, S. 11-21

POLLARD, Sidney, Peaceful Conquest. The Industrialization of Europe 1760-1970, Oxford 1981

POLLARD, Sidney, Betrachtungen zur Dynamik britischer Industrieregionen, in: Vierteljahrschrift für Sozial- und Wirtschaftsgeschichte 74 (1987), H. 3, S. 305-322

PRIDDAT, Birger P., Theoriegeschichte der Wirtschaft. oeconomica / economics, München 2002

PRIEBE, Hermann und HANKEL, Wilhelm, Der Agrarsektor im Entwicklungsprozess. Mit Beispielen aus Afrika, Frankfurt a. M. u. a. 1980

RADKAU, Joachim, Technik in Deutschland. Vom 18. Jahrhundert bis zur Gegenwart, Frankfurt a. M. 1990

RADTKE, Wolfgang, Die preußische Seehandlung zwischen Staat und Wirtschaft in der Frühphase der Industrialisierung, Berlin 1981

RANKE, Leopold von, Zur Kritik neuerer Geschichtsschreiber. Eine Beylage zu desselben romanischen und germanischen Geschichten, Leipzig 1824

RAPIN, Hildegard, Der Private Haushalt – Daten und Fakten (Reihe Stiftung Der Private Haushalt, Bd. 9), Frankfurt a. M. 1990

RAVALLION, Martin, Good and Bad Growth: The Human Development Reports, in: World Development 25/5 (1997), S. 631-638

REICH, Utz-Peter u. a., Arbeit-Konsum Rechnung. Axiomatische Kritik und Erweiterung der Volkswirtschaftlichen Gesamtrechnung, Köln 1977

RHEINHEIMER, Martin, Arme, Bettler und Vaganten. Überleben in der Not 1450-1850, Frankfurt a. M. 2000

RICHTER, Rudolf, Sichtweise und Fragestellungen der Neuen Institutionenökonomik, in: Zeitschrift für Wirtschafts- und Sozialwissenschaften 110 (1990), H. 4, S. 571–591

ROECK, Bernd, Außenseiter, Randgruppen, Minderheiten. Fremde im Deutschland der frühen Neuzeit, Göttingen 1993

ROSTOW, Walt W., Industrialization and economic growth, in: Fernand Braudel (Hg.), First International Conference of Economic History: Contributions – Communications, Stockholm, August 1960, Paris u. a. 1960, S. 17-34

ROSTOW, Walt W. (Hg.), The Economics of Take-Off into Sustained Growth. Proceedings of a Conference held by the International Economic Association, London u.a. 1963.

ROSTOW, Walt W., Leading Sectors and the Take-off, in: Ders. (Hg.), The Economics of Take-Off into Sustained Growth. Proceedings of a Conference held by the International Economic Association, London u. a. 1963, S. 1-21

ROSTOW, Walt W., Stadien wirtschaftlichen Wachstums. Eine Alternative zur marxistischen Entwicklungstheorie, 2. Aufl., Göttingen 1967

ROSTOW, Walt W., Die Phase des Take-Off, in: Wolfgang Zapf (Hg.), Theorien des sozialen Wandels, 3. Aufl., Köln u.a. 1971, S. 286–311

ROSTOW, Walt W., The World Economy. History and Prospect, London 1978

SACHßE, Christoph und TENNSTEDT, Florian, Geschichte der Armenfürsorge in Deutschland, Bd. I: Vom Spätmittelalter bis zum 1. Weltkrieg, Stuttgart 1980

SAMUELSON, Paul und NORDHAUS, William D., Volkswirtschaftslehre. Grundlagen der Makro- und Mikroökonomie, Köln 1987

SANDBERG, Lars G. und STECKEL, Richard H., Was Industrialization Hazardous to Your Health? Not in Sweden!, in: Richard H. Steckel und Roderick Floud (Hg.), Health and Welfare during Industrialization, Chicago, London 1997, S. 127-159

SCHEPERS, Elisabeth, Als der Bettel in Bayern abgeschafft werden sollte. Staatliche Armenfürsorge in Bayern im 16. und 17. Jahrhundert, Regensburg 2000

SCHERER, Frederic M., Erfindung und Innovation bei der Entwicklung der Dampfmaschine durch Watt-Boulton, in: Rudolf Braun u.a. (Hg.), Industrielle Revolution. Wirtschaftliche Aspekte, Köln 1976, S. 139-160

SCHLEE, Ernst, Übersicht über die Statistik der Abiturienten von den preußischen Vollanstalten über deren Berufswahl und insbesondere über den Zugang zum höheren Lehramt in den Jahren 1867-1896, Leipzig 1898

SCHMOLLER, Gustav, Grundriss der allgemeinen Volkswirtschaftslehre, München, Leipzig 1923

SCHOTT, Claudia, Armenfürsorge, Bettelwesen und Vagantenbekämpfung in der Reichsabtei Salem, Bühl/Baden 1978, zugl. Diss. Freiburg i. Brsg. 1976

SCHREMMER, Eckhart, Die Wirtschaft Bayerns. Vom hohen Mittelalter bis zum Beginn der Industrialisierung. Bergbau — Gewerbe — Handel, München 1970

SCHUBERT, Ernst, Fahrendes Volk im Mittelalter, Bielefeld 1995

SCHULZE, Rainer (Hg.), Industrieregionen im Umbruch. Historische Voraussetzungen und Verlaufsmuster des regionalen Strukturwandels im europäischen Vergleich, Essen 1993

SCHUMPETER, Joseph A., Theorie der wirtschaftlichen Entwicklung. Eine Untersuchung über Unternehmergewinn, Kapital, Kredit, Zins und den Konjunkturzyklus, 6. Aufl. Berlin 1964

SCHUMPETER, Joseph A, Geschichte der ökonomischen Analyse, Bd. 1, Göttingen 1965

SIEGENTHALER, Hansjörg, Geschichte und Ökonomie nach der kulturalistischen Wende, in: Geschichte und Gesellschaft 25 (1999), H. 2, S. 276-301

SEIDENFUS, Hellmuth St., Sektorale Wirtschaftspolitik, in: Werner Ehrlicher u.a. (Hg.), Kompendium der Volkswirtschaftslehre, Bd. 2, 4. Aufl., Göttingen 1975, S. 206-274

SIEVERS, Kai-Detlev und ZIMMERMANN, Harm-Peter, Das disziplinierte Elend. Zur Geschichte der sozialen Fürsorge in schleswig-holsteinischen Städten 1542-1914, Neumünster 1994

SKIBICKI, Klemens, Industrie im oberschlesischen Fürstentum Pless im 18. und 19. Jahrhundert, Stuttgart 2002

SNOOKS, Donald Graeme, Great Waves of Economic Change: The Industrial Revolution in Historical Perspective, 1000 to 2000, in: Ders. (Hg.), Was the Industrial Revolution necessary?, London u. a. 1994, S. 43–78

SOKOLL, Thomas, ‚Alte Armut'. Unterstützungspraxis und Formen lebenszyklischer Armut unter dem Alten Armenrecht, 1780–1834, in: Bernd Weisbrod (Hg.), „Victorian Values". Arm und Reich im Viktorianischen England, Bochum 1988, S. 13–64

SOMBART, Werner, Der moderne Kapitalismus. Historisch-systematische Darstellung des gesamteuropäischen Wirtschaftslebens von seinen Anfängen bis zur
Gegenwart, Unveränd. Nachdr. München 1987

SRINIVASAN, Thirukodikaval N., Human Development. A Paradigm or Reinvention of the Wheel?, in: American Economic Review 84 (1994), S. 238-242

STEMLER, Hildegard und WIEGAND, Erich, Zur Entwicklung der Arbeitszeit-
gesetzgebung und der Arbeitszeit in Deutschland seit der Industrialisierung, in:
Erich Wiegand und Wolfgang Zapf (Hg.), Wandel der Lebensbedingungen in
Deutschland. Wohlfahrtsentwicklung seit der Industrialisierung, Frankfurt a. M.,
New York 1982, S. 17–63

STOBBE, Alfred, Art. Volkswirtschaftliche Gesamtrechnung, in: Handwörterbuch der Wirtschaftwissenschaft, Bd. 8, Stuttgart u.a. 1980, S. 368–405

STOCKMANN, Reinhard, Gewerbliche Frauenarbeit in Deutschland 1875-1980.
Zur Entwicklung der Beschäftigtenstruktur, in: Geschichte und Gesellschaft 11
(1985), H. 4, S. 447-475

STREB, Jochen, Staatliche Technologiepolitik und branchenübergreifender Wis-
senstransfer. Über die Ursachen internationaler Innovationserfolge der deutschen
Kunststoffindustrie im 20. Jahrhundert, Berlin 2003

SYLLA, Richard, Am Anfang war das Finanzsystem – dann kam der Erfolg. Ein
neuer wirtschaftshistorischer Erklärungsansatz des Aufstiegs von Nationen, in:
Neue Zürcher Zeitung, Nr. 145, 24./25. Juni 2000, S. 57

SYLLA, Richard und TONIOLO, Gianni (Hg.), Patterns of European Industrialization. The Nineteenth Century, London 1991

TEMIN, Peter, Two views of the British Industrial Revolution, in: Journal of
Economic History 57 (1997), H. 1, S. 63-82

TENNSTEDT, Florian, Sozialgeschichte der Sozialpolitik. Vom 18. Jahrhundert bis zum Ersten Weltkrieg, Göttingen 1981

THOMAS, Robert P. und McCLOSKEY, Donald N., Overseas Trade and Empire 1700–1860, in: Roderick Floud und Donald McCloskey (Hg.), The Economic History of Britain since 1700, Bd.1: 1700-1860, Cambridge 1983, S. 87–102

TILLY, Richard H., Das Wachstumsparadigma und die europäische Industrialisierungsgeschichte, in: Geschichte und Gesellschaft 3 (1977), S. 93-108

TILLY, Richard H., Capital Formation in Germany in the Nineteenth Century, in: Cambridge Economic History of Europe, Bd. 7, Cambridge u. a. 1978, S. 382-441

TILLY, Richard H., Banken und Industrialisierung in Deutschland 1815-1870: Ein Überblick, in: Ders., Kapital, Staat und sozialer Protest in der deutschen Industrialisierung. Gesammelte Aufsätze, Göttingen 1980, S. 29-54

TILLY, Richard H., Vom Zollverein zum Industriestaat. Die wirtschaftlich-soziale Entwicklung Deutschlands 1834 bis 1914, München 1990

TILLY, Richard H., An overview on the role of the large German banks up to 1914, in: Youssef Cassis, Finance and Financiers in European History 1880-1960, Cambridge 1992, S. 93-112

TILLY, Richard H., Einige Bemerkungen zur theoretischen Basis der modernen Wirtschaftsgeschichte, in: Jahrbuch für Wirtschaftsgeschichte 1994/1, S. 131–149

TILLY, Richard H., Wirtschaftsgeschichte als Disziplin, in: Gerold Ambrosius (Hg.), Moderne Wirtschaftsgeschichte. Eine Einführung für Historiker und Ökonomen, München 1996, S. 11–26

TILLY, Richard H., Cliometrics in Germany. An Introductory Essay, in: John Komlos und Scott Eddie (Hg.), Selected cliometric studies on German economic history, Stuttgart 1997, S. 17-33

TILLY, Richard H., Public policy, capital markets and the supply of industrial finance in nineteenth-century Germany, in: Richard Sylla, Richard H. Tilly und Gabriel Tortella (Hg.), The State, the Financial System and Economic Modernisation, Cambridge 1999, S. 134-157

TILLY, Richard H., Globalisierung aus historischer Sicht und das Lernen aus der Geschichte (Kölner Vorträge zur Sozial- und Wirtschaftsgeschichte, H. 41), Köln 1999

TILLY, Richard H., Geld und Kredit in der Wirtschaftsgeschichte, Stuttgart 2003

TITZE, Hartmut, Bildungskrisen und sozialer Wandel, in: Geschichte und Gesellschaft 30 (2004), H. 2, S. 339-372

TIPTON, Frank B., Regional Variations in the Economic Development of Germany in the Nineteenth Century, Middletown 1976

TWAROG, Sophia N., Heights and Living Standards in Germany 1850-1939. The Case of Württemberg, in: Richard H. Steckel und Roderick Floud (Hg.), Health and Welfare in the Industrialization, Chicago, London 1997, S. 285-330
UNITED NATIONS DEVELOPMENT PROGRAMME (UNDP), Human Development Report (HDP) 1990, New York 1990

VAN DER WEE, Herman, Perspektiven und Grenzen wirtschaftshistorischer Betrachtungsweisen – Methodologische Betrachtungen, in: Vierteljahrschrift für Sozial- und Wirtschaftsgeschichte 62 (1975), H. 1, S. 1–18

VAN DER WEE, Herman, Der gebremste Wohlstand. Wiederaufbau, Wachstum und Strukturwandel 1945–1980, München 1984

VEITS-FALK, Sabine, „Zeit der Noth". Armut in Salzburg 1803-1870, Salzburg 2000

VENTEN, Ernst, „Balanced Growth" und „Unbalanced Growth" als operationale Entwicklungsstrategien unterschiedlicher Entwicklungsstadien, Diss. Bochum 1969

VOLCKART, Oliver, Zur Transformation der mittelalterlichen Wirtschaftsordnung, in: Vierteljahrschrift für Sozial- und Wirtschaftsgeschichte 88 (2001), H. 3, S. 281-310

WAGNER, Adolph, Die Abschaffung des privaten Grundeigentums, Leipzig 1870

WAGNER, Andrea, Ein Human Development Index für Deutschland: Die Entwicklung des Lebensstandards von 1920 bis 1960, in: Jahrbuch für Wirtschaftsgeschichte 2003/2, S.171-199

WALTER, Rolf, Einführung in die Wirtschafts- und Sozialgeschichte, Paderborn 1994.

WALTER, Rolf, Wirtschaftsgeschichte. Vom Merkantilismus bis zur Gegenwart, Köln 1995

WALTER, Rolf, Die Wirtschaftsgeschichte als Ganzes (Jenaer Vorträge Band 3), Baden-Baden 1995

WALTER, Rolf, Wirtschafts- und Sozialgeschichte aus ganzheitlicher Sicht, in: Eckart Schremmer (Hg.), Wirtschafts- und Sozialgeschichte. Gegenstand und Methoden, Stuttgart 1998

WALTON, John K., Proto-Industrialization and the First Industrial Revolution. The Case of Lancashire, in: Rainer Schulze (Hg.), Industrieregionen im Umbruch. Historische Voraussetzungen und Verlaufsmuster des regionalen Strukturwandels im europäischen Vergleich, Essen 1993, S. 66-95

WILLMS, Angelika, Die Entstehung der Frauenerwerbstätigkeit im Deutschen Reich, Nürnberg 1980

WINKEL, Harald, Kapitalquellen und Kapitalverwendung am Vorabend des industriellen Aufschwungs in Deutschland, in: Schmollers Jahrbuch für Wirtschafts- und Sozialwissenschaften 90 (1970), S. 275–301

WINKEL, Harald, Die deutsche Nationalökonomie im 19. Jahrhundert, Darmstadt 1977

WIRZ, Albert, Transatlantischer Sklavenhandel, Industrielle Revolution und die Unterentwicklung Afrikas. Zur Diskussion um den Aufstieg des kapitalistischen Weltsystems, in: Geschichte und Gesellschaft 8 (1982), S. 518-537

WISCHERMANN, Clemens, Preußischer Staat und westfälische Unternehmer zwischen Spätmerkantilismus und Liberalismus, Köln 1992

WISCHERMANN, Clemens, Der Property-Rights-Ansatz und die „neue" Wirtschaftsgeschichte, in: Geschichte und Gesellschaft 19 (1993), S. 239-258

WISCHERMANN, Clemens und NIEBERDING, Anne, Die Institutionelle Revolution. Eine Einführung in die deutsche Wirtschaftsgeschichte des 19. und 20. Jahrhunderts, Stuttgart 2004

WOODS, Robert J., The population of Britain in the nineteenth century, in: Michael Anderson (Hg.), British Population History From the Black Death to the Present Day, Cambridge 1996

ZAPF, Wolfgang, Sozialberichterstattung. Möglichkeiten und Probleme. Göttingen 1976

ZAPF, Wolfgang, Lebensqualität in der Bundesrepublik: Methoden der Messung und erste Ergebnisse, in: Soziale Welt. Zeitschrift für sozialwissenschaftliche Forschung und Praxis (1977), H. 4, S. 413–423

ZAPF, Wolfgang, Das Sozialindikatorentableau, in: Ders. (Hg.), Lebensbedingungen in der Bundesrepublik. Sozialer Wandel und Wohlfahrtsentwicklung, Frankfurt a. M. 1977, S. 30-52

ZAPF, Wolfgang, Einleitung in das SPES-Indikatorensystem, in: Ders. (Hg.), Lebensbedingungen in der Bundesrepublik. Sozialer Wandel und Wohlfahrtsentwicklung, Frankfurt a. M. 1977, S. 11–27

ZIMMERMANN, Alfred, Blüthe und Verfall des Leinengewerbes in Schlesien, Breslau 1885

VIII. Personen- und Sachregister

www.ingramcontent.com/pod-product-compliance
Lightning Source LLC
Chambersburg PA
CBHW081539190326
41458CB00015B/5600